Fritz J. Raddatz

Gottfried Benn
Leben – niederer Wahn

Eine Biographie

List Taschenbuch

Der Verfasser dankt Regine Stützner und Heide Sommer
für ihre Mitarbeit.

Besuchen Sie uns im Internet:
www.list-taschenbuch.de

Ungekürzte Ausgabe im List Taschenbuch
1. Auflage Juni 2003
2. Auflage 2006
© Ullstein Buchverlage GmbH, Berlin 2006
© 2003 by Ullstein Heyne List GmbH & Co. KG
© 2001 by Econ Ullstein List Verlag GmbH & Co. KG/
Propyläen Verlag
Umschlagkonzept: HildenDesign, München – Stefan Hilden
Umschlaggestaltung: Hauptmann und Kampa Werbeagentur,
München–Zürich
Titelabbildung: Deutsches Literaturarchiv, Marbach
Druck und Bindearbeiten: Clausen & Bosse, Leck
Printed in Germany
ISBN-13: 978-3-548-60327-8
ISBN-10: 3-548-60327-0

Inhalt

Blasphemie aus dem Pastorat

Paukenschlag, Magnesiumblitz und Donnerpolter: da sprang einer auf die Bretter, die die Welt bedeuten – der war nicht Mephisto noch Kaspar. Die Bretter hießen »Lyrisches Flugblatt« beim kleinen Verlag A. R. Meyer in Berlin, das Stück hatte den Titel »Morgue«, und der Akteur trug keine bleichgeschminkte Maske, sondern den Schmuddelkittel des Pathologen im Krankenhaus Charlottenburg-Westend. Das Stück war kein Stück, der Akteur kein Akteur: »Morgue und andere Gedichte« stand 1912 auf dem ersten Gedichtband des sechsundzwanzigjährigen Dr. med. Gottfried Benn. Höllenbreughel war geboren. Bereits das erste Gedicht – nicht nur deutlich dem Seziersaal entstammend, sondern auch jedwedes gewachsenes ästhetisches Corpus zerschneidend – war Skandal:

Kleine Aster

Ein ersoffener Bierfahrer wurde auf den Tisch gestemmt.
Irgendeiner hatte ihm eine dunkelhellila Aster
zwischen die Zähne geklemmt.
Als ich von der Brust aus
unter der Haut

mit einem langen Messer
Zunge und Gaumen herausschnitt,
muß ich sie angestoßen haben, denn sie glitt
in das nebenliegende Gehirn.
Ich packte sie ihm in die Brusthöhle
zwischen die Holzwolle,
als man zunähte.
Trinke dich satt in deiner Vase!
Ruhe sanft,
kleine Aster!

Berlin rätselte. Wer verbarg sich hinter dieser kruden Blasphemie? Ein Absinth-Genie? Ein schizoider Kiesgrubenmörder? Ein halluzinierender Krankenpfleger? Allein – es verbarg sich gar niemand, es ent-barg sich eher: eine scheinbar ganz bürgerliche Existenz; korrekt promovierter Sohn eines Pastors aus Mansfeld in der Westprignitz, »etwa in der Mitte zwischen Berlin und Hamburg«, der zwei Jahrzehnte später fast behaglich seinen grellen Aufbruch schilderte: »Als ich die ›Morgue‹ schrieb, mit der ich begann und die später in so viele Sprachen übersetzt wurde, war es abends, ich wohnte im Nordwesten von Berlin und hatte im Moabiter Krankenhaus einen Sektionskurs gehabt. Es war ein Zyklus von sechs Gedichten, die alle in der gleichen Stunde aufstiegen, sich heraufwarfen, da waren, vorher war nichts von ihnen da; als der Dämmerzustand endete, war ich leer, hungernd, taumelnd und stieg schwierig hervor aus dem großen Verfall.«

Wenn Benn in Kurt Pinthus' berühmt gewordener Anthologie »Menschheitsdämmerung« – darin war er mit fünf Gedichten vertreten; er konnte bereits, 1920, auf knapp zehn Buchveröffentlichungen verweisen – von sich behauptet: »Belangloser Entwicklungsgang, belangloses Dasein als Arzt in Berlin«, dann klingt das etwas läßlich; indes, ganz falsch ist es nicht. Noch im Jahre 2001 wirkt das Dorf Mansfeld, wenngleich nur dreißig Autominuten vom KZ Ravensbrück entfernt, wie ein aus der Geschichte gefallener Ort. Doch das ist Gedächtnis-Collage. Das Pfarrhaus – nach wie vor Pastorat – gleicht eher einem ärmlichen Bauernhaus, geduckt neben einem Kirchlein mit winzigem, hölzernem Glockenturm, das man für eine kleine Scheune halten kann. Die Holzkanzel bemalt, Inschriften gemahnen an den »Héldentod fürs Vaterland« oder an die »für König und Vaterland« 1870/71 Gefallenen. Eine Ehrentafel erinnert an Carl Friedrich Freiherr Edler Herr zu Putlitz, 1751–1779. An einen der bedeutendsten deutschen Lyriker des zwanzigsten Jahrhunderts erinnert nichts (siehe hierzu S. 296).

Dorthin also zuckelten am Dienstag, dem 22. Juli 1884, im Pferdewagen der siebenundzwanzigjährige Pfarrhelfer Gustav Benn und Caroline Jequier, die bisherige »Mademoiselle« im Gut Gadow des Grafen Wilamowitz-Moellendorff. Sie hatten soeben geheiratet, in dem Dorf Cumlosen; er vollbärtiger, blauäugiger Sohn eines Pastors und gräflicher Hauslehrer, sie Halbwaise aus Fleurier im welsch-schweizerischen Val de Travers, der Mont Aubert, ein 1342 m hoher Ausläufer des Jura, steht »nebenan«; »daher meine Mischlingsmelancholie«, sollte sich der am 2. Mai 1886 nach der Schwester Ruth geborene Gottfried später an seine Mutter erinnern: »... sie kam erst mit zwanzig Jahren nach Deutschland. Sie sprach infolgedessen die deutsche Sprache immer mit

Akzent, gewisse deutsche Worte wollten ihr ihr Leben lang nicht gelingen, und sie sang ihre vielen Kinder mit französischen Liedern ein.«

Die vielen Kinder kamen dann erst in Sellin zur Welt. Sechs Monate nach der Geburt des ältesten Sohnes Gottfried erhielt der Vater, gefördert vom Grafen Finckenstein-Trossin, diese Pfarrei in der Neumark. Einer der Brüder, der 1898 geborene Ernst-Viktor, hat diese eigentliche Heimat der Familie geschildert – und in dem letzten Satz auch schon den Märchenerzähler-Bruder: »Das erste Gebäude im Dorf ist der große Schafstall des Gutes mit dem steinernen Widderkopf über dem Tor. Hier fängt die Dorfstraße mit den Kastanienbäumen an. Links liegt der Gutspark und das langgestreckte Pächterhaus. Dann kommt die Auffahrt zum Schloß gegenüber der Brennerei und der große Pferdestall ... Die Straße mündet in den weiten Dorfplatz und teilt sich hier rechts und links der Kirche. An Bauernhöfen und Tagelöhnerwohnungen vorbei läuft sie wieder zum Dorf hinaus in den großen Selliner Wald. Da hausen Onkel Graulemann und der hautlose Bangemann samt ihren Kindern Kriblifax und Dianora.«

Wenngleich Zeugnisse und Anekdoten aus Benns Kindheit spärlich sind, so ist doch offensichtlich, daß die Geschwister den älteren Bruder sogar als »Zauberer« ansahen, wenn er ihnen Geschichten erzählte oder sich Lieder vorsingen ließ: »Ich sang einmal das Lied ›Was frag ich viel nach Geld und Gut‹, und bei dem Vers ›Das Laster treibt uns hin und her‹ sang ich statt ›Laster‹ immer ›Pflaster‹; um mir zu erklären, was Laster sei, sagte Gottfried: ›Sieh mich an, das Laster, das bin ich ...‹«

Das klingt eher etwas ›nachempfunden‹, um an der Ikone des später berühmt Gewordenen ein paar Kerzen aufstecken zu können. Wenig lasterhaft jedenfalls liest sich ein Billet, das der vierzehnjährige Gymnasiast aus Frankfurt/Oder seiner ein Jahr älteren Schwester nach Göppingen schickte, wo sie bei einer Frau von Bismarck im Internat war:

> *Liebe Ruth!*
> *Hätt' ich gewußt, daß Du so schön kannst dichten*
> *Ich hätte es zu thuen nicht gewagt.*
> *Doch mußt Du schließlich auch bei solchen Wichten*
> *Bei den so viel Geist bis jetzt nicht tagt*
> *Die Sanftmut und Gutmütigkeit*
> *Die Dir so sehr zu Eigen (!),*
> *In vollstem Maß und bestem Lichte zeigen.*

Es gehörte wohl einiger Interpretationsleichtsinn dazu, wollte man behaupten, hier sei bereits die Pranke des Löwen zu spüren, die ein Jahrzehnt später die Leiber so skandalös fetzte, daß sogar einer seiner liebevollen Adepten dieses als »eines der schockierendsten Gedichte« sah, das »wegen der sexuellen Assoziation wohl auch den Mediziner abstoßen« würde:

> *Curettage*
>
> *Nun liegt sie in derselben Pose,*
> *wie sie empfing,*
> *die Schenkel lose*
> *im Eisenring.*

Der Kopf verströmt und ohne Dauer,
als ob sie rief:
gib, gib, ich gurgle deine Schauer
bis in mein Tief.

Der Leib noch stark von wenig Äther
und wirft sich zu:
nach uns die Sintflut und das Später
nur du, nur du …

Die Wände fallen, Tische und Stühle
sind alle voll von Wesen, krank
nach Blutung, lechzendem Gewühle
und einem nahen Untergang.

Die Welt des jungen Gottfried Benn war streng – gar hierarchisch – gegliedert, kleinteilig und kulturlos. Nach Landadel und Regierungsbehörden folgte das Militär – »Dahinter rangierte die Justiz, Land- und Amtsgericht, und erst nach dieser kamen auch die städtischen Behörden … Nach oder neben den städtischen Behörden folgten in zwangloserer Gruppierung die Gymnasialprofessoren und freien Berufe. Von der Kaufmannschaft wußten wir überhaupt nichts; die führenden Familien der sehr bedeutenden und wohlhabenden Papierindustrie traten erst nach dem Krieg aus ihrer selbstgenügsamen Isolation. Ausbrechen aus irgend einer dieser Kasten, nach oben, unten, rechts oder links, war fast unmöglich.«

Mit den Söhnen von Graf Finckenstein, Patronatsherr der Pfarrei Sellin, wurde Gottfried anfangs vom Vater, später von einem Hauslehrer unterrichtet; mit Heinrich Graf von Finckenstein kam er 1896 aufs Gymnasium in Frankfurt/Oder, wo er in der Gubener Straße mit ihm in einer Pension wohnte. Bis zum Ende seines Lebens hat Benn die geistige Anspruchslosigkeit des Elternhauses betont, so in dem Brief vom Mai 1954 an seinen einfühlsamen späteren Biographen Hans Egon Holthusen: »Ich habe ja ein ausgesprochenes Faible für das Pfarrhäusliche, obschon ich mich so weit davon entfernte. In meinem heimatlichen gab es keinen Chopin, es war völlig amusisch, mein Vater hat nie in seinem Leben ein Buch gelesen, einmal, Anfang des Jahrhunderts, war er in Berlin im Theater gewesen, in Wildenbruchs ›Haubenlerche‹, erinnere ich mich.«

Wie es typisch werden sollte für die Methode des erwachsenen Schriftstellers, nahm Benn dieses Erinnerungsmaterial fast wörtlich in ein Gedicht hinein:

In meinem Elternhaus hingen keine Gainsboroughs
wurde auch kein Chopin gespielt
ganz amusisches Gedankenleben
mein Vater war einmal im Theater gewesen
Anfang des Jahrhunderts
Wildenbruchs »Haubenlerche«
davon zehrten wir
das war alles.

Bieder also. Heile Welt? Eine kleine Kutsche, in der Herr Pastor in seine Filialdörfer und die Hausfrau ins nahegelegene Bärwalde zum Einkaufen fuhr, eingespannt der Fuchs Hannibal; als der erschossen werden mußte, weinten die Kinder. So erzählt Holthusen von dem Idyll in den Farben ärmlich, aber reinlich, von den Kossäten, auch Häusler genannt, landarmen Kleinbauern, die von dem, was sie besaßen und mit der Familie zusammen bewirtschafteten, nicht leben konnten und daher einen Teil ihrer Arbeitskraft an Gutswirte oder Großbauern verkaufen mußten: »Dies Schloß war zu der Zeit, die wir im Auge haben, so gut wie immer unbewohnt, da sein Eigentümer, ein sächsischer Kammerherr namens von Globig, seine Dresdner Residenz nur ungern verließ. Das zugehörige Gut samt Park, Brennerei und geräumigen Stallungen war an einen Ökonomierat Kretzschmar, einen ›vorzüglichen, im ganzen Lande angesehenen Landwirt‹, verpachtet worden. Auch im Hause Benn war er hochangesehen, und man unterhielt gutnachbarliche Beziehungen zu ihm. Sein Bild mit handschriftlicher Zueignung, so berichtet Ernst-Viktor, habe lange auf dem väterlichen Schreibtisch gestanden; auch an den Text dieser Widmung kann er sich noch 1956 erinnern: ›Man wird nicht reich durch Erhöhung seiner Einnahmen, sondern durch Verminderung seiner Ausgaben.‹«

Wie man weiß, zersetzt sich so ein Idyll mit seinen bäuerlichen Deputaten, Waschkörben voll Eiern und fetten Martinsgänsen allzuleicht. Benns Verhältnis zum Vater unterlag einem solchen Säurebad, ausgelöst durch den Tod der Mutter. Als die Vierundfünfzigjährige im April 1912 starb, an Brustkrebs in fürchterlicher Qual, waren acht Kinder im Haus. Vielfach ist zu lesen von Benns großer Mutterliebe. Direkte Zeugnisse davon existieren nicht. Sein Gedicht »Mutter« ist tief berührend – jedoch ihr nachgerufen:

Mutter

Ich trage dich wie eine Wunde
auf meiner Stirn, die sich nicht schließt.
Sie schmerzt nicht immer. Und es fließt
das Herz sich nicht draus tot.
Nur manchmal plötzlich bin ich blind und spüre
Blut im Munde.

Als die Mutter im Sterben lag, war Benn bereits promovierter Mediziner. Die Mutter rief ihn zu sich, bat um Hilfe. »Das Übel ist von Gott geschickt, erklärte Pastor Benn, wir müssen es ertragen« – das berichtet Thilo Koch mit dem Zusatz: »Er hat es mir noch selbst erzählt, wie er den Vater haßte, weil der es untersagte, daß die Mutter Linderungsmittel bekam.« Gut möglich, daß in diesem Bericht das Präteritum falsch ist; »damals gehaßt hat« wäre wohl richtiger – damals, als kurz nach dem Tode der Mutter Pfarrer Benn ein zweites Mal heiratete; und damals, als auch noch zwei Söhne ins Haus kamen. Benns Gedicht »Pastorensohn« gibt seinen Abscheu wieder:

Der Alte pumpt die Dörfer rum
und klappert die Kollektenmappe,
verehrtes Konsistorium,
Fruchtwasser, neunte Kaulquappe.

Der Alte ist im Winter grün
wie Mistel und im Sommer Hecken,
lobsingt dem Herrn und preiset ihn
und hat schon wieder Frucht am Stecken.

...

15

In Gottes Namen denn, habt acht,
bei Mutters Krebs die Dunstverbände
woher –? Befiehl du deine Hände –
zwölf Kinder heulen durch die Nacht.

Der Alte ist im Winter grün
wie Mistel und im Sommer Hecke,
'ne neue Rippe und sie brühn
schon wieder in die Betten Flecke.

Verfluchter alter Abraham,
zwölf schwere Plagen Isaake
haun dir mit einer Nudelhacke
den alten Zeugeschwengel lahm.

Von wegen Land und Lilientum
Brecheisen durch die Gottesflabbe –
verehrtes Konsistorium,
Gut Beil, die neunte Kaulquappe!

Gut möglich, daß dies auch geliehene Gefühle waren,
eine Art Zeitgeist-Literatur. Kurz zuvor hatte in Kurt Hil-
lers literarischem Kabarett Gnu in Berlin »ein junger
Mensch, mageren Gesichts, glühenden Auges« aus ei-
nem Drama gelesen, dessen letztes Wort der Aufschrei
»Vatermord!!!!« war – Walter Hasenclevers Stück »Der
Sohn«; über die Lesung wie eine anschließende Diskus-
sion berichtete Benns späterer Mentor Kurt Pinthus in
Siegfried Jacobsohns Zeitschrift »Die Schaubühne« vom
April 1914. Das Stück wurde erstmals im September 1916

in Prag, eine Woche später im Albert Theater in Dresden aufgeführt: so beeindruckend zwischen Ekstase, Zorn und Haß von dem jungen Prager Schauspieler Ernst Deutsch interpretiert, daß wiederum Kurt Pinthus den bisher Unbekannten und seinen »expressiven Stil aus ekstatischem Pathos und scharfer Dialektik« in höchsten Tönen lobte.

Benn war ein in Kunstdingen informierter Mann. Er wird Kunde gehabt haben von diesem Theaterskandal so gut wie von Arnolt Bronnens Stück »Vatermord«, das auf so rüde wie spektakuläre Weise die Sexualität ins Spiel bringt – Sexualhaß auf den Vater wie inzestuöse Begehrlichkeit auf die Mutter, eine Körperlichkeit als Kampf, die Bronnen in seinem Lebensbericht sehr genau seziert hat: »Es ist ein körperliches Ringen zwischen den beiden, ein Prügeln, sich wehren, einsperren, ausbrechen, das unaufhörlich weitergeht, sich steigert ... In einem wilden Kampf zu dritt wird die Frau zum gierigen Tier, die Männer werden zu Mördern ... Mörder und Ermordeter, Sohn und Vater, sinken erschöpft nebeneinander nieder. Aber dann erhebt sich der Sohn, wendet sich ab von der Mutter, ab von allem, was er getan hat:

Ich
Ich blühe –«

Halluzinierte Exzesse. Doch Halluzinationen können wirklicher sein als die Wirklichkeit. Ein Künstler ist ein Mensch, der hungert über sich hinaus. Der Glast einer nur ihm eigenen Wahrheit ist wahrer als die Glut des Sonnenuntergangs hinter einem Meer irgendwo.

Die familiäre Situation des jungen Gottfried Benn hat

fraglos sein späteres Begreifen von Liebe und Sexualität – die Trennung beider Kategorien – beeinflußt. Die Verhältnisse im Pastorat muß man gleichsam als einen Stillstand der Zeit verstehen: nicht mehr vorindustrielle Familie als pure Versorgungseinheit – und noch nicht bürgerliche Kleinfamilie, in der Emotionalisierung bereits ihren Platz hat; ob als Gattenliebe oder als Kindesliebe. Der Sexualwissenschaftler Gunter Schmidt definiert das, indem er die vorindustrielle Familie, die sogenannte »Produktionsfamilie«, eine Wirtschaftseinheit nennt, eine Gruppe, die zusammenlebte und im Haus und um das Haus herum zusammenarbeitete: »Die *bürgerliche Kleinfamilie* wird die bestimmende Familienform. Dies geht einher mit dramatischen Veränderungen des affektiven Klimas in der Familie: Es erwärmt sich, wie der Familienhistoriker Edward Shorter es nannte.«

Es scheint, daß einzig der spätere Künstler Gottfried Benn diese emotionale Energie entfaltete: sehnsuchtsvoll zur Mutter, ablehnend gegenüber dem Vater. Doch für dieses freischwebende, ortlose Gefühl gab es keinen Ankerplatz, es war sozusagen ein Angebot ohne Nachfrage; denn offensichtlich war die Ehe der Eltern – wie auch die so rasch geschlossene zweite Ehe des Vaters – weniger Liebes- und Gefühlsgemeinschaft, die Einzigartigkeit und Unaustauschbarkeit der Partner als Basis gehabt hätte; selbst Sexualität war wohl weniger Ausdruck von Liebe denn von Pflicht. Tod – etwa der Ehefrau – ruft keine seelische Krise hervor, sondern den Bedarf nach raschem Ersatz; er produziert Mangel, nicht Not. Es wird Zeit brauchen – nicht einmal allzuviel Zeit –, bis Benn weiß: eine Lebenswunde birgt man besser unter gebügeltem Flanell als unter Mull. Herz auf Schmerz wird er nie reimen.

Entweder hat Benn die Rohheit der »Pastorensohn«-Verse selber gespürt, oder er mochte sich so entblößende Unverhülltheit nicht mehr erlauben, wurde wohl auch nachsichtiger: Er entfernte das Gedicht noch im Umbruch des Bandes »Fleisch«, der 1917 im Verlag Die Aktion erschien; die Reihenfolge sprang nun von Nummer fünf auf Nummer sieben. Die Beziehung zum Vater normalisierte sich sehr bald, es existieren viele herzliche, gar innige Erinnerungsbilder an ihn, abstruserweise gibt auch Thilo Koch – mit wenigen Seiten Abstand von seiner Haßbemerkung – das wieder: »Benn sprach kurz vor seinem Tode viel von diesem Vater, achtungsvoll und mit einem späten, heimlichen Einverständnis.«

Der pensionierte Pastor besuchte alle ein bis zwei Jahre für einen Nachmittag in Berlin den Sohn. Der war halb amüsiert und halb geniert von dem wegen seiner Schwerhörigkeit zu laut sprechenden Landpfarrer, den die zwei Zimmer weiter wartenden Patienten hören konnten. Der dörflich gekleidete Vater brachte stets belegte Brote, Apfelkuchen und allerlei Proviant mit, und manchmal stellte auf der Straße ein Dienstmädchen vor ihm den Korb ab, um ihn zu umarmen und ihm die Hand zu küssen: er hatte sie konfirmiert. Offenbar war dieser Gustav Benn eine Fontane-Figur in seiner Mischung aus knorriger Güte und bescheidenem Selbstbewußtsein. Gottfried Benns Bruder Ernst-Viktor umgibt diese Gestalt wie aus ferner Zeit mit einem Hauch von Wehmut: »Er war … in keiner Weise Parteigänger des adligen Großgrundbesitzers, sondern einem jeden Gliede seiner Gemeinde in gleicher Weise zugetan. Gerade die einfachen Leute hingen an ihm, weil sie empfanden, daß er auch sie und ihre Nöte ernst nahm. Wir Kinder hätten uns nie einfallen lassen dürfen, von einem Landarbeiter ohne den Zusatz ›Herr‹ zu sprechen. Wenn der alte Vater Thunack kam, um unsern Schweinestall zu säubern, hatten wir ihm mit einem höflichen ›Guten Morgen, Herr Thunack‹ die Hand zu geben und unsern Diener zu machen, nicht anders als wenn der Graf aus Trossin gekommen wäre.«

Auch Bilder von Gegenbesuchen werden stets in das Licht einer milden Herbstsonne getaucht: »Der Besuch bei meinem Vater war sehr eindrucksvoll. Wirklich ein überirdischer Mann. Man kann sich dem garnicht entziehn. Eine Atmosphäre um ihn von letzter Transcendenz, die äusserste Entscheidungen fordert. Hat mich tief berührt.«

Das war zwei Jahre vor dem Tod von Gustav Benn im Jahre 1939. Über sein Loslösen vom Vater berichtet Benn an Friedrich Wilhelm Oelze in ergreifenden Tönen: »Morgen muss ich fahren in einen kleinen Ort der Mark, um meinen Vater zu beerdigen, der 83jährig still und ohne seiner Umgebung einen schmerzvollen Anblick zu gewähren, kürzlich starb … Er hat 9 Kinder gross gezogen u. alle sind etwas Ordentliches geworden. Seine beiden jüngsten Söhne aus der 2. Ehe haben jetzt als Soldaten Kutno u. Warschau mitgemacht; von uns 5 Söhnen aus erster Ehe waren alle im Weltkrieg, einer fiel, einer wurde 2x schwer verwundet, also er hat das Vaterland mit Söhnen beliefert, wie ein Mann das soll.

Wenn ich jetzt an ihn zurückdenke u. von den 50 Jahren Abschied nehme, in denen mein Blick immer wieder mit Teilnahme und Verehrung zu ihm zurückging, kommt mir als stärkster Eindruck entgegen, dass ich ihn niemals, in keiner Lage u. vor keinem Ereignis, armselig, dürftig, kleinlich, ängstlich sah, immer war er über den Dingen, immer hob er das Niedere, immer trug er das Gefallene u. Bedrängte in eine nur ihm gehörige reine, gütige Welt. Zweifellos ein sehr ungewöhnlicher Mann; ganz einfach, gänzlich unintellectuell.«

Noch ist Benn Schüler. Wie wir es aus Selbstaussagen zahlreicher deutscher Schriftsteller wissen, so muß es auch bei ihm gewesen sein. Die preußische Schule war so grämlich wie unbedeutend. Als wolle er des Vaters schroffes Urteil »Du bist so unbegabt, du kannst noch nicht einmal Tischler werden« bestätigen, erhielt er ein Reifezeugnis, das dem künftigen Genie »redliches Streben« im Deutschunterricht bescheinigte, »die durch häusliche Lektüre erworbene Kenntnis der Haupterscheinungen der vaterländischen Literatur war befriedigend. Auch der Prüfungsaufsatz war genügend. *Genügend*.«

Wie wenig glorios das Abitur auch bestanden wurde – es war das Laissez-passer zur Universität. Obwohl anfangs nicht zu der, die er anstrebte. Der Vater bestand auf einem Studium der Philologie, das Benn »Michaelis 1903 bis Michaelis 1905 in Marburg und Berlin, je ein Jahr« unwillig absolvierte. Die begütigende Intervention eines Freundes der Familie bewirkte, daß er endlich das ersehnte Medizinstudium aufnehmen durfte: »Michaelis 1905«; im Oktober also konnte er sich in der Kaiser-Wilhelm-Akademie für das militärärztliche Bildungswesen zu Berlin eintragen. Nun war er, was sein Leben tief prägen sollte und was er die längsten Jahre seines Lebens bleiben sollte: Mediziner und Soldat. Nie verleugnete der Dichter diese Wurzeln seiner Existenz. Werner Rübe, einer seiner sorgfältigen Biographen, hat uns das Institut brillant rekonstruiert:

»Zum Wintersemester 1905, am zwanzigsten Oktober, betritt Benn, neunzehnjährig, durch das schlichte Tor der Kaiser-Wilhelm-Akademie, Friedrichstr. 140, das zwischen der Spree und der Georgenstraße dreiecksförmig gelegene Grundstück, welches der Fiskus 1822 zur Errichtung des medizinisch-chirurgischen Friedrich-Wilhelm-Institutes erworben hatte. Es war dies jener Landsitz, der einst dem Branntweinbrenner George gehörte, mit dem Borkhaus im Garten, in dem Alexander von Humboldt 1806 – Napoleon hielt Berlin besetzt – seine magnetischen Beobachtungen während des Durchzugs eines Lichtmeteors machte: der Herzog Carl August von Weimar saß damals zuweilen neben ihm.«

Es war also eine ehrwürdige Anstalt. Selbst nach dem platzraubenden Bau des Bahnhofs Friedrichstraße umgab sie noch ein prächtiger Garten. Der Stolz der mit knapp 70 000 Bänden großzügig ausgestatteten Bibliothek war Schillers medizinische Dissertation »Versuch über den Zusammenhang der thierischen Natur des Menschen mit seiner geistigen«. In der umfangreichen Literatur über Benn finden sich zahlreiche Abhandlungen, die auf den engen Zusammenhang zwischen Medizin und Literatur hinweisen. Der als Proust-Kenner und Kunstsammler bekannt gewordene Dr. med. Reiner

Speck hat in seiner Benn-Dissertation unzählige Bilder, Metaphern, sinistre Stakkatos und Humanum-Abgesänge des Lyrikers auf dessen medizinische Ausbildung, Kenntnis und den Sprachgebrauch dieser Disziplin zurückgeführt: »In dem … Gedicht ›Mann und Frau gehen durch die Krebsbaracke‹ demonstriert ›der Mann‹ wie auf einer klinischen Visite ›der Frau‹ die Kranken mit maligne entarteten und inoperablen Karzinomen. Er weist auf karzinomatös zerfallene Schöße und Brüste. Er fordert fast dozierend auf, ›den Rosenkranz von weichen Knoten‹ zu tasten – diese Lymphknotenmetastasen sind weich, weil sie schon zerfallen sind; sie schmerzen nicht mehr.«

Benn, zeitlebens eine Lesemaschine schier unglaublicher Frequenz, liebte den Lesesaal, der auch samstags und sonntags geöffnet war, was seinen Gewohnheiten entgegenkam; er verschlang geradezu die Artikel der 129 dort abonnierten Fachzeitschriften, eine Anleitung zur Ausführung von Obduktionen stand bis zum Tode in seiner Bibliothek, die heute im Deutschen Literaturarchiv Marbach zu besichtigen ist. Verblüfft sieht man zwei Meter medizinische Fachliteratur. Die Alte Kaiser Wilhelms-Akademie, ein Olymp aus militärischer Disziplin, wissenschaftlicher Präzision und Bürgerstolz – kaum Söhne des Adels, der Junker und Großgrundbesitzer studierten dort, Rübe zählt Oberförster, Eisenbahnsekretäre, Zollinspektoren oder Gendarmerie-Oberwachtmeister als familiären Hintergrund auf – war nach Benns Geschmack.

Offensichtlich nahm er das Studium sehr ernst, 1910 gewann er sogar eine Preisaufgabe der Berliner Universität, die Goldmedaille tauschte er in eine bronzene ein

und ließ sich dafür 200 Goldmark auszahlen. Im Juli 1910 konnte er dann dieses Zertifikat entgegennehmen:
»Dem Studierenden der Kaiser Wilhelms-Akademie für das militärärztliche Bildungswesen

Herrn cand. med. Benn

wird auf Grund der vorliegenden Nachweise bescheinigt, daß derselbe 8 Kreißende in Gegenwart des Lehrers (Assistenzarztes) selbständig entbunden hat.«

Die Karriere des jungen Arztes wirkt im nachhinein besehen etwas fiebrig: 1. Oktober 1910 Unterarzt beim Infanterie-Regiment 64 in Prenzlau in der Uckermark; gleichzeitig – bis 1. Oktober 1911 – Hospitant in der psychiatrischen Abteilung der Berliner Charité; 14. März 1912 – nach Prüfung mit »gut« – Approbation als Arzt durch das Preußische Ministerium des Innern und zugleich Annahme der Dissertation »Über die Häufigkeit des Diabetes mellitus im Heer« von der Friedrich-Wilhelms-Universität in Berlin – die allerdings ein Fachkollege als »seltsam, blaß, lieblos gemacht« beurteilte, »auch für damalige Verhältnisse bescheiden« mit lediglich neun Literaturstellen und der dürftigen, wenn nicht gar angreifbaren These, daß Diabetes im Heer nicht mit der Beköstigung zusammenhinge. Die lateinisch abgefaßte Promotionsurkunde »viro clarissimo Godofredo Benn« hat er zeitlebens sorgsam aufbewahrt.

Jetzt ist von einem dubiosen Vorgang zu erzählen: Benn nahm 1912 den Abschied aus dem Militärdienst. Als Grund gab der Sechsundzwanzigjährige – der noch wenige Monate vor seinem Tod an Ernst Jünger schreiben wird: »Bis in das 70 Jahr konnte ich mit meinem Körper machen, was ich wollte, er parierte u. tat alles, was mir gefiel« – eine ernste Erkrankung an. Beim Reiten, einem sechsstündigen Galopp bei kaiserlichen Manövern in der Uckermark – schon das schwer vorstellbar –, habe sich eine Niere gelockert, ein angeborener Defekt, eine Wanderniere. Wir werden von diesem angeborenen Schaden – der irreparabel, daher geeignet, die Dienstuntauglichkeit zu erreichen – nie mehr hören; auch bei dem »Kranken« hat sich offenbar das Übel nie mehr gemeldet. Das ist insofern erstaunlich, als eine Wanderniere durchaus Beschwerden verursacht; wenn es denn eine Wanderniere ist. Der ärztliche Direktor des Universitätskrankenhauses Eppendorf in Hamburg, Professor Dr. Greten, den ich zu dieser Selbstdiagnose seines Kollegen Benn befragte, hält eine beschwerdefreie Erkrankung dieser Art über Jahrzehnte hinweg für unmöglich. Die jüngsten amerikanischen Forschungsergebnisse, die er mir zugänglich machte, legen als Resultat ihrer Reihenuntersuchungen auch den Befund »Schmerzen, Gewichtabnahme« vor und empfehlen als Therapiemöglichkeit mindestens das Tragen eines Korsetts oder die Operation.

Interessanterweise sprechen sie aber auch von psychischen und neurotischen Ursachen, einer Art »eingebildeter Wanderniere«, wie sie ebenso ein »Lehrbuch der Inneren Medizin« aus dem Jahre 1907 darstellt: »Die bewegliche Niere wird hauptsächlich bei Frauen gefunden. Es ist sehr verlockend und bequem, die so schwer zu deutenden abnormen Empfindungen im Leibe auf eine ›Wanderniere‹ zu beziehen. Viele Beobachter sind geneigt, der Wanderniere fast jede klinische Bedeutung abzusprechen. In der Mehrzahl der Fälle von ›Wander-

niere‹ handelt es sich um … Zustände allgemein nervö-
ser Natur, die als Hysterie oder Neurasthenie bezeichnet
werden.«

Bei Frauen gefunden …: ob Benns doch wohl eher
imaginäre Wanderniere von einer Frau erfunden wurde?
Wir halten im Jahr 1912 – auf dem Gipfel jenes Tanzes
auf dem Vulkan, den Gottfried Benn und Else Lasker-
Schüler miteinander zelebrierten. Er war zu der Zeit As-
sistent im pathologisch-anatomischen Institut des Berliner Krankenhauses Charlottenburg-Westend, titulierte
sich später nicht ohne Stolz »Leiter eines kleinen pathologischen Instituts«; täglich eine Leiche war seine Norm.
Ein Samariter war er nicht. Von früh an heißt »Rönne«
sein Alter ego. Wie die spätere »Rönne«-Prosa stets Spiegelung eigener Befindlichkeit ist, einen Kobold auf Ko-
thurnen choreographiert, so kann man gewiß in der blut-
rünstigen Szene des »Ithaka«-Dramen-Fragments, die
mit dem Mord am Professor endet, eine Schilderung der
eigenen Befindlichkeit sehen:

»Professor: Ich habe nicht die geringste Absicht, mich
mit Ihnen über Allgemeinheiten zu unterhalten. Sie wollen diese Arbeit nicht machen. Gut, dann gebe ich Ihnen
eine andere.

Rönne: Weder werde ich beschreiben, ob bei dem Sen-
ker in das Fruchtland von Frau Schmidt die Dünndarm-
schlingen im sechsten oder achten Monat durch den be-
wußten Spalt getreten sind, noch wie hoch bei einer
Wasserleiche gegen Morgen das Zwerchfell stand. Erfahrungen sammeln, systematisieren – subalternste Gehirn-
tätigkeiten! – Seit hundert Jahren verblöden sie diese
Länder und haben es vermocht, daß jeder Art von Pöbel

die Schnauze vor Ehrfurcht stillsteht vor dem größten Bettpisser, wenn er nur mit einem Brutschrank umzugehen weiß, aber sie haben es nicht vermocht, auch nur das Atom eines Gedankens aufzubringen, der außerhalb der Banalität stände! Einen aus dem anderen kebsen; möglichst nah am Nabel bleiben und den Mutterkuchen nicht verleugnen – das sind Ihre Gedanken, – Maulwurfspack und Affenstirnen – eine Herde zum Speien!«

Benns Widerwille ist das Feuer, in dem er das Schwert glühen macht, um es zu härten – das Schwert, seine Wehr gegen Jammer und Elend der Welt. Ein selbstauferlegtes Mitleidverbot. Benn war Mediziner. Arzt war er eher nicht. Die Angaben zur eigenen Vita schmecken nicht nach Eigenlob, sondern nach Spott: »Ich approbierte, promovierte, doktorierte, schrieb über Zuckerkrankheit im Heer, Impfungen bei Tripper, Bauchfelllücken, Krebsstatistiken, erhielt die Goldene Medaille der Universität Berlin für eine Arbeit über Epilepsie …«

Die Daten und Ereignisse überstürzen sich. März bis Juni 1914 reiste Benn als Schiffsarzt nach New York, erinnerte sich, er habe das Zwischendeck geimpft, die Stadt nicht gesehen, die Rückreise nicht – wie geplant – auf einem Segler angetreten; sein Glück: das Schiff ging auf der Fahrt nach Wladiwostok unter. Im Juni 1914 übernahm er die Vertretung des Chefarztes einer Lungenheilstätte in Bischofsgrün im Fichtelgebirge. Am 27. Juli schreibt er an A. R. Meyer, der um einen Beitrag für eine Anthologie »Der neue Frauenlob« bittet: »Mein Gott, ich habe nichts: nichts ist mir gleichgültiger als die Weiber, ich kann sie nicht besingen.« Der Brief endet eilig: »Ich muß in den Krieg u. bin nicht ausgerüstet, muß sofort nach München u. dann nach Berlin, wo ich mich stellen muß ... Gut Blut! Gut Hades!«

Am 31. Juli 1914 ist Generalmobilmachung. Am 1. August ist Benn Soldat – ohne gesundheitliche Probleme. Am 4. August fallen deutsche Truppen in Belgien ein, Benn »erstürmt« als Truppenarzt Antwerpen, im Oktober wird er als Oberarzt in das nun so genannte »Generalgouvernement« Brüssel versetzt. Keine Wanderniere, keine Liebe zu Else Lasker-Schüler, keine soeben geschlossene Ehe hindert das fröhliche Soldatenleben:

»Frühjahr 1916 in Brüssel –: ich war Arzt am Prostituiertenkrankenhaus, ein ganz isolierter Posten, lebte in einem konfiszierten Haus, elf Zimmer, allein mit meinem Burschen, hatte wenig Dienst, durfte in Zivil gehen, war mit nichts behaftet, hing an niemandem, verstand die Sprache kaum, strich durch die Strassen, fremdes Volk; eigentümlicher Frühling, drei Monate ganz ohne Vergleich, was war die Kanonade von der Yser, ohne die kein Tag verging, das Leben schwang in einer Sphäre von Schweigen und Verlorenheit, ich lebte am Rande, wo das Dasein fällt und das Ich beginnt, ich denke oft an diese Wochen zurück, *sie* waren das Leben, sie werden nicht wiederkommen, alles andere war Bruch.«

Angesichts dieser Etappenbehaglichkeit steigen einem wie Gespenster der Wahrheit jene das Laster lästernden Lithographien von Otto Dix – etwa »Spiegelsäle von Brüssel« – ins Gedächtnis, die schon früh die Krätze des Krieges vorführen, und sei sie grell zugeschminkt im Bordell. Oder die Briefe Max Beckmanns, auch sie aus Belgien im Jahre 1915; sie lesen sich wie verbale Skizzen zu seinen Tryptichen des Entsetzens: »Man brachte andauernd Verwundete. Einige Vergiftete wälzten sich in wilden Zuckungen und röchelten schwer. Dem einen mußte mit der Mundsperre der Mund aufgehalten werden ... In dem halbdunklen Unterstand halbentkleidete, blutüberströmte Männer, denen die weißen Verbände angelegt wurden ... Draußen lagen zwei Tote von heute früh, die nachher begraben werden sollten. Ich hob die Tücher von ihren Köpfen. Der eine ganz fahl braunweiß mit merkwürdig überirdischem Ausdruck – der andere ein brutales Gesicht, ganz mit schmutzigem Blut bedeckt, mit einer riesigen klaffenden Wunde am untern Gesicht und am Hals, ein Granat wie ein tiefer, blutiger Abgrund.«

Surreale Collage. Nicht abwegig ist es, wenn Helma Sanders-Brahms in der Wanderniere ein Gewächs der »Elseschen Phantasie« vermutet. »Sie kommt sogar in ihrem Roman ›Mein Herz‹ vor, wo die Rede von einem geheimnisvollen Doktor ist, der ›mit Vorliebe Wandernieren heilt‹.« Und auch die weitere Vermutung, Else Lasker-Schüler und ihrem Geliebten könnte es eine Wonne gewesen sein, damals auf diese Weise Militärdienst und Kaiser ein Schnippchen geschlagen zu haben, ist nicht pure Spekulation. Nur: genau zu der Zeit, ihrer Zeit, da sie sich so lebensverloren und lebenssüchtig aneinander totliefen, begann Gottfried Benn das Verhältnis mit einer anderen Frau. Wenige Tage nach dem »Nichts-ist-mir-gleichgültiger-als-die-Weiber«-Brief heiratete er; in München, wohin er »sofort« mußte. Gehorsam führte er in dieser Farce die selbsterteilte Regieanweisung aus: »Mein eigenes Doppelleben war mir nicht nur immer sehr angenehm, ich habe es sogar mein Leben lang bewußt kultiviert.« Er bezog für drei Tage eine Wohnung in der Kaulbachstraße, knapp Zeit für eine Landpartie zum Starnberger See und für das Standesamt, gar keine Zeit für »Firlefanz« – Trauzeugen auf dem Standesamt am 30. Juli 1914 waren zwei Dienstmänner. Wann und wo er die acht Jahre ältere Witwe Edith Osterloh-Brosin kennengelernt hat – das liegt im Dunkel, wie so vieles aus Gottfried Benns jungen Jahren. Dokumente, etwa Briefe zwischen den beiden, sind nicht überliefert. Immerhin bemerkenswert bei jemandem, der mehrere Bände Briefwechsel hinterlassen hat.

Die am 8. September 1915 geborene Tochter Nele gibt mit ihrem Satz »Meine Mutter, eine Dresdnerin, traf meinen Vater 1914 in Hiddensee … er verliebte sich heftig in sie« einen eher vagen Hinweis; bedenkt man, daß es seinerzeit höchst unüblich – wenn nicht ausgeschlossen – war, in den Wintermonaten an die See zu fahren, fällt also der Zeitraum vor der Amerika-Reise aus. Im Juni 1914, nach Rückkehr aus USA, lebte Benn im Fichtelgebirge, für die Verkehrsverhältnisse jener Tage recht entfernt von München, wo Eva Brandt wohnte; die er im Juli heiratet.

Sie hieß nicht Eva Brandt. Die Tochter des wohlhabenden Arztes und Geheimrats Paul Osterloh war nach Auskunft der Mutter die hübscheste der drei Schwestern, geistreich witzig, ein Gesellschaftsmensch, Zierde jeden Salons. Sie hatte mit einundzwanzig Jahren den Frauenarzt Dr. Brosin geheiratet, der zwei Jahre danach, am Himmelfahrtstag 1900, vom »Rokoko«-Felsen in der Sächsischen Schweiz stürzte. Der Benn-Biograph Holthusen nährt den Verdacht auf Selbstmord, Dr. Brosin sei nicht »ehetauglich« gewesen. Nach kurzer Affäre mit einem verheirateten Medizin-Professor versuchte Edith Osterloh-Brosin unter dem Künstlernamen Eva Brandt eine Karriere als Schauspielerin, die sie nicht über Flensburg, Kassel und Hannover hinausführte. Eine größere Geldsumme, die sie einem Berliner Theaterdirektor zahlte, erwies sich als Fehlinvestition – das Geld war weg, aber sie trat nie in Berlin auf. Von einem holländischen Sänger – auch er verheiratet – bekam sie im Herbst 1912 den Sohn Andreas, der also ein Kleinkind war, als Benn die Witwe kennenlernte. Der Sänger war abgereist, aber, so schreibt ihre Mutter Adele: »Als sie im Wochenbett lag, hörte sie, daß er geschieden sei und im Begriffe stehe, eine reiche Jüdin zu heiraten, was dann auch geschah.«

Als seine Tochter geboren wurde, war Gottfried Benn nicht dabei. Er soll das Wickelkind einmal in Dresden-Hellerau besucht haben – aus der Brüsseler Etappe, von der er immer wieder schwärmte, wo er im eleganten Haus von Carl Sternheim verkehrte, Otto Flake, Carl Einstein kennenlernte. Allerdings ist Mißtrauen geboten. Benn flunkerte sich gerne mondäne Erfahrungen zurecht, die ohnehin zu seiner lebenslangen Adaption von Nietzsches »Ich hasse das Leben«-Gestus nicht recht passen wollten. In der Tiefe seiner Existenz war er der Mann ohne Leidenschaften; es seien denn die Leiden des großen Einzelnen. Wenn es je in diesem Leben einen Coup de Foudre gegeben hat, jenen das Innerste zerreißenden, das Feuer zündenden Blitzschlag – dann war der aus den magischen Himmeln der Else Lasker-Schüler herniedergefahren.

Rausch und Wahn,
Verfallenheit und Bedrohung:
Else Lasker-Schüler

Die Beziehung zu Else Lasker-Schüler war die tief-ge-
fährlichste, die Gottfried Benn je zu einer Frau hatte:
Rausch und Wahn, Verfallenheit und Bedrohung; Benn
ist versengt von einer schwarzen Sonne, die Ruchloses in
ihm weckt und ihn zugleich Gefahr wittern läßt – denn
nur *eine* Sonne darf es in der Kosmologie des Dichters geben, und die heißt Gottfried Benn. Du sollst keine anderen Sonnen haben neben dir. Aufscheint in den Gewitter-
blitzen dieser gegenseitigen Raserei sofort, was sie zu
Asche verbrennen sollte: Ebenbürtigkeit.

Man weiß nicht genau, wann und wo sie einander be-
gegnet sind. Zeitgenossen, zum Beispiel Kurt Hiller, wollen beobachtet haben, daß der Autor der skandalösen
»Morgue«-Gedichte die skandalumwitterte siebzehn
Jahre Ältere an ihrem Tisch im Berliner Café des Westens hofiert habe, er meint Ende 1912. Da waren von ihr
bereits der Gedichtband »Styx« und, 1909, das Stück
»Die Wupper« erschienen, sie war 1903 nach neunjähri-
ger Ehe von ihrem Mann Berthold Lasker geschieden
worden und hatte sich gerade von ihrem zweiten Mann
Herwarth Walden getrennt, dem Herausgeber der legen-
dären Zeitschrift »Der Sturm«, in der die Expressionisten
durchgesetzt wurden. Das auch Café Größenwahn ge-

nannte Etablissement war der Ort der Berliner Bohème, gescholten viel und viel bewundert; ein Aquarium der Moderne, in dem sich vor oft plattnäsigem Publikum die Haie und Zierfische, Krebse und Ottern tummelten, die den Tanzrhythmus der neuen Kunst bestimmten. Unter all den sich Schlängelnden, Wiegenden, sich Spreizenden, Gleitenden, Auftauchenden und Absinkenden war Else Lasker-Schüler, »Der schwarze Schwan«, das auffälligste Exemplar. Die seinerzeit hochberühmte Schauspielerin Tilla Durieux, verheiratet mit dem so reichen wie einflußreichen Kunstsammler und Mäzen Paul Cassirer, inszeniert das Dramolett: »Else Lasker-Schüler ... ewig verliebt, schrieb ihre merkwürdigen Gedichte, in denen sie die jeweils Erkorenen zu Göttern erhob und ihnen eine Rose oder einen Stern auf die recht ähnlich gezeichneten Köpfe malte. So reich sie an geistigen Gütern war, so schlecht stand es mit den irdischen. Die kleine Familie nährte sich, wie ich vermute, nur von Kaffee, den ihnen der bucklige Oberkellner des ›Cafés des Westens‹ mitleidig stundete oder den ein freimütiger Gast bezahlte.«

Die legendär ausgeschmückten Details des Lebens der Else Lasker-Schüler – befreundet mit Peter Hille und Adolf Loos, Franz Werfel und Georg Trakl, George Grosz und Wieland Herzfelde, der seinem Verlag nach ihrem Roman den Namen »Malik« gibt – sind zahlreich genug, um ein eigenes Buch zu füllen: die Hosenanzüge, die Glöckchen an den Fußgelenken und die mächtigen Klimper-Ringe in den Ohren, die Phantasienamen, mit denen sie die Menschen einer grauen Wirklichkeit märchenschön schminkte – schon ihren Vater taufte sie »der Juden Tyll Eulenspiegel« und sich selber »Jussuf, Prinz von Theben« –, und schließlich die Affären mit so vielen Künstlern, nicht immer so platonisch wie die Liebe zu ihrem »Blauen Reiter« Franz Marc. Alles genug, um dem Spießer aus der Provinz den erglucksten Schock über das perverse Babylon Berlin zu versetzen. Alles genug, um auch reichlich nachgeahmt zu werden: Viele Beobachter der Kulturszene jener Jahre rufen die Vorliebe für orientalische Muster, für Turbane und Schleier in der Damenmode in Erinnerung, auch die vielen Filmszenen, die in Indien, Persien, Arabien oder Ägypten spielten. So kennt man die kurzen Haare bereits beim Stummfilmstar Asta Nielsen wie ihren Hamlet in Hosen.

Facetten. Es war ja noch nicht das Berlin der Dix-Huren, der Jazzkapellen, gar der schmissigen »Dreigroschenoper«-Songs oder von Marlenes fescher »Lola«. Es war das Berlin des Kaisers, der einer Anekdote zufolge bei einem Empfang den »Kampf um Rom«-Autor Felix Dahn anherrschte: »Die Goten hätten siegen müssen! Wie konnten Sie diesen Schluß schreiben?« – und das fassungslose »Aber Majestät, sie sind doch unterlegen!« wegwischte: »Ach was, darauf kommt es nicht an, nein, die Goten mußten siegen.« Es war das Berlin, in dem Gerhart Hauptmann, Autor der »Weber«, den Schiller-Preis nicht erhalten durfte, das Berlin, in dem der Herrscher, der die Bilder des »Lackstiebel«-Malers Anton von Werner denen Max Liebermanns bei weitem vorzog, Richard Wagner »einen ganz gemeinen Kapellmeister« schimpfte. Heinrich Manns »Untertan« regierte, und deshalb durfte der Roman – in Zeitungsfortsetzungen erschienen – als Buch nicht publiziert werden. Die Nachkriegsschieber des George Grosz zogen noch nicht an

Kriegskrüppeln vorbei, aber die zu Krüppeln werden sollten, wurden bereits trainiert: Die Deutsche Heeresvorlage vermehrte die Landmacht um zwei Armeekorps, der General von Schlieffen entwickelte den berüchtigten Plan für den Zweifrontenkrieg mit Angriff auf Frankreich. Zwar malten Archipenko, Picasso und Macke bereits – aber die fabulöse Sammlung Hugo von Tschudis, des entlassenen Direktors des Berliner Kaiser-Friedrich-Museums, mit Bildern von Manet, Cézanne, Toulouse-Lautrec, Matisse und Maillol wurde in der Münchner Pinakothek versteckt statt ausgestellt.

Else Lasker-Schüler war nicht lediglich Exzentrikerin, die auch schon mal bei Demonstrationen mit Karl Liebknecht und Rosa Luxemburg – womöglich gar zum Entsetzen der Faustgeballten – mitmarschierte. Sie war eine Frau, die den gesellschaftlichen Code aufgekündigt hatte. Mehr noch. Ihrem Credo »Ich bin nicht klug und will es nicht sein, ich will mit meiner Seele nicht rechnen« getreu, gab sie nicht nur die Hosenrolle, sondern hatte auch die ihr von der bürgerlichen Gesellschaft verordnete Geschlechterrolle abgegeben. »Ich bin keine Frau«, rief sie wütend einer unangekündigten Besucherin durch die verschlossene Tür zu, als die auf das anfangs noch höfliche »Ich kann nicht aufmachen, ich bin nicht angezogen«, beschwisterlichte: »Was tut das unter uns Frauen.«

Wie des Mädchen-Knaben Heinrich von Kleist tieftrauriger, hochtrotziger Satz an die Schwester – »Ach, liebe Ulrike, ich passe mich nicht unter die Menschen« –, so klingt auch dies ›Ich bin keine Frau – nicht eine, wie ihr, nicht eine, wie von euch‹ dieser Dichterin traurig-trotzig.

Was für eine Frau. Unfähig zu Pakten, zum Taktieren. Eine GmbH, wie Jahrzehnte später zum Beispiel M. Sartre und Mme. de Beauvoir sie gründeten, hätte sie nicht installieren können. Sie riß sich auf, ganz, als sie diesen Mann mit seinen scheel-schläfrig bedeckten Basilisken-Augen traf:

Der hehre König Giselheer
Stieß mit seinem Lanzenspeer
Mitten in mein Herz.

Da lauert bereits der Tod. Der letzte Exzeß des Exzesses Liebe ist der Tod. Diese Liebe ist vom ersten Augenblick an ein Absinken ins schwarze Nichts. Über dieser Liebe wölbt sich nie ein blaulichter Horizont. Else Lasker-Schüler und Gottfried Benn gehen in ihr unter, zwei Schwimmer, einander umklammernd in so todessehn-süchtiger Wollust, daß da Rettung nicht lockt. Zwei Trunkene beschießen einander mit Sternschnuppen; die sind Gedichte. Else Lasker-Schülers Liebesgedichte an Gottfried Benn gehören zu ihren schönsten überhaupt, herzergreifend im Ausloten finalen Glücks:

Ich hab in deinem Antlitz
Meinen Sternenhimmel ausgeträumt.

Alle meine bunten Kosenamen
Gab ich dir,

Und legte die Hand
Unter deinen Schritt

Als ob ich dafür
Ins Jenseits käme.

Doch wie überschreibt der Herr Giselheer seine Antwort? Denn Antworten sind es. Zwei Liebende flüstern sich nicht im aufdämmernden Tageslicht jenes »Es ist die Lerche, die so heiser singt« zu – zwei Liebende singen sich im vollen Rampenlicht des Berliner Literaturbetriebs öffentlich und vernehmlich ihr »Ich bin verfallen, ich vergehe« zu. Seine Antwort ist überschrieben »Drohungen«:

Aber wisse:
Ich lebe Tiertage. Ich bin eine Wasserstunde.
Des Abends schläfert mein Lid wie Wald und Himmel.
Meine Liebe weiß nur wenig Worte:

Es ist so schön an deinem Blut. –

Mein königlicher Becher!
Meine schweifende Hyäne!
Komm in meine Höhle. Wir wollen helle Haut sein.
Bis der Zedernschatten über die kleine Eidechse lief:
Du – Glück –

Gibt es Grauen vor dem Glück? Beide beschwören beides. Sie rasen durch die Berliner Nächte, sie rasen ineinander, sie rasen aufeinander zu; dem Verderben zu. Else Lasker-Schüler wittert sehr bald dieses Verderben:

Hinter Bäumen berg ich mich,
Bis meine Augen ausgeregnet haben,

Und halte sie tief verschlossen,
Daß niemand dein Bild schaut.

Ich schlang meine Arme um dich
Wie Gerank.

Bin doch mit dir verwachsen,
Warum reißt du mich von dir?

Sie formt die Hände zu einem Trichter, der weit hinten im Gebirge ein Echo hervorrufen will; und von weit hinter den Bergen schallt es zurück:

Gib mich noch nicht zurück!
Ich bin so hin gesunken
an dich. Und bin so trunken
von dir. O Glück!

Doch ein jedes Echo hat auch den Ton des Hohnes. Sein Koboldkichern weist ab. Echo ist nicht Antwort, sondern Schall und Wahn. Wer auf ein Echo wartet, weiß zugleich: er ist allein. Zwei Einsame rufen einander. Er widmet ihr sein neues Gedichtbuch »Söhne« mit den zwei Zeilen

»Ich grüße Else Lasker-Schüler:
ziellose Hand aus Spiel und Blut«.

Ziellose Hand. Gottfried Benn will nicht ›Ziel‹ sein. Eben noch hat die emphatisch Liebende dem Freund Franz Marc gebeichtet: »Ich hab mich doch wirklich wieder verliebt ... Er heißt Giselheer. Sein Gehirn ist ein Leuchtturm. Er ist aus den Nibelungen ... Ich schicke dem ungläubigen Ritter lauter Spielsachen, als ob er mein Brüderchen sei – weil er ein rot Kinderherz hat, weil er so ein Barbar ist, weil er noch ein heimatliches Spielzimmer haben möchte: einen Gralssoldaten aus Holz, eine Schokoladentrompete, eine Spielfahne meiner Stadt Theben, einen Becher, einen silbernen Federhalter, zwei Seidentücher, ein Petschaft aus Achat und viel, viel Siegellack. Ich schrieb dazu: Lieber König Giselheer, ich wollte, Du wärst aus Kristall, dann möchte ich Deine Eidechse sein, oder Dein Seestern, oder Deine Koralle oder Deine fleischfressende Blume. Du freust Dich über meine ›neue Liebe‹ – Du sagst das so leicht hin und ahnst nicht, daß Du eher mit mir weinen müßtest – denn – sie ist schon verloschen in seinem Herzen, wie ein bengalisches Feuer, ein brennendes Rad – es fuhr mal eben über mich. Ich erliege ohne Groll dieser schweren Brandwunde. Könnte ich mich doch in mich verlieben, ich liege mir doch so nah – man weiß dann, was man hat.«

Doch spürt sie auch das große Vergebens: spürt sie ein Weggleiten. Es ist nicht etwa banale Eifersucht; es ist die Furcht vor der Ebbe nach der Gischt der Fluten. »Ihr meint, ich sei ein sexueller Mensch«, schreibt sie im September 1913 an Franz und Maria Marc, »Ihr kennt mich nicht, das liegt viel tiefer.«

Viel tiefer – das bedeutet: eine Erschütterung der Existenz. Sie will diese Lohe nicht verflackern lassen. Deswegen ihr Beschwörungsgedicht »Höre«:

Ich raube in den Nächten
Die Rosen deines Mundes,
Daß keine Weibin Trinken findet.

Die dich umarmt,
Stiehlt mir von meinen Schauern,
Die ich um deine Glieder malte.

Ich bin dein Wegrand.
Die dich streift,
Stürzt ab.

Fühlst du mein Lebtum
überall
Wie ferner Saum?

Allein der Dr. med. hört zwar; doch in seinen Ohren gellt auch Alarm. »Hier ist kein Trost« warnt das Gedicht seines Befreiungsschlags:

Keiner wird mein Wegrand sein.
Laß deine Blüten nur verblühen.
Mein Weg flutet und geht allein.

Das ist der Entzingelungs-Akt des Gottfried Benn. Ein Leben lang wird der zu den wichtigsten Exerzitien eines Menschen gehören, der niemandes Teil sein will, der Teilhabe als Fluch sieht. Vielleicht ist es kein kleiner Umweg, wenn wir uns vergegenwärtigen, wie jener andere große Lyriker, der »den Flugsand der Stunden« nicht aufhalten konnte, wie Rainer Maria Rilke sich gegen

Welt und Berührung zu versiegeln suchte; nicht nur »Nirgends, Geliebte, wird Welt sein, als innen«, heißt es in der siebenten Duineser Elegie, sondern er notierte sich bereits 1912 bei seinem Aufenthalt in Venedig diesen Spruch des vorchristlichen ägyptischen Schutzherrn der Künstler Pta-hotep, der ihm Motiv für ein späteres Gedicht wurde: »Wenn du wünschest, Freundschaft in einem Hause zu befestigen, in das du eintrittst, hüte dich, dich den Frauen zu nahen. Der Ort, an dem sie sich aufhalten, ist nicht gut ... Tausend Männer werden zugrunde gerichtet, weil sie eine kurze Stunde wie einen Traum genossen haben. Man muß sterben, weil man sie kennt.«

Rilkes letzte große Liebe – nur in Briefen und Gedichten fixiert; die beiden begegneten einander nie – ist ein einziges großes Oratorium der Körperlosigkeit, eine Anbetung des Sich-Verfehlens: Es war der nur durch Worte besiegelte Bund mit der russischen Dichterin Marina Zwetajewa, der er einen Band der »Duineser Elegien« mit dieser Widmung schickte, im Jahre seines Todes:

> *Wir rühren uns. Womit? Mit Flügelschlägen,*
> *mit Fernen selber rühren wir uns an.*
> *Ein Dichter einzig lebt, und dann und wann*
> *kommt, der ihn trägt, dem, der ihn trug, entgegen.*

Die Taue, die der kranke Poet der aus Rußland geflüchteten Dichterin zuwirft, sind so dünn wie ein Haar; sein Lächeln so standfest wie ein Lidschlag; sein Zuruf ein Wispern – und jeder Brief ein Hohelied der »unheimlichen Steigerung dessen, was Alleinsein heißt, in einer zum Letzten und Äußersten hingerissenen Einsamkeit«. Das ist vorformuliert – wenn auch im hymnisch-schwingenden Ton der vorangegangenen Generation – fast wortgleich Benns Glück der Partnerlosigkeit. »Eine Frau ist etwas für eine Nacht. / Und wenn es schön war, noch für die nächste!« lautet die Inschrift, die er noch an jede Schlafzimmertür heften wird. »Geschlecht behütend und Gehirn bedrohend: / Feindin!« – das ist die Deklaration der Nicht-Nähe. Gottfried Benns geradezu rituelle Selbstbeschwörung, die Welt sei das Niedere – was für ihn auch bedeutet: die Frau, da Welt, ist das Niedere –, verläuft in gar seltsamen Mäandern. Seinen Hochmut trägt und prägt das Gedicht »Leben – niederer Wahn«:

> *Leben – niederer Wahn!*
> *Traum für Knaben und Knechte,*
> *doch du von altem Geschlechte,*
> *Rasse am Ende der Bahn,*
>
> *was erwartest du hier?*
> *immer noch eine Berauschung,*
> *eine Stundenvertauschung*
> *von Welt und dir?*
>
> *Suchst du noch Frau und Mann?*
> *ward dir nicht alles bereitet,*
> *Glauben und wie es entgleitet*
> *und die Zerstörung dann?*

Form nur ist Glaube und Tat,
die erst von Händen berührten,
doch dann den Händen entführten
Statuen bergen die Saat.

Dem hält er in der Schwebe ein Sehnen nach Vermänn-
lichung: »Mann – du Alles auf Erden.«

Gut möglich, daß derlei zu der späteren Hosenrieche-
rei der Nazis führte, die Benn allen Ernstes der Homosexualität verdächtigten. Aber er war wahrlich genauso
wenig homosexuell wie der Antipode Brecht, dessen
Shlink in »Im Dickicht der Städte« gleichwohl jene
Mann-Verfallenheit vorführt, wie wir sie auch in Benns
szenischem Gedicht »Mann« erfahren, Preislied auf das
gleiche Geschlecht:

Wenn ich im Spiel an deine Glieder fasste
Oder beim Rudern, warst du noch viel ferner
Und viel entrückter. Ja, du warst es gar nicht,
An dessen Fleisch ich fasste. Es ist anders.

Kein Zweifel, daß wir bei Brecht wie bei Benn den Gesang des Pränatalen finden, das Hohelied auf jene para-
diesische Zeit, da das irdische Jammertal noch nicht
Mann und Weib geschaffen und das heißt: geschieden
hatte. Wenn Brecht seinen verruchten Abenteurern in
der gleichnamigen Ballade zuruft: »Warum seid ihr nicht
im Schoß eurer Mütter geblieben / Wo es stille war und
man schlief und war da?«, so betet Benn: »O daß wir unsere Ururahnen wären. Ein Klümp'chen Schleim in
einem warmen Moor.« Schwarze Messen der Irratio – »es

ist die Lehre nicht für jeden / ganz unerfahrbar für die Menge« –, Feier einer imaginären Elite, deren Idol das Androgyne. Nun das aber im Leben nicht einlösbar ist, jener zwiegeschlechtliche Gott aus den halluzinierten Paradiesen allenfalls herabsteigt als schriller Transvestit im Fiffi, bleibt nur der Zirkelschlag um das Ich: »Es gibt nur zwei Dinge: die Leere / und das gezeichnete Ich.«

Der Hautarzt als Architekt: Benn errichtet Zugbrücken um sein Einsamkeits-Schloß, darin er die wüsten Wonnen der Kontaktlosigkeit genießt – »o Selbstentzündung, / tödliches Fanal!«. Seine sprichwörtlichen Sätze – »gabst dir alles alleine, / gib dir das letzte Glück« – sind so wenig frivol wie auch jener Vers des Gedichts »Synthese« nicht als kleine Männer-Ferkelei gelesen werden darf:

> *Ich bin gehirnlich heimgekehrt*
> *aus Höhlen, Himmeln, Dreck und Vieh.*
> *Auch was sich noch der Frau gewährt,*
> *ist dunkle süße Onanie.*

Das meint den schwarzen Urgrund, nicht auslotbar; das meint Flucht aus der Welt. Das meint die Unheilsprophetie der Glücklosigkeit:

> *es ringt kein Tod, es stinkt kein Staub*
> *mich, Ich-Begriff, zur Welt zurück.*

Diese beiden Menschen, Else Lasker-Schüler und Gottfried Benn, sind einander Spiegelschrift. Im Herbst 1912 veröffentlichte sie ihre »Hebräischen Balladen«; sie widmete ihm ein Gedicht, in dem er Pharao und sie Joseph ist, Ikonographie männlich-homosexueller Liebe. Keine Sappho nirgendwo. Wir kennen diese irisierende Spiegelung aus Werk und Biographien vieler Schriftstellerinnen: Marguerite Yourcenar, Virginia Woolf, Edith Sitwell – der eigene Ort wird bestimmt im Erfassen männlicher Homoerotik. Die einst so couragierte Else Lasker-Schüler: als ihr »Spielfreund Senna Hoy«, der frühe Geliebte Johannes Holzmann, vermutlich der Vater ihres Sohnes, in einem russischen Gefangenenlager verschwand, erkämpfte sie sich eine Audienz bei der Zarin, besuchte den sterbenden Freund im Lager Metscherskoje und überführte den Leichnam nach Deutschland, als diese ihrer Zeit voraus liebende Frau Abschied nehmen muß von Benn, fällt selbst sie auf sich selber zurück. Fast zwei Jahrzehnte später beklagt Benn in seinem Text für ein Oratorium von Paul Hindemith zwei Lechzende, die »aus zwei Bechern trinken, und beide Becher sind voll Untergehn«.

Zwei Minotauren, für eine Lebenssekunde die Masken lüpfend, haben sich die Labyrinthe gezeichnet, in denen sie sich verirren. Die Pfade laufen wirr bis zum Ende. Noch im November 1932 erhielt Else Lasker-Schüler den Kleist-Preis; im Hotel Sachsenhof in der Berliner Motzstraße wurde ein Telegramm – »... ein glückwunsch der deutschen dichtung. gottfried benn« – abgegeben, die Silversternacht in den Januar 1933 hinein wurde mit Champagner und Blasmusik vor dem Romanischen Café gefeiert. Kurz darauf saß Else Lasker-Schüler, eine Voodoo-Priesterin, mit ihren Maler- und Literatur-Freunden – im Zürcher Café Odeon auf Koffern wie in einem Wartesaal und beschwor die Emigrierten, einander bei den Händen zu fassen und mit konzentriertem »Wumba-Wumba« Hitler zu hypnotisieren, so daß er aus der Reichskanzlei geradewegs in eine Synagoge ginge; das muß kurz nach Ostern 1933 gewesen sein, denn da teilt Benn Ina Seidel mit: »Sie hat Deutschland verlassen u. verabschiedete sich Freitag telefonisch von mir.«

Es gibt Zeitzeugen, die ihm schäbigere Abschiede bescheinigen: »Elisabeth Castonier berichtet in ihren ›Memoiren einer Außenseiterin‹: ›Die Dramaturgin Anni Bernstein saß elegant und gelassen wie stets im Zimmer. Das Telephon klingelte, sie nahm den Hörer ab, horchte und sagte dann ruhig: Vielleicht hätte ich mir das denken sollen, und legte den Hörer auf. Gottfried Benn hat mir eben die Freundschaft gekündigt, weil ich Jüdin bin.‹«

Ein halbes Jahr später schreibt Benn an Tilly Wedekind: »Laß Dich von E.L.S. nicht erweichen u. sentimental machen. Sie ist sehr seltsam u. sehr genial, aber menschlich ganz fragwürdig u. romantisch. Dazu natürlich fanatisch antideutsch u. lügt wie alle so hysterischen Menschen.«

Doch die Mäander des Fabelwesens, in die ihn der König Minos gesperrt hatte, sind noch nicht ausgeschritten. Fast zwei Jahrzehnte später, im Februar 1952, hielt der frisch mit dem Büchner-Preis Ausgezeichnete eine Gedenkrede auf die sieben Jahre zuvor auf dem Ölberg bei Jerusalem beigesetzte, wie er sagte, »größte Lyrikerin, die Deutschland je hatte«: »Im heutigen Berlin bin ich wahrscheinlich einer der wenigen, die Else Lasker-Schüler persönlich kannten, sicher der einzige, dem sie eine

Zeitlang sehr nahestand ... Man konnte weder damals noch später mit ihr über die Straße gehen, ohne daß alle Welt stillstand und ihr nachsah: extravagante weite Röcke oder Hosen, unmögliche Obergewänder, Hals und Arme behängt mit auffallendem, unechtem Schmuck, Ketten, Ohrringen, Talmiringe an den Fingern, und da sie sich unaufhörlich die Haarsträhnen aus der Stirn strich, waren diese, man muß schon sagen: Dienstmädchenringe immer in aller Blickpunkt ... Das war der Prinz von Theben, Jussuf, Tino von Bagdad, der schwarze Schwan ... Dieses Lebtum als fernen Saum habe ich immer gefühlt, alle Jahre, bei aller Verschiedenheit der Lebenswege und Lebensirrungen. Darum stehe ich heute hier, sieben Jahre nach ihrem Tod.«

»Gute Regie ist besser als Treue«

Wir eilen dem Ablauf der Ereignisse weit voraus. Doch
sind die Spuren der Frauen nicht nur Wegmarken im Leben des Gottfried Benn; es ist auch seine Beziehung zu
Frauen ein Spurenelement seines Werks. Dessen klin-
gende Schönheit, die gelegentlich klingelnde Mondäni-
tät, immer aber die eisige Distanzvermessung sind leit-
motivisch verflochten mit seiner Wahrheit.

Das gläsern Krude, der gräßlich schöne Schmelz, die
gesamte betörende Benn-Gregorianik des Sinnlosen –
»Die Krone der Schöpfung, das Schwein, der Mensch« –
sind nicht zu verstehen ohne seine Predigt von der »Spal-
tung zwischen ich und du«:

> *Zerstoßt das Grau des Himmels! Tretet den Norden ein!*
> *Verkommt! Verludert! Wer wüßte eine Zukunft?*
> *Sät nicht mehr in die Furchen, die es halten.*
> *Verderbt den Samen! Bohrt euch selber Kuhlen!*
> *Zeugt in euch selbst!*

Benn entwickelt von früh an – und über die Jahre hinweg
immer raffinierter, was in seinem Fall heißt: immer käl-
ter – seine wahre ›Philosophie von der Frau‹, der man
etwa den Titel geben könnte ›Faß mich an, aber berühre

mich nicht‹: »Männer wollen doch nicht am Gehirn von einer Frau berührt werden sondern ganz woanders –«, schreibt er der inzwischen erwachsenen Tochter aus seiner Ehe mit Edith Osterloh, über die er im Ton der Schilderung eines Automodells berichtet: »… meine erste Frau [war] eine ganz charmante elegante Dame von Welt …, viel gereist, mir weit überlegen, 8 Jahre älter als ich, sehr wohlhabend, aus einer Dresdener Patrizierfamilie, 2 Onkel, Brüder ihres Vaters, aktive Generäle, einer Excellenz u. sächsischer Ministerpräsident, königlicher. Meine Tochter hat von ihr sehr viel Intelligenz u. Ladylikes geerbt. Sie starb an den Folgen einer Gallensteinoperation, in Jena, 1922.«

Auf der Rückreise von ihrer Beerdigung machte er die Bekanntschaft der Dänin Ellen Overgaard. Kurzer Flirt, kurzes Verhältnis – und die siebenjährige Tochter Nele blieb fortan und für immer in Dänemark, ohne ihn »zu stören oder zu leidenschaftlichen Empfindungen zu bringen«.

Es vergeht viel Zeit bis zur zweiten Eheschließung im Januar 1938 mit Herta von Wedemeyer, einer Frau, an der Benn zu loben weiß, daß sie gut tippen kann: »Meine Frau ist zart, verfeinert, sehr degeneriert, immer müde, was mir sehr angenehm ist. Um 8 Uhr ist sie zum Schlafen fertig. Sie weiß nicht viel, ist ›ungebildet‹ …«

Mit ähnlich näselnder Nonchalance stellt er sie kurz vor der Verehelichung ausgerechnet seiner Geliebten Elinor Büller-Klinkowström im Brief vor: »Sehr viel jünger als ich, knapp 30 Jahre. Nicht die Spur hübsch im Sinne von Elida u. Elisabeth Arden. Sehr gute Figur, aber Gesicht negroid. Aus sehr guter Familie. Kein Geld. Beruf ähnlich wie Helga, gut bezahlt, schreibt 200 Silben, perfekte Maschinenschreiberin. In unserem Sinne, d. h. im Sinne unserer Generation, nicht gebildet, aufgewachsen in den wilden Nachkriegsjahren. Ausgebildet als Tänzerin. Ungeheuer bescheiden, anspruchslos. Gesellschaftlich perfekt, Vater war Gardeoffizier, fiel im Krieg. Sparsam, alles selbst sich machend, kann Knöpfe annähen, flicken, schneidern, Wirtschaft besorgen. Wird nie im entferntesten in mein Leben einzugreifen versuchen, rührt an keine Bezirke, in die ich sie nicht haben will. Sie heißt *nicht* Christiane.«

Die »Verheiratung« wurde dann mit einem Carton angezeigt, der in seiner knarzenden Bürgerlichkeit eher nach Juchten riecht als nach der »neuesten Création von Patou ›amour, amour‹«, die der Bräutigam seiner »reizenden Favoritin« zu schenken pflegte:

Meine Verheiratung mit Fräulein H e r t a v o n We-
d e m e y e r, Tochter des auf dem Felde der Ehre
gefallenen Hauptmanns im Kaiser Franz-Garde-
Grenadier-Regiment Nr. 2, Herrn Adolph von We-
demeyer und seiner Frau Herta, geb. von Eisenhart-
Rothe erlaube ich mir anzuzeigen.
Dr. med. Gottfried Benn
Oberstabsarzt (E) bei den Offizieren zur Verfügung
des Oberkommandos des Heeres.
Berlin-Schöneberg
Bozenerstr. 20.

Die sechzehn Jahre zwischen den beiden Ehen waren eine Zeit des ›Einsam, aber nicht alleine‹. »Ungebremst«

ist für Werner Rübe Benns erotischer Hunger, seine »erotische Aura: faszinierend«.

In der Tat sind die kurzlebigen Affären, die etwas ernsthafteren Liaisons, die tief in jenes Magma unbegreifbarer Schichten reichenden Beziehungen Legion. Noch am Ende seines Lebens klagt er dem Beichtvater Oelze einen Ehebruch seiner dritten Frau Ilse – »Ziemlich traurige Sache. Sie hat sich ganz fanatisch in einen anderen verliebt, Industrieller, Ruhrgebiet u ich bin ad acta getan. Ihr imponiert ja Reichtum u. Erfolg so sehr« –, und zeitgleich schwärmt er noch in diesen Tagen des Herbstes 1954 hingerissen von einer Dreiunddreißigjährigen, an der er auch hervorzuheben weiß, daß sie zuvor die Geliebte eines der bedeutendsten Kunstgelehrten des Jahrhunderts gewesen sei: »Wenn ein Mann meiner Jahre noch einmal auf etwas stösst, das ihm Freude macht, kann er es sich leisten. Richten Sie bitte Ihre Gedanken nicht in Richtung Erotik, sondern in der Richtung, dass es einen sehr berührt, wenn man als alter Mann überhaupt noch auf ein inneres Entgegenkommen bei reizvollen jungen Frauen stösst, auf eine Berührung der Sphären, zu denen natürlich auch die Erotik gehört, die aber etwas ganz anderes bewirken und bedeuten, nämlich eine Art Bewegung affektiver Schichten, die einen für eine Weile fortführen von Erstarrung, Müdigkeit, Fettwerden, Ranzigwerden –«

Benn, dessen Bannwort »eine Frau ist ein Gegenstand« fast nicht mehr zählbar in Werk und Briefen auftaucht – gelegentlich will er das als »größte Hymne« an die Frau verstanden wissen, »es gibt nämlich Gegenstände aus Porzellan, Ming-Porzellan, unbezahlbare, im Aussehn schön u. beim Berühren« –, dieser Gottfried Benn ist ein unersättlicher Frauenjäger. Wobei er bemerkenswert ungenau sich ausdrückt; fast immer ist das Sexuelle gemeint, wenn er von »Erotik« spricht, die kleinen schnellen Abenteuer »um die Ecke« in der Friedrichstraße, der flinke Flirt im D-Zug-Coupé, mehr Verzehr denn Verkehr, lächelnd abgetan – »wenn eine Frau madonnenhaft aussieht, habe ich immer einen Gonorrhöeverdacht«, und als libertinärer Warenaustausch akzeptiert: »Eine Merkwürdigkeit: ein höherer San.[itäts] Off.[izier] begrüßte mich herzlich u. unmittelbar mit dem Geständnis, daß er im Herbst 1917 in Brüssel mein Nachfolger war – bei Doussie! Ich war platt. Also noch in der Zeit, wo ich täglich schmerzerfüllte Briefe an sie sandte u. Geld. Er war dann oft von der Front aus bei ihr u. wohnte bei ihr, sein Bruder trieb es mit der Schwester. Kinder, Kinder!«

»Der Reigen«, inszeniert in der Berliner Belle-Alliance-Straße oder in der hannoverschen Offizierswohnung, mal die ausgehungerte Bankiersgattin, mal zwei kleine Verkäuferinnen: »Eine reines Blond mit allem Zubehör; eine Schwarz mit allem Drum u. Dran. Wir waren einen Sonntag in Steinhude, es war reizend ... – und dann die Erotik, das natürlichste von der Welt ... mit beiden gleichzeitig, es ist Blödsinn, dass die Frau uns alleine will.«

Das Bett als Karussell. Ein Karussell dreht sich zwar, aber es bewegt nichts, die Schwäne und Pferdchen und Kutschen kreisen um eine Nabe, die am flotten Galopp ringsum nicht teilhat; Tand und Musik und Farbgeflimmer verbleiben in der Sphäre des Clownesken. Maskenspiel. Unter der wiederholten Devise »gute Regie ist besser als Treue« waren die – oft einigermaßen gewöhnlichen – Wonnen des Larvenwechsels für Gottfried Benn das eigentliche Vergnügen; Sex wurde als Konsum in Kauf genommen: »*Berlin,* 5.25 an, mit Auto in eine bestimmte Wohnung, u. 24 Stunden später wieder mit Auto zum Bahnhof. Überschrift: Eine irdische u. eine himmlische Liebe. Seit 5 resp. 6 Jahren u beide wissen nichts voneinander. ›Gute Regie ist besser als Treue‹. Ernstlich gesagt. Mit der Einen, seit über 5 Jahren, die vollendetste erotische Beziehung, fange ich jetzt manchmal an: Du zu sagen, aber ich empfinde es als unangebracht. Derartige Beziehungen berechtigen noch nicht zu Intimitäten. Die Eine fragte ich einmal: ›was würden Sie sagen, wenn ich plötzlich stürbe u. Sie träfen an meinem Grab noch eine andre Frau, die meinetwegen weint?‹ Sie antwortete: ›ich glaube, der gemeinsame Schmerz würde uns einen‹. Das war die *irdische* Liebe! Die *himmlische* antwortete: ›Du abscheulicher Lump‹. Die eine Trägerin eines der berühmtesten Namen der modernen Kunst, die andere eines der stilvollsten Namen des Adels. Bei Irdisch war ich vorletzten Sonntag, 11.8. War nett. Auf Himmlisch habe ich momentan keine Lust. ›Sie denken doch nicht schlecht von mir‹, sagen die Damen oft, wenn sie einen verlassen.«

Dies hat nun eine andere Dimension. Gottfried Benns über die Jahre parallel laufendes Verhältnis mit den beiden Schauspielerinnen Tilly Wedekind und Elinor Büller ist nicht nur frappant. Das auch; denn die »Regie« ist perfekt – »darf« die eine Dame anreisen, »muß leider« die andere Dame fortbleiben; am 20. Dezember 1935 tröstet er Elinor Büller, »es giebt Tage, wo ich Dich sehr deutlich sehe und sehr liebe«; und am 26. Dezember 1935 weist er Tilly Wedekind ab: »Ich werde nun in der nächsten Zeit mit Einrichten der Wohnung usw viel zu tun haben. Wenn sie fertig ist, werde ich Dich einladen, sie Dir anzusehn. Vorher hat Dein Kommen keine Freude für mich, da ich sehr beschäftigt sein werde. Denke bitte nicht, Du könntest mir helfen. Das kannst Du nicht, ich mache es lieber alleine.«

Doch wir verhielten im Bereich des Inszenatorischen, wären – ja, wären nicht diese parallel laufenden Briefe von einer geradezu entsetzlichen Ehrlichkeit. Sie erinnern in ihrer Doppelheit an die schauerlichen Notsignale, die (der von Benn wenig geschätzte) Kurt Tucholsky – beiläufig: in denselben Jahren – an seine geschiedene Frau Mary Tucholsky und seine Zürcher Geliebte »Nuuna« aussandte; politische und moralische Zeugnisse allererersten Ranges. Auch die zwei Bände der Briefe Benns an die beiden Frauen sind Protokolle über seine literarische und politische Position. Doch sie sind noch etwas anderes, darin ein weiteres Mal den Tucholsky-Zeugnissen ähnlich: Sie sind Abweisungen. Frauen dürfen die Beichte abnehmen – aber sie dürfen wie der Priester im Beichtstuhl den Abbittenden nicht berühren. Falls es ein ›Los-Laß-Lasso‹ gäbe, dann wäre das der richtige Begriff. Benn will die (jeweilige) Frau einfangen, doch wehe, sie gäbe sich gefangen. Der Jagdinstinkt erlahmt, ist das Wild bezwungen. Schon eineinhalb Jahrzehnte zuvor mußte die Freundin Gertrud Zenzes sich anhören: »Zur Zeit u. wie mir scheint, für eine lange Zeit muß ich allein leben u. werde Dich nicht sehn … von den Frauen, die ich in diesem Jahr gesprochen u. besucht habe, sind Sie die feinste u. im Herzen zärtlichste gewesen. Darum schicke ich Ihnen zum Neuen Jahr viele herzliche Grüße u. Wünsche. Mich sehen werden Sie jedoch auch vorläufig weiter nicht.«

Jetzt, Weihnachten 1935, geht ein »De profundis« an Tilly Wedekind, eine Bennsche Gesetzgebung, aufzuspüren vielfältigst variiert in Werk und Briefen, sein nahezu flehentlicher Gesang des großen Noli me tangere: »Was ich Dir schon vor einigen Monaten einmal so offen schrieb, ich wiederhole es: ich kann u. will mich u. meine Existenz nicht umgestalten, auch nicht umgestalten lassen durch Dich. Ich lebe allein, die ›Mauer aus Hieroglyphen‹, von der Du schreibst, sie ist da, sie besteht. Ich muß innerhalb ihrer leben, niemand kann es sonst. Wenn es für Dich zu schwer ist, immer wieder dieses Nichtweiterwollen u. Nichtweiterlassen bei mir zu spüren, so sage es in aller Freundschaft. Ich bleibe, der ich war u. bin, für mich u für Dich ... Du mußt Dir immer wieder sagen, daß ich für mein Leben keine Frau brauche, das ist *meine* Natur, das ist für mich genauso *natürlich*, wie es für Dich *natürlich* ist, daß Du zu Deinen Kindern gehst. Natur des Mannes, Natur der Frau.«

Wir halten an einem entscheidenden Punkt. Vielleicht ist es der zentrale Nerv des Künstlers Gottfried Benn. Seine Verhältnisse mit Frauen mögen etwas Kasinohaftes gehabt haben, mal sieht man das Monokel blitzen, mal hört man beim Flügelschlagen ein leises Kikeriki. Seine Beziehung zu der Frau ist das Ausrufen eines ehernen Wertegesetzes: Der Mann ist Schöpfer, die Frau ist Geschöpf. Die Frau ist Natur, animalisch produzierend; damit Fortschritt und Geschichte. Das ist exakt, was Benn in Philosophemen, in Gedichten, auch in seinen peinlichen politischen Auslassungen aufs strikteste leugnet:

Verhältnis von Ehe und Mannesschaffen
Lähmung oder Hochtrieb.

Wieder und wieder, mal kakelnd und mal kanonisierend verdammt er die Bindung – also: die Ehe – als Fessel des Mannes; und wenn er heiratet, wird er nicht müde zu betonen, daß seine Ehefrau nichts versteht, zumindest nicht ihn, daß sie keinen Zutritt zu seiner Welt hat: »Mir geht es nicht schlecht. Eine saubere Wohnung, ein appetitlicher, stiller, sehr bescheidener Mensch um mich herum – alles sehr angenehm!«

In einem langen Brief an den Verleger Erich Reiss formuliert Benn sein Credo: »Liebe und Ehe! Ein seltsames Kapitel. Daß Sie bei Ihrer Erfahrung nicht wissen, was los ist, begreife ich nicht. Die Ehe ist doch eine Institution zur Lähmung des Geschlechtstriebes, also eine christliche Einrichtung, Abraham und Odysseus litten nicht an ihr. Für den Mann gibt es doch nur die Illegalität, die Unzucht, den Orgasmus, alles, was nach Bindung aussieht, ist doch gegen seine Natur. Eine Banalität! Hamsun sagt: es gibt nur eine Liebe –: die gestohlene, – er hat recht. In der Ehe gibt es Wirtschaftsfragen, Essensfragen, Geselliges, ›gemeinschaftliche Interessen‹ – alles Torpedierungen des Sexus. Die menschliche Bindung an die Gattin lähmt das Gemeine, Niedrige, Kriminelle, das jedem echten Koitus für den Mann zugrundeliegt, er wird impotent, aber diese Impotenz in der Ehe ist *eine Ovation für die Ehepartnerin als Mensch*. Ich habe daher schon oft gedacht, Frauen müßten Kaninchen sein, dann wären sie anders organisiert wie wir, wüßten nicht, was wir denken und tun, sie könnten in der Bettstelle schlafen, unten an den Füßen, sie sind ja reizende Hasen, die Kaninchen, – mit ihren weichen wellenförmigen Bewegungen haben sie geradezu etwas Mystisches, ich finde sie die apartesten Tiere, – und alles wäre in Ordnung. Leider aber sind sie keine Kaninchen, sondern eine Art Menschen, wenigstens in Europa u USA … Ich rede ganz im Ernst …«

Gottfried Benn ist eine geschickte Elster, die in schnellem Sturzflug stibizt, was immer funkelt und glitzert. Fast alles, was er zur Beziehung der Geschlechter verkündet, stammt aus dem Gedankengut von Otto Weininger, dessen »Geschlecht und Charakter« in seiner Bibliothek stand, zerlesen und mit vielen Anstrichen. Weiningers Grundthese von der doppelten Möglichkeit der Frau – Mutter oder Hure – hat Benn sich gänzlich zu eigen gemacht in allen Nuancen und Schattierungen; viele Gedichte lesen sich wie rhythmisierter Weininger, viele Prosapassagen oder Briefstellen fast wörtlich. Die Frau als Geschöpf, das »immer und durchaus sexuell ist … im Geschlechtsleben, in der Sphäre der Begattung und Fortpflanzung, d. i. im Verhältnisse zum Manne und zum Kinde vollständig« aufgeht, weswegen ihr jegliches Interesse an der Sphäre des Mannes »vollständig fehlt«, die also »nichts als Sexualität ist«: Das ist die Notenschrift für Benns Hymnus auf den einsam-schöpferischen Mann, jenes Wesen, das sich artikulieren, das in »klaren, distinkten Vorstellungen« denken kann, während bei der

Frau Denken und Fühlen eins sind; daher »das Weib« sentimental ist, nur zur Rührung, nicht zur Erschütterung fähig. Selbst Benns Unterscheidung zwischen Kultur und Kunst ist bei Weininger vorformuliert: »Vielen leicht zu blendenden mittelmäßigen Köpfen, insbesondere aber d e n F r a u e n , gilt im allgemeinen geistreich und genial dasselbe. Die Frauen haben, wenn auch der äußere Schein für das Gegenteil sprechen mag, in Wahrheit gar keinen Sinn für das Genie, ihnen gilt jede Extravaganz der Natur, die einen Mann aus Reih und Glied der anderen sichtbar hervortreten läßt, zur Befriedigung ihres sexuellen Ehrgeizes gleich; sie verwechseln den Dramatiker mit dem Schauspieler, und machen keinen Unterschied zwischen Virtuos und Künstler. So gilt ihnen denn auch der geistreiche Mensch als der geniale, Nietzsche als der Typus des Genies. Und doch hat, was mit seinen Einfällen bloß jongliert, alles Franzosentum des Geistes, mit wahrer geistiger Höhe nicht die entfernteste Verwandtschaft.«

Genialität ist eine Art höhere Männlichkeit – »darum kann das Weib nicht genial sein«; recht eigentlich billigt Weininger nur dem Genie Daseinsberechtigung zu, dem Ausnahmemenschen. Benns gesamtes hoffärtiges Pathos, das ihm durchaus von wertvollen und weniger wertvollen Menschen sprechen läßt, ist Weininger pur: »Es gibt keinen wahrhaft bedeutenden Menschen, der nicht von der Existenz des Ich überzeugt wäre; ein Mensch, der das Ich leugnet, kann nie ein bedeutender Mensch sein … Das Genie ist eine höhere Daseinsform überhaupt, nicht nur intellektuell, sondern auch moralisch. Der Genius offenbart ganz eigentlich die Idee des Menschen.«

Das Konzept ist so schrill wie klar. Erst das Geniale ist das eigentlich Göttliche im Menschen (wobei göttlich zu verstehen ist als schöpferisch). Nur der Mann kann genial-göttlich-schöpferisch sein, da die Frau »allen Eigenwertes entbehrt«. Deswegen hat auch nur er die Wahl – zum Beispiel Heerführer, Forscher, Dichter, Komponist zu werden – die Frau »steht fast immer intellektuell sehr tief« und ist vorherbestimmt zur Mutterschaft; ihr Schicksal. Allenfalls vorherbestimmt zur Hure: »Bedeutende Menschen haben stets nur Prostituierte geliebt.«

Wir bewegen uns – will sagen: wir bewegen uns eben nicht – in einem magischen Kreis. In diesem Gedankenfeld muß Liebe eine Art Ver-Weiblichung sein; daher sie – wie ein »Ausnahmemensch« des späten 20. Jahrhunderts, Giovanni Agnelli, nicht müde wurde zu betonen – »etwas für Lakaien ist«. Gottfried Benns Angst vor dem bösen Weib Welt ist eine Kastrationsangst. Die Idee, einer weiblichen Komponente in sich Raum zu geben, wäre für ihn eine Horroridee gewesen. Folgerichtig war er nie und über nichts so empört wie über die Nazi-Denunziation, ein Homosexueller zu sein. Die moderne Sexualwissenschaft kennt diesen Mechanismus, der – wie Henning Bech es formuliert – zu »obligatorischer Heterosexualität« führt: »So ist moderne heterosexuelle Männlichkeit definiert durch ein gegensätzliches und besonders hierarchisches Verhältnis zu Frauen *und* zu homosexuellen Männern … Ein richtiger Mann muss zurückweisen, dass er homosexuell ist, und daher muss er Sex mit Frauen haben; und ein richtiger Mann muss Sex mit Frauen haben, und deshalb muss er zurückweisen, homosexuell zu sein.«

Else Lasker-Schülers träumerische Souveränität, mit der sie Grenzen verschob und festgelegte Rollen ignorierte, war für Benn eine existentielle Bedrohung. Hier passierte ganz wesentlich anderes als nur ein Spiel mit Namen und Kostümen, es geschah etwas Eingreifendes: Männlichkeit als Gegensatz war in Frage gestellt; und Gegensatz heißt Überlegenheit.

Auch Benns einzige Liebesmöglichkeit, zu Abwesenden und zu Toten, erklärt sich aus diesem Zusammenhang; abwesend sein heißt, nicht mehr Bezugsperson, sondern Angesprochener zu sein. Schon in der Beziehung zur Mutter wurde das hochwidersprüchliche Phänomen seiner ›Liebe post mortem‹ deutlich: unzärtlich zu Lebenden, aber zärtlich zu Toten.

Gottfried Benn hat sich einen eigenen Katechismus in drei Kapiteln entworfen.

Das erste Kapitel: Frauen sollen da sein, dürfen jedoch nicht nahe sein. Am ehesten kann er lieben, wenn die Frau weit fort ist. Ergreifend spricht er von ihnen, wenn – sie tot sind: von der Freundin Lili Breda (»die ich tief liebte«), die sich 1929 aus dem Fenster seiner Wohnung stürzte: »Natürlich starb sie an oder durch mich, wie man sagt. Sie war mir nicht gewachsen als Ganzes oder vielmehr: sie wollte mir in Dingen u. an Stellen gewachsen oder über sein, wo sie es nicht konnte u. als Frau nicht zu sein brauchte.« Ergreifend von der zweiten Ehefrau Herta von Wedemeyer, die sich 1945 beim Ansturm der Roten Armee – sechs Goldstücke im Haarknoten – mit zwei Dezi Morphium hydrochloricum vergiftete: »Nichts in meinem Leben hat mich so getroffen, so tief getroffen wie dieser Tod ... Mit jedem neuen Tag jetzt wird mein Kummer unerträglicher, es trifft wohl gar nicht zu, dass die Zeit einen Verlust lindert ... – ein so bescheidenes Leben u. es war das Glück und nun ist es zu Ende.«

Entrückung ist Entzückung. Weil Benn von Liebe im Sinne von Una Sancta nie erreichbar sein will, entstehen für ihn Liebe wie Una Sancta aus dem Unerreichbaren: »Diese Verbindung war keine Leidenschaft, aber eine so unendliche Freundschaft u. Zärtlichkeit, daß ihr Verlust eine Kette von Trauer u. Tränen für mich bedeutet ... sie ... war, so bescheiden, so ladylike, so sanft u süß. Ich liebte sie sehr.« Doch nur der Mann, einer, der Trauer in ein Werk ummünzen kann, versteht Tod:

> *es gibt nur ein Begegnen: im Gedichte*
> *die Dinge mystisch bannen durch das Wort.*
> *...*
>
> *und nun die Stunde, deine: im Gedichte*
> *das Selbstgespräch des Leides und der Nacht.*

Nur der schöpferische Mann kann das eigentlich Erhabene sogleich wieder sich selber zusprechen: »Frauen haben ja aber zum Tod überhaupt keine andere direkte Beziehung als einen kurzen Strom Tränen – und dann weiter.« Vielleicht versucht Benn auf diese Art auch, eine Eifersucht zu besiegen; denn das Verhältnis seiner Frau Herta mit Desmoulin, einem französischen Kriegsgefangenen, wird ihm nicht verborgen geblieben sein. Noch nach dem Zweiten Weltkrieg verklärt er in einer Korrespondenz mit der Zeichnerin Erna Pinner, langjährige Lebensgefährtin von Kasimir Edschmid, nicht nur sein zurückliegendes Leben in eine »Besonnte Vergangenheit« – »Diese Jahre u dann 1918–1933 waren wohl Deutschlands u Berlins wunderbarste, ich möchte sagen: Pariser Jahre, so voll Talenten u so voll Kunst. Wird nie wiederkommen.« – vielmehr taucht er auch die flüchtige Freundschaft zu der 1935 Emigrierten rückblendend in das milde Licht des »alten Verehrers«, der nun, 1955, unterschreibt: »Denke an Dich immer in großer Anhänglichkeit, ja Liebe.«

Das zweite Kapitel: Dem Manne ist gemäß die Banalität des Alltags als das tötend Wirkliche; es ist entgegengesetzt dem nährend Wahren. Wahrheit ist der Wirklichkeit entgegengesetzt; in Benns Konzept heißt das auch, das Wahre ist identisch dem Schönen, das Wirkliche dem Häßlichen. Man kann den Gegensatz auch fassen in der Gegenüberstellung gewöhnlich-ungewöhnlich. Was gewöhnlich ist, weiß er genau: »Wer hat überhaupt diese Art der Geselligkeit erfunden, daß Männer und Frauen nebeneinander sitzen und gemeinsam essen und dann noch« reden müssen, das ist doch furchtbar; diese Geselligkeit stammt doch sicher von Frauen, denen die Natur verliehen hat, ohne Unterbrechung zu plappern, von einem Bild, das ihr Elternhaus vor 50 Jahren darstellt, springen sie auf einen Hut, an dem noch eine rote Feder fehlt, und dabei sehen sie unschuldig aus.« Leben als biologische Wirklichkeit ist ihm medioker. Leben als soziale Konstruktion ist ihm verächtlich. Leben als Entwicklung ist ihm Farce:

> *»Leben ist Brückenschlagen*
> *über Ströme, die vergehn.«*

Das dritte Kapitel: Der Grund unter der Existenz ist un-
ergründlich. Die wahre Erfahrung ist der Rausch. Weswegen Benn übrigens früh mit Kokain experimentierte;
die Quellenlage darüber, wann und wie oft, ist ungesichert. Von weißen Wolken und weißem Schnee ist in frühen Texten die Rede, in einem Brief an Ernst Jünger erwähnt er, »… daß ich selber Drogen weder nehme noch
genommen habe (außer einer kurzen Episode mit Kokain im I. Weltkrieg)«, doch in einem Brief an den Journalisten Frank Maraun heißt es wiederum: »Wenn ich
das Zeitliche segne, was wohl bald der Fall ist bei meiner
exzessiven Art zu leben (mit Drogen, Zigaretten, Kof-
fein, Pyramidon à la carte u. in Mengen) …«

Nun sind das aber die künstlichen Paradiese, die –
wenn überhaupt – wohl nur eine sehr begrenzte Rolle in
seinem Leben gespielt haben. Wenngleich er die Modell-
fälle seiner Kollegen Charles Baudelaire, Antonin Artaud
und Jean Cocteau, Walter Benjamin und Henri Michaux
gekannt haben wird. Diese Paradiese der Kunst – genauer: jene Paradiese, deren Pforten überhaupt erst sich
zur Kunst öffnen – sind im Diabolischen der Abgründe
zu finden; deren Teufel sind Hexen: »Kleines Abschieds-
lied an eine der seltsamsten und gefährlichsten Affären
meines Lebens. Die Frau der ›Blauen Stunde‹, der Liebes-
stellen aus ›Spät‹, vieler Sätze aus den ›Arien‹, die Frau,
die über den Sätzen von den Dämonen schwebt aus der
Darmstädter Rede. Eine leere, ungebildete gemeine Person, die weder orthographisch schreiben, noch manier-
lich mit Messer u Gabel essen konnte, obschon sie Kell-
nerin in einem der elegantesten First-class-Etablissements
des Westens hier ist. Keine sexuelle Hörigkeit von mir,

das wäre ja harmlos und uninteressant; sondern eine un-heimliche innere Verbundenheit, deren Quellen weit zu-rückreichen müssen in kaum erahnbares psychisches Magma, in eine von grauen Vorzeiten verschleierte Dop-pelung meines Gen, das ich liebte und hasste u. dem ich verfallen war. Sie betrog mich seit einem Jahr mit einem Käsehändler, der seine Wechsel nicht bezahlen konnte, die sie dann übernahm zT. mit Hilfe meines Geldes. Ich wusste das Alles. Brachte meine Ehe bis an die äusserste Grenze der Gefährdung, war mir gleich, war bereit zu Grunde zu gehen, aber der Käsehändler war stärker. Lange hagere grauhaarige Person, das Gesicht Pfeffer u Salz, die Unterhaltungen über Kleider und Geschäfts-klatsch und Haarfrisuren: – Interessierte mich. War hin-gerissen *und litt*. … Sie hätten in Ihrem ganzen Leben nie geliebt, können das nicht verstehn und Sie müssen mich verachten, aber, lieber Herr Oelze, so ist das Leben, *wenn man es ernst nimmt*. Das sind die Zahlungen für Kunst u Ruhm. Jetzt ist es Gottseidank zu Ende, dem Hades ent-stiegen, wieder einmal den Styx durchschwommen – mit 65 Jahren – aber was hat man eigentlich sonst?«

Fraglos einer der wichtigsten Texte Gottfried Benns; nicht, weil er Bekenntnis einer un-schönen Seele wäre, sondern weil er uns die Linien der schwarzen Tinte sei-ner Gedichte nachziehen läßt. Ohnehin ist es ja eine hoch-sonderbare Vorstellung, wie dieser nach dem Kli-schee des Modediktats unattraktive Mann, fast immer in kärglichen Verhältnissen lebend, Monat für Monat sich abends in der Küche ›eine Stulle schmierend‹ und wenn's hoch kam in einer Eckkneipe sein Bier trinkend, nach den Tripper-Spritzen in der Praxis und vielleicht einem flüchtigen Abenteuer – sich hinsetzt und die schönsten Gedichte deutscher Sprache im 20. Jahrhundert schreibt. Der Arzt Gottfried Benn legt sich selber unters Mikroskop; als wolle er eine Mikrobe spalten, spaltet er sich selber. Einerseits lebt er: »*Verwandelbar* bleiben, – das ist das Geheimnis. *Verwandelbar* – hat zur Voraussetzung: äusseres Spiessertum u. inneres Wachsein; daher ist der Künstler … eigentlich erlebnislos, seelisch unergiebig, als Mensch ganz stumpfsinig, er heftet ja seine Erlebnisse nicht an sein Leben an, sondern an sein Oeuvre, er hält sich fern vom Leben …«

Andererseits filtert er aus eben der Erfahrung, die er als nicht kunstfähig abweist, seine Kunst. Nach eigenem Eingeständnis gilt das Gedicht »Auf Deine Lider senk ich Schlummer« den beiden ›Parallel-Geliebten‹ Tilly Wedekind und Elinor Büller; als der Komponist Manfred Gurlitt es vertont, notiert Benn verdutzt: »Sonderbar mit dem Gedicht! Es war über 2 Frauen gemacht u. Gurlitt machte *eine* daraus u. es wirkt besser, ruhiger, geschlossener … Wäre eine drollige Beweisung dafür, wie sehr bei Kunstmachung etwas ganz anderes herauskommt als ›gemeint‹ war, soweit es einer Beweisung bedürfte.«

Und er schafft ja selber die Rückkoppelung jenes Erlebnisses mit der Käsehändler-Dame zu Gedichten und Prosa, zu den drei Gedichten »Blaue Stunde« etwa, in denen steht:

> Du bist so weich, du gibst von etwas Kunde,
> von einem Glück aus Sinken und Gefahr
> in einer blauen, dunkelblauen Stunde
> und wenn sie ging, weiß keiner, ob sie war.

Die Hauptworte der Bennschen Poetik sind »blau« und »Glück aus Sinken und Gefahr«. Nicht nur alle heimlichen, indiskreten und oft fast beleidigend-schulterklopfend-intimen Briefe an F. W. Oelze – Antwort im verschlossenen Kuvert erbeten – nennt er die »blauen Bogen«. Er gibt auch einem seiner sensibelsten Interpreten, Dieter Wellershoff, dem Herausgeber der ersten Ausgabe seiner »Gesammelten Werke« nach dem Zweiten Weltkrieg, eine diesmal poetologische Auskunft, wie hochbedeutend Farbe und Begriff »blau« für ihn stets gewesen seien: »Blau – ein äußerst wichtiges Thema in meinen Prozessen und Elevationen – ein neues Wort für Blau: ›ein frevelhaftes Blau‹ (im ›Englischen Café‹), – ›sphinxblau an Schnee und Meer‹ (in ›Einst‹) – es war das Hinübergehn aus Starre und Gebundenheit in Strömen und Vergehn.« Wie sehr oft bei Benn sind aber seine Erklärungen nur Beschreibungen; daß »blau« für ihn wichtig gewesen sei, gibt er zu – warum aber »blau« einen eigenen Wert hat, das gibt er nicht an. Doch der Naturwissenschaftler muß gewußt haben: blau spricht die rechte Hirnhälfte an, und die ist zuständig für Gefühle. Gleichzeitig – das sind die dialektischen Widersprüche, mit denen Benn so gerne arbeitet – ist blau Synonym für Kühle, für Einsamkeit, eine Art Katalysator der Gefühle. Deswegen haben Künstler, die Bild und Farbe für ihr Werk benutzen, blau als Chiffre eingesetzt – etwa Derek Jarman mit seinem Film »Blue« oder Jean-Luc Godard, der die Zwischentitel seines Films »Deutschland Neu(n) Null« damit härtete; selbst die mit allen psychologischen Tricks arbeitende Werbe-Industrie hat für die *coole* Generation unseres neuen Jahrtausends die Parole *think blue* ausgegeben.

Nehmen wir dies – keinesfalls unbedeutende – Detail als Pars pro toto: Gottfried Benns Lebensentwurf ›Kunst statt Leben‹ ist engstens verknüpft mit seiner Ästhetik. Deren mosaische Begriffe – Wallung, Instinkt, toxisch, Rausch, Vision, Mythos, Blut – sind gemergeltes Leben. Ausdruckswelt. Erst diese Meißelung verleiht Wert. Leben ›an sich‹, gar als Teil einer Entwicklung begriffen, ist Un-Wert:

> *Entwicklungsfremdheit*
> *ist die Tiefe des Weisen,*
> …
> *Richtungen vertreten,*
> *Handeln,*
> *Zu- und Abreisen*
> *ist das Zeichen einer Welt,*
> *die nicht klar sieht.*

Alles Animalische – hier also geht Benns Frauenbild in sein Kunstkonzept über – ist Molluske, Vorschlamm, Vor-Form. Wer darin verharrt, ist zu höhnen:

> *dumm sein und Arbeit haben:*
> *das ist das Glück.*

Seine Zeremonien gelten der fensterlosen Monade, geschichtslos, weltverschlossen, sie ist »das sich umgrenzende Ich«. Alles andere ist Thomas Mann, kann er in seiner herrscherlichen Verächtlichkeit sagen, »ein Versicherungsbeamter …, der gut mit dem Publikum umzugehen verstand u. dem einige einträgliche Abschlüsse gelangen. Gut geheiratet, gut gelebt, die Landhäuser lagen landschaftlich angenehm u. Herr u. Hund konnten darin spazierengehn.« Doch wie in der Liebe: Tod macht Benn versöhnlich; »nun ist der große Thomas tot«, schreibt er im August 1955, »er schwebte ja seit Jahrzehnten als greiser alter Erzengel über uns allen, die wir zum größten Teil Putten u. Amoretten geblieben sind«.

Er hätte auch sagen können: ›Alles andere ist Strindberg‹, oder Nietzsche, oder – das Alphabet hindurch, mindestens bis O wie Oelze. Das große B ausgenommen. Benn, in feixender Bedürfnislosigkeit, sieht herab auf Villenbesitzer und Frackträger, Cabrioletfahrer und Luxuslinerreisende; er sieht herab auf das Menschliche in jeglicher irdischen Form. Spott gießt er über seine Strindberg-Lektüre: »Dies gute rührende 19. Jahrhundert! Dieser Wissensrausch u diese Dämonie am falschen Ort! Er will die Frau ›emporziehn‹ (statt: sie auszuziehn) u. muss ihr imponieren (mit geschmackvoll arrangierten Butterdosen und Frühstücksdecken)! Sehr bedeutender Grübler u. germanischer Titan, aber das *spezifisch* Strindbergsche, das erotische Problem, äusserst abwegig u. leider etwas kurios. ›Am Weibe zu Grunde gehen‹, das ist doch schon geradezu sehr lieb!«

Vom bindungslosen Individuum
zum verantwortungslosen Subjekt

Wir müssen einen weiten Bogen spannen, um annähe-
rungsweise zu verstehen, wer das war, der da Dome aus
Eis mit Kapitellen voll Haßfratzen errichtete, Dome, die
er leer wünschte, nur dem Hall geweiht, dem betörenden
Lobgesang egomanischer Erhabenheit:

lasse dich doch versinken
dem nie Endenden zu –

und heißt dann: schweigen und walten,
wissend, daß sie zerfällt,
dennoch die Schwerter halten
vor die Stunde der Welt.

Solche Verse der Gültigkeit schuf nicht ein monasterisch
georgehaft Schreitender, sondern ein korrekt gekleideter
Bürger mit Embonpoint, klein von Wuchs (genau gemes-
sen: 1,67), so daß seine Füße, saß er am Tisch, nicht auf
den Boden reichten, zumeist im Nadelstreifenanzug mit
Weste, Perle in der Krawatte und Gamaschen über
blankgeputzten Schuhen, stets sich erhebend, um einer
Dame in den Mantel zu helfen, zwei Schoppen Wein
oder zwei Bier waren das Quantum des Abends und

Rote Grütze mit Vanillensauce das Lieblingsdessert, chevaleresk Orchideen, Rosen und Parfüm versendend, durchaus auch zu Hause in den Berliner Luxusrestaurants Horcher oder Schlichter, gelegentlich auf Reisen mit seinem Verleger Erich Reiss im vornehmen Hotel Weißer Hirsch übernachtend oder Paris 1925 genießend wie ein mondäner Gourmet: »In Hermelinmantillen von der Größe eines Theatervorhangs, am Hals geschlossen von einer Hand unter dem Feuer haselnußgroßer Solitärs, betreten die Damen nach dem Theater um Mitternacht das Restaurant. Die Austern sind aus Portugal, haben einen großen Bart, wenig Fleisch, aber es ist fest und hat das Salz des Meeres. Die Oliven sind fett von taraskonischem Öl; den Poularden, erweicht von burgunderschweren Saucen, blättert das Mastfleisch von den Knochen; über das Pistazieneis gießt man Champagner; wer abends keinen Frack anhat, ist ein Mann vom Lande. Da ist Potin, Geschäft für Lebensmittel. Geschäft! Wertheim für Delikatessen, maurischer Durchbruch durch drei Boulevards zum Stapel kanaanitischer Gehänge, Pilaster, erstickt von Ananas; Pfeiler, grün von Feigen und Artischocken; eine Stromschnelle für Forellen; Schnepfen, Fasanen serienweise. Anhäufungen von Spargel, eine Miete Kiebitzeier, Kuchensorten bis auf die Trottoirs. 20 000 Hektoliter Olivenöl braucht Paris jährlich für Salat und Mayonnaisen –«

Von einem, der der Welt abhanden gekommen, gibt es ungewöhnlich viele und ungewöhnlich sorgfältig inszenierte Fotografien, auch ungewöhnlich viel Klatsch über den angeblich asketischen Einsiedler, der zornig wurde, servierte man ohne Stoffserviette, der betonte, »der feine

Mann trägt langen Säbel, und zwar unter den Mantel untergeschnallt. Ich persönlich trage den Dolch«, der sich ärgerte, nichts über die exakte Körpergröße Goethes oder Hölderlins, aber alles über Nietzsches Genitalekzem zu wissen und der – »Sie schreiben etwas Tolles!« – sich über Oelzes Wunsch, er möge Pfingsten auf dem Balkon verbringen, wütet: »Balkon‹ ... Es ist der Begriff einer bestimmten ausgeleerten, mulmigen Grosstadtinsassenheit, die morgens den Café dort titscht, abends die Molle u. tagsüber die Stiefmütterchen begiesst. Die Wäsche hängt auf der Leine. Man hört die Unterhaltungen der oberen u. unteren umrandeten Vorsprünge, ebenfalls Balcon. Er ist der Ersatz für Garten u. Meer, er steht der Laube nahe. Mir eine der unsympathischsten Einrichtungen, ... nie werde ich eine halbe Stunde auf irgendeinem Balcon sitzen.«

Eher saß der Dichter, jedenfalls will es die von Werner Rübe kolportierte Anekdote so, dann doch gelegentlich im Adlon Unter den Linden: »Ein aufgeregter Herr springt aus dem Doppeldecker-Bus der Linie 1, stürzt ins Hotel Adlon! Feinste Adresse. Grün livrierte Pagen, Kellner im Frack. Frauen *kanaanitisch braun*, Chinchillastolen, federgeschmückt die Seidenkappe, Veuve Cliquot im Silberkübel. Der Aufgeregte – es war Eduard Künneke – stürmte zur Bar: ›Eine Schere, schnell eine Schere‹, ruft er. Es erhebt sich von einem der Tische ein distinguierter Herr, knappe militärische Verbeugung: *Doktor Benn. Ich bin Arzt – kann ich Ihnen helfen?* Die Verwirrung klärt sich, der Operettenkomponist hatte im Omnibus musikalische Einfälle auf die Manschette notiert: Dr. Benn zieht aus der Brusttasche eine gebogene Verbandsschere, trennt die Manschette vom Hemd, fragt nach abgeschlossener Operation *hat es sehr weh getan?* Man eilte in den Festsaal, Künneke öffnet den Flügel, die Manschette als Notenheft vor sich aufgestellt: ›Ich trink auf dein lächelndes Augenpaar‹, – und ›Onkel und Tante, ja das sind Verwandte, die man am liebsten nur von hinten sieht‹ ertönt.«

Er bestand darauf, daß das Essen pünktlich um 12.45 Uhr auf den Tisch kam, nicht zu lange dauerte, daß es nicht rohes Obst zum Nachtisch gab und Punkt 8 Uhr abends das erste Bier. Benn war ein Bescheidenheitsprotz, aber zugleich war er lüstern auf die Details der Großen Welt. »Ich esse mit meinem Dienstmädchen in der Küche«, aber: »Sie trugen eine *hellgraue* Weste beim letzten Mal. Darüber wüsste ich gerne etwas Näheres. Tut man das jetzt? Andersfarbige Weste? Herzlichen Gruss!« Bescheiden: »Ich sitze abends lieber allein in meinem Lokal, trinke … Publikum, Öffentlichkeit, Ruhm, Nation, – alles ist irrelevant …«, aber: »Was ziehen Sie an, was zieht ein feiner Mann an, wenn er …: ich bin von englischer Seite angefragt worden, ob ich in ganz kleinem Kreis an einem Abend mit Eliot hier zusammen sein wolle … wie Sie wissen, interessiert mich alles Gesellschaftliche und Modische sehr – also was zöge man da passend an?« Er, ein fervener Verächter von Reiseromantik und Südseesonnenuntergängen, verdirbt seine Verse mit ausgepinselten Farben und weitgereistem Chique. Da tönt es vom »Jazz vom Rio del Grande«, duftet es nach »Schnaps, Sonne, Zedern«, und es reimt sich »Pelz und Stein« auf »die Inseln von Bahrein«, auch eine »Schubertsche Litanei« auf »Capetown bis Shanghai«.

Der hochmütigste unter allen Kunstanbetern hat der deutschen Literatur Unvergeßliches und Unnachahmliches geschenkt – und er hat verschmalzten Bildungskitsch fabriziert, den er, ein strenger Kunstrichter, keinem anderen hätte durchgehen lassen. Wähnend, die alleroberste Kuppe des Olymp zu bewohnen, verschwindet sein Kopf gelegentlich in den Wolken aus »Asphodelentrust« – gereimt auf August – und »Aconite« – gereimt auf Gebiete –, aus »Hyoscyd« – gereimt auf Heraclit – und seine »Träne wühlt sich in die Meere – / dir: thalassale Regression«.

Einer seiner Nachfahren, Hans Magnus Enzensberger, hat den von ihm sonst Hochrespektierten deswegen aus dem Saal gewiesen, attackierte vieles als »verblasen gedacht und schlammig formuliert … Philosophie als Rührei« und Benn als einen Autor, der »seiner Sprache intellektuell nicht gewachsen ist; sie lief ihm auf und davon«. Enzensberger leugnet nicht Partien großer Schönheit, aber summiert dennoch: »Der Rest ist Schamott: die Grammatik zweifelhaft, die Theorie aus vierter Hand, viel Böcklin, fin de siècle, Sentimentales unter der zynischen Oberfläche, Bildungsreste, Intelligenz, die nicht weiter reicht als zum Verrat der Intelligenz an die Gewalt.« Mit intelligenter Witterung für den Subtext hat Enzensberger erfaßt, daß es sich keineswegs um nur etwas streifig gewordene Bildungsschminke handelt, sondern um das Inklinieren zum Bösen.

Hier schließt sich ein Kreis. Wer im Gedicht noch anklingen läßt – »Eine Wirklichkeit ist nicht vonnöten« –, wer Sexualität auf Akrobatik reduziert – »Wenn man gleich an den Beginn einer Beziehung den coitus setzt, giebt es keine Neurosen« –, der erklärt bald zwangsläufig das Individuum zum »Abgänger«, zur »Eigen-Immortelle«. Dem Literaturhistoriker Edgar Lohner antwortete Benn auf eine Frage: »… der Mensch ist ein Samenerguß ohne Befruchtungswillen und Befruchtungsmöglichkeit, er geht in die Nacht, aus dem Traum, ins Nichts und kennt keine Gemeinschaft, auch keine geschlechtliche mehr. Liebe ist das Elysium der Unproduktiven, derer, die nicht denken und Ausdruck schaffen können. Der Extreme in seiner Finallage gibt auch die Liebe nicht mehr ab, er behält sie für sich selbst.«

Benn ist auf bestem – schlechtem – Wege, aus seiner Poetik eine Anthropologie zu machen. Auf dem Wege vom bindungslosen Individuum zum verantwortungslosen Subjekt. Auf dem Weg vom Genie zum Führer. Verschlungene Pfade mit bösem Ausgang. Sein Text »Das Genieproblem« aus dem Jahr 1930 deutet das an: »Vergegenwärtigen wir uns, zwischen welchen Welten, welchen Werten dies Jahrhundert sich verbrachte. Es waren alles biologische Werte, möglichst große Gesundheit, möglichst große Leistungs- und Lebensfähigkeit, günstige Arterhaltung, Vermehrung nicht nur als völkische Forderung, sondern aus einem echten biologischen *Furor* für alles Fleischliche, Organische, Wabernde und Wuchernde, als sogenannten Triumph des angeblichen Lebens; es waren alles Züchtungswerte, geordnet nach ihrem Rang als Aphrodisiaca, eine Yohimbinmoral mit Lustakkord, immer getrieben von der Vorstellung der höheren Art und der Entwicklung. Und nun stoßen wir bei der Betrachtung des Genialen plötzlich auf Vorbedingungen, die diesen Werten entgegenstehen. Wir stoßen auf Abnormes und Entartung und aus ihnen entsteht der *Menschheit* die große Suggestion der Kunst.«

Es lohnt sich, diesen Spuren Schritt für Schritt nachzugehen. Wir werden einer Geburt der Barbarei aus dem Geiste der Poesie beiwohnen. Eine der Ursachen ist fraglos Gottfried Benns Lebenssituation. Er ist ein depravierter Bürger. Der Pastorensohn entwirft zwar – in seiner Skizze »Das deutsche Pfarrhaus« – eine wahre Genealogie der Eliten, die sich aus dem protestantischen Pfarrhaus »züchteten«: Nietzsche und Schelling, Wieland und Hölderlin, Schiller und Uhland. Er singt das Hohelied der Prominenten und Bedeutenden, die in drei Jahrhunderten aus evangelischen Pfarrhäusern hervorgegangen sind, eine Mischung aus Erbadel und erworbener Geistesaristokratie – »Glanz dieser moralischen und intellektuellen Züchtung« –, als deren Produkt er sich mit Wohlgefallen feiert, sich selber und dieser Gemeinde der Genies den Choral »Adel im Untergang« intonierend. Aber der Dr. med., Offizier a.D., lebt kärglich. Der Kopf im Olymp, doch die Füße in der Belle-Alliance-Straße, eine schäbige, kleinbürgerliche Gegend vor den Toren der Stadt, wo Schuster, Handwerker und polnische Schneider ihr Gewerbe betrieben, bei denen sich die Herren ehemaligen Offiziere die Maßanzüge anpassen ließen, die sie sich aus den eleganten Ateliers Unter den Linden oder am Kurfürstendamm nicht leisten konnten. Übrigens – das belegen spätere Schallplattenaufnahmen – sprach er auch ein Berlinisch der Unterklasse, nicht direkt Taxifahrer-Slang, nicht proletarischer Wedding, aber eben Belle-Alliance-Straße: das berühmte Lispel-S à la Finßterniß oder vithek antropuß, die Medallje und das berüchtigte weita – der Lesah hat das Wort. Dort, Hausnummer 12, hatte Gottfried Benn bis 1935 seine »Praxis für Haut- und Geschlechtskrankheiten«, meist abhängig von Gonorrhöe- und Lues-Gezeiten, dort lebte und dort arbeitete er, die Schreibmaschine und das Mikroskop nebeneinander auf dem Schreibtisch nebst Ringkalender der Arzneimittelfirma Merck, Arztstempel und stets überquellendem Aschenbecher, kein Teppich, eine schmale Liege für den Mittagsschlaf, nachdem die Postbotin dagewesen war; die, kam sie nicht pünktlich um halb zwei, angeherrscht wurde, daß sie wieder zu lange geklatscht habe. Bis in seine späten Jahre hat Benn Gedankensplitter, poetische Metaphern, gelegentlich ganze Gedichte in seinen Kalendern notiert, in denen man dann zwischen dem Eintrag 0,90 – Wasser, Café. 3,50 – Post, Telegramm oder der Erinnerungsnotiz »Säbeltasche, Handschuhe, Schlips« die Entwurfzeile »Schakale im ersten Licht, ob es gewachsen, wie es geworden, wissen wir nicht« entdecken kann. Diese im Nachlaß aufbewahrten Notizkalender – in der Benn-Legende geistern sie als »Arbeitshefte«, gar »Tagebücher« umher – sind Kladden für Patiententermine, Haushaltsausgaben oder flüchtige Beobachtungen.

Besucher pflegte er im Arztkittel zu empfangen, Kaffee, Zigaretten, manchmal ein Stück Kuchen. Dichterklause, Arztpraxis und gewiß auch Liebesnest – Benn hat seinem bescheidenen Hochsitz, von dem aus er die Welt (also: Berlin) betrachtete, ein Bild gewidmet, jene zwei Wartezimmer, das Ordinationszimmer und die berühmte Kemenate zum Innenhof: »Von diesen Räumen gingen drei auf die Straße, einer in den Hof. In den Hof ergoß sich ein Musikcafé, das belauschte ich oft, entführende Weisen. Manchmal, wenn ich nachts in mein Schlafzimmer trat, ertönte die Musik. Ich öffnete das Fenster, ich löschte das Licht. Ich stand und atmete den Laut … Ja diese Stadt, doch wahrhaftig nicht aus Tau und Vogelsang, vielmehr voll Gegenstandsgedränge, wie lautlos und leicht in meinem Raum!«

Zwei nicht ganz unwesentliche Details aus seinem Leben sind übrigens nie völlig geklärt worden: ab wann er eine zweite Wohnung in der wesentlich eleganteren Passauer Straße 20 angemietet und ob er in den zwanziger Jahren eine Offizierspension bezogen hat. Letzteres war eigentlich üblich für Offiziere der kaiserlichen Armee. Eine »Festsetzung« des Jahres 1957, ausgestellt vom »Senator des Inneren« in Westberlin für die Auszahlung einer Witwenrente an Ilse Benn, hält zwar »Berufsoffizier mit einer Dienstzeit von mindestens 10 Jahren« (also die Zeit des Ersten Weltkriegs einbegreifend) fest und sichert »zu behandeln wie ein Beamter auf Lebenszeit« zu, er gelte als »Berufsoffizier im Ruhestand«; die Unterlagen halten auch akribisch Beförderungen fest: 22. 5. 1912 Assistenzarzt; 1. 4. 1935 Oberstabsarzt; 1. 10. 1939 Oberfeldarzt; 1. 3. 1942 Oberstarzt, »mithin Versorgung als Oberstabsarzt«. Sie geben jedoch keine Auskunft über Pensionsbezüge nach 1918. In einem Antrag auf Pension beim Innensenator von Westberlin aus dem Jahr 1952 – Briefkopf »Dr. med. Gottfried Benn. Oberstarzt a. D.« – rechnet er selber seine vier Jahre Ausbildung in der militärärztlichen Akademie wie die Zeit vom 22. 5. 1912 bis zum 22. 3. 1913 als »aktiver Assistenzarzt« mit ein. Die Wohnung in der Passauer Straße wählte er für seine erste Frau Edith aus, die er 1914 geheiratet und die ihm am 8. September 1915 seine Tochter Nele geboren hatte; sie stammte, wie wir bereits aus seinem Munde gehört haben, aus einer wohlhabenden Dresdner Patrizierfamilie, zu der Generäle und Ministerpräsidenten gehörten. Sie war eine elegante Frau, gewöhnt an Salons, Premieren und einen komfortablen Lebensstil. Mit dem unehelichen Sohn Andreas und der Tochter Nele – bald möchte er »die ganze Passauer Straße zum Deibel jagen, aber eine Tochter kann man nicht zum Deibel jagen, wenngleich« – zog Edith Benn vermutlich noch 1918 dort ein: Gottfried Benn ließ sich in dieser Wohnung so gut wie nie blicken. Eine lange Zeit der Versuchung bot diese Familienstatt nahe der Tauentzienstraße ohnehin nicht; ob sie vor seiner Forderung floh, selber Geld zu verdienen, etwa bei einem Pianofortemagazin, oder ob ihr Gallensteinleiden wirklich so akut geworden war – Edith Benn fuhr im November 1922 zu ihrer Schwester nach Jena, die dort als Augenärztin praktizierte, ließ sich in der Universitätsklinik operieren und war zwei Tage danach tot. Eine hastig eingegangene Ehe war hastig beendet, die Tochter zwar nicht »zum Deibel gejagt«, aber – »wenngleich« – der nächsten Geliebten übergeben. Benn war traurig, aber nicht unglücklich.

Zwar saß er abends meist in seiner Stammkneipe »Reichskanzlei« um die Ecke in der Yorckstraße, von acht bis zehn Uhr, drei Bier, zwei Korn, seine Vorliebe fürs bescheidene Inkognito pflegend – nach dem Motto »Am linken Flügel, im zweiten Glied, nicht gesehen werden und schaffen«. Doch wenn die Zeiten günstig waren, die Nutten von der Friedrichstraße Geld in die Kasse brach-

ten (1918 waren in Berlin 87 000 Geschlechtskranke registriert) oder die Schleimhäute einiger der 300 000 Russen, die »Berlin-Charlottengrad« bevölkerten (es gab
damals sechs russische Banken und drei russische Ta-
geszeitungen in Berlin), konnte er nicht nur Saure Leber
mit Kartoffeln für 1,50 Mark bei Schlichter oder für
50 Pfennig Löffelerbsen mit Eisbein bei Aschinger essen, sondern sich auch ins Glitzertalmi und Tam-Tam
stürzen, das Werner Rübe als Teil von Benns »Provozier-
tem Leben« schildert: »Portokassenjünglinge und Tipp-
mamsells genossen den Fontänenzauber im ›Resi‹ –
24 000 Liter Wasser sprudelten, von 140 000 Glühbirnen
illuminiert – und die Rohrpost katapultierte Likör-
fläschchen und Veilchenparfüm im Etui (M 1,50) zur Er-
wählten; – in Carows Lachbühne am Rosenthaler Platz
ergötzten sich Filmstars neben Waschfrauen, Bankdi-
rektoren neben Stempelbrüdern an Berliner Schnauze
und Knorke ... Im Admiralspalast aber: Mit Rum in der
Stimme singt Hans Albers ›Ich küsse Ihre Hand, Ma-
dame ...‹ Das Publikum rast. Die Behrenstraße ver-
stopft: Daimlers, Rolls-Royces, Maybachs und Cadillacs
vor dem Metropol-Theater: Hermeline und Nerze ent-
leeren sich ins Foyer: Franz Lehárs neueste Operette.
Die Lieder seinem Tenor Richard Tauber in die Kehle
geschrieben. Und Gitta Alpar als Prinzessin Elisabeth
Alexandra. Die Logentüren schließen sich, drinnen
singt Tauber ›Schön ist die Welt, wenn die Welt dir ein
Märchen erzählt ...‹.«

Wir müssen einen Augenblick innehalten, um ein anderes Kuriosum des Bennschen Lebens zu betrachten. Es
ließe sich nämlich eine aparte kleine Anthologie seiner

Berlin-Hymnen zusammenstellen; Ovationen: »Berlin ist meine Stadt – seit 1904 – und wird es bleiben«; Danksagungen: »Auch in der Belleallianceestr u. im ›Wahlstatt‹ rauscht das Anonyme u. Abenteuerliche dieser Stadt. *Sie ist die Heimat* für mich, die Stadt des Kampfes, der Wunden u. der Liebe«; Lobpreisungen: »Wie hat mich diese Stadt wieder erregt, ihre Abendstunde am Sonnabend zwischen 5 u 6, ihr monströser Genussapparat, ihre Sicherheit, ihr Mördergesicht, ihr kaltes Zerschmettern alles Provinziellen, Kläglichen, kärglichen Nur-Wollens, hier heisst es: Formwerden u. vollbringen! Stadt meines Lebens, meines Schicksals, meiner schönsten Jahre!« Er billigt der Stadt sogar zu, sein Werk mitgeprägt zu haben: »die … mich stilistisch erzogen hat. In einer Almhütte bilden sich Geschwülste u. am Steinhuder Meer kein Stil, aber in diesem gemeinen Berlin streift sich manches Sentimentale ab, es macht fit u. sec.«

Gelebter Widerspruch. Allenthalben die große Verwerfung, die Absage – »Ich bin ja kein Städter« –, die Klage, daß nur Dorf und Land und Landschaft ihn produktiv machten; in der Stadt könne er keine Gedichte schreiben. So flucht flunkernd der Mann, der fast sein gesamtes lyrisches Werk in Berlin schuf, von der »Morgue« bis zu den »Statischen Gedichten«.

Welches Berlin? Benn war ein Flaneur der Düsternis, ein Jäger der Dämmerung; er war nicht Gast bei Gala und Diner, kaum je nahm er einen der allabendlich knapp 48000 Theaterplätze ein, die die Stadt bot, selten sah ihn eines der 363 Kinos, die drei Opernhäuser frequentierte er nicht – er hatte eine banausische Beziehung zu Musik, ein bißchen Verdi, »Maskenball« ist »schöne

Musik«, auch mal Tschaikowskys »Pathétique«, am liebsten Operetten, und wo es ernst wird, wird er ernst: »Bach! Ich bin ein unglücklicher Mensch und habe eine tierische Natur – ... Ich bin ein ekelerregendes Beispiel dafür, wie der Verfechter einer kleinen Gabe verdammt ist, an Grossartigkeiten und Einmaligkeiten vorbeigehn zu müssen, um seine kärglichen Reben zu pflegen. Also was ist mit Bach? Wer ist das eigentlich? Für mich hätte er nicht zu existieren brauchen, ich habe nie das Geringste von ihm gesehn, gehört, geschmeckt, gefühlt.« Die »Goldenen zwanziger Jahre« also waren für ihn Blech. Auch all die Tingeltangel, die kessen Revuen und flotten Cabarets, 75 an der Zahl, oder die weit mehr als 200 Bars und Tanzlokale mied er offenbar: »Mich sensationiert eben das Wort.«

Gemeint ist das Wort als Inkunabel, als illuminierte Heilige Schrift. Gegen den Alltag – für den er ja durchaus auch Worte fand – macht Benn sich hermetisch dicht; weder nimmt er Naziparolen wahr, noch vernimmt er etwas vom Schicksal eines Walther Rathenau, der es Robert Musil immerhin wert war, ihn in seinem Roman »Der Mann ohne Eigenschaften« zu porträtieren, und dem Sebastian Haffner in seiner »Geschichte eines Deutschen« ein höchst eindringliches Porträt widmet.

Gerade der Scharfblick des Autors Haffner, der eben nicht im nachhinein, sondern als Zeitzeuge die Jahre 1914 bis 1933 aufgezeichnet hat, das Banausentum des braunen Aufstands und die zugleich zündelnde Mordbereitschaft von Beginn an – dieser genaue Blick eines Zwanzigjährigen zeigt die Blindheit des großen Sehers Benn. Die Taubheit des Wortsüchtigen. Der Begriff

»taub« hat einen bezeichnenden Doppelsinn; er kann auch »fühllos« bedeuten. Berührten Benns Fühler die Realität, zog er sich in sein kunstvoll zisiliertes Schnekkenhaus zurück. In höhnischer Verachtung verwies er, Herbst 1929, in einer Polemik Egon Erwin Kisch aus dem Kreis der Satisfaktionsfähigen. In der Zeitschrift »Die Neue Bücherschau« hatte Benns Verehrer Max Herrmann-Neiße den »unabhängigen und überlegenen Weltdichter« gefeiert, den »wirklich, naturhaft selbständigen Geist, dessen urwaldblühender Nihilismus in Wort und Logik ganz von Neuem beginnt, mit dem Abbruch überkommener Begriffe, dem Aufbau origineller Tropen. Es gibt Gottfried Benn«. Daraufhin traten Johannes R. Becher und Egon Erwin Kisch aus dem Redaktionskomitee aus, und Kisch erwiderte, »für uns hat der literarische Lieferant politischen Propaganda-Materials turmhoch über dem überlegenen Weltdichter zu stehen, über allen Benns und Stefan Georges«.

Die Antwort Benns ist von beredter Taubheit, abermalige Variation seines monasterischen Psalms ›Ihr da draußen – ich da drinnen‹: »Die Völker und ihre politischen Führer! Die Völker, die jeden kreuzigen und bespeien, auch wenn sie ihn später als ihren Retter rufen, sei es Kristus, sei es Clemenceau. Die Führer, die Nichts um des Volkes willen tun, Alles nur aus Eitelkeit, aus Machtgier, im idealsten Fall aus Fanatismus zu einer fixen Idee. Erblicken Sie irgend einen Sinn darin, zu ihnen überzugehen? Ich erblicke keinen Sinn, ich höre keine Stimme, ich sehe keine Figur ...« Benn meint mit ›Wort‹ nie das Kommunikationsmittel; das wäre gleichsam das gesprochene Wort, weswegen es sich auch der Propaganda anbietet. »Ich kann Sprache, wenn ich schreibe, nicht als Instrument der Mitteilung benutzen«, sagt bezeichnenderweise der Benn-Bewunderer Heiner Müller, »das geht nur, wenn ich spreche.« Benn setzt Sprache als akustischen Spiegel, sie ist nicht nach außen gerichtet, will keine Verständigung; sie ist Mittel zum Verständnis des eigenen Ich.

Gottfried Benn war ein Lurch. Halbgeschlossenen Auges schnürte er seiner Witterung entlang, schnappte zu, und wenn er mit Gift getötet und mit Galle verdaut hatte, schleppte er das Getötete zu einem Golgatha der Wörter. Aus Haß. Haß ist seine Antriebsfeder, und wer Glück hat – Romanfabrikanten, Erfolgsdichter, Filmmoguln –, kommt mit bloßer Verachtung davon. Rilke: »ein Gemisch von männlichem Schmutz u. lyrischer Grösse«, »ein weicher, verzärtelter, armseliger Bursche«; Grabbe: »ein Bolschewist, außerdem versoffen u. mit Weibern«; Klabund: »der ja heute abend schon wieder einen ›Cromwell‹ im Lessingtheater hervorkarnickelt«; Thomas Mann: »sieht sich wuchtig u. er ist nur bildend«; Ernst Jünger: »gestelzt, frisiert, altmodisch-archaisch«, »kurz: Timmendorfer Strand contra Portofino« – alles »nur der letzte Dreck, der richtige Wurm- u. Infusoriendreck«.

Es ist ein Haß, gespeichert aus diversen und divergierenden Quellen. Fraglos gibt sein Aufschrei, daß er nicht bekannt sei »als der vermögendste Stilist«, einen Hinweis: der Haß also des stets eher als Gerücht Bekannten denn als literarisch Anerkannten. Dazu kommt ein sozialer Haß, Benns Wort-Arsenal stammt aus den Ateliers der Dix und Grosz: »Hauswirte, Schieber, Buchverleger,

Kausalgesindel, Norm-Geschmeiß: Mitropa-Neophyten-Schwemme, Aktivitäts-Minette banale –: verkehrten Lustrausch, Rattenhandel, Wurm, Fosenschlack auf den Velours! – ›der neue Mensch‹, das letzte Lügenfieber aus dem vom Abgang schon geschwollenen Maul –: mein ist die Rache, stößt es von den Sternen, die Wüste naht, der Gobicrack, der Saul.« Der Journalisten und Journalismus verabscheute, war zu Zeiten ein gar wortmächtiger Journalist, ein radikalerer Bußprediger der Gesellschaft als die jungen Otto Flake und Alfred Döblin, besessen von der Reinigungswut der Kurt Tucholsky und Karl Kraus, in seiner antizivilisatorischen Raserei ein protestantischer Jahwe, nicht zufällig in dieser zur Lyrik übergleitenden Prosa biblische Bilder hervorstoßend, Amalgam aus frühem Marx und spätem Nietzsche: »Abenduntergänge, Kulturherbste, kommunistische Regenerationen – es ist kein Untergang und kein Auferstehen, es ist kein Marmor und es ist kein Meißel, es ist nur das Bewußtsein und das Nichts. Schwefel statt Weihrauch in die Jahve-Türme, – dieser Gartengänger, dieser Lehmpriester, dieser Odembläser, und das Geblaste trabte über Feld und Au, trabte um Baale und schabte um Sphinxe, schwanger mit Spreu und stäubend mit Stoppel – Geistesschätze und Menschheitsgut – Schnee und Brache, die lösche Weite.«

Es leckt aber diese Flamme der Empörung durchaus aus dem hervor, was er als den Scheiterhaufen ansieht, auf dem die sozialen Pflichten des Einzelnen wie auch des Staates verbrennen. Das ist – um die folgenden Irrläufe vorwegzunehmen – Gottfried Benns nationaler Sozialismus. Vieles von dem, was er hier vulkanisch hervorspeit, hätte

in der »Weltbühne« stehen können. Nicht unabsichtlich al-
liiert er sich mit dem später spitz abgewehrten Alfred Döblin, Kassenarzt, ruhmreicher Epiker und selbst vor Bon-
zen ein »gestarteter Mann«, wenn er die Verkommenheit
von Staat und Gesellschaft peitscht, das Badeleben vor dä-
monischen Ballettsuiten, die Pyjamalazarusse der Fest-
spiele und die Höhenstunden in Deauville: »Hohenzollern
oder Republik, das ist Jacke wie Hose. Günther, Hölderlin,
Heine, Nietzsche, Kleist, Rilke oder die Lasker-Schüler –
der Staat hat nie etwas für die Kunst getan.«

Hier klagt der Arzt an – viele Zeitgenossen berichten,
daß Benn Mittellose honorarfrei behandelte –, ein Arzt
wie Alfred Döblin, Friedrich Wolf oder Louis-Ferdinand
Céline. Er schreit auf, wenn er von den Dienstmädchen
berichtet, die Streichholzköpfchen schlucken und sich den
Thermometerinhalt auf die Schmalzstulle schmieren, weil
sie sich eine Abtreibung nicht leisten können. Man meint,
man lese »Die Rote Fahne«: »Bei der Premiere von Rose
Bernd, die kürzlich mit so großem Erfolg stattfand, standen die Wagen, wie man bemerkte, die Packards und die
Chrysler, bis zum Lehrter Bahnhof. Der Portier pfiff,
Rose war tot, und die Kavalkade setzte sich in Bewegung,
die aus Gummi und aus Lack. ›Ein erschütterndes Weib-
tum‹ hörte man die Herausströmenden murmeln, während sie sich in die Wagen zwängten, nun aber auf ins
Pipapo, da hatten sie einen Tisch bestellt! Das Dienstmädchen aber liegt auf dem Boden, meineidig, das Kind erwürgt, verzweifelt, verblutet – der Dichter hat doch wohl
etwas kraß geschildert, die Damen hüllen sich tiefer in
ihre Nerze, bei ihnen kann diese Tragödie nicht recht Fuß
fassen, sie haben Geld und treiben ab.«

Der Name Céline fällt nicht zufällig (und es sei betont, daß die erste ausländische Ausgabe von dessen Erstling »Reise ans Ende der Nacht« in der Sowjetunion erschien; mit einem Vorwort von Louis Aragon, Frankreichs berühmtestem kommunistischen Schriftsteller). Seelenkotze könnte man Célines kochenden Vulkan nennen, der einen verruchten Himmel spiegelt, darin keiner wohnt und unter dem die Wohnungen der Menschen ihnen das Leben verderben. »Wie soll man da leben?« fragt Benn und antwortet: »Man soll ja auch nicht.« Und er kältet seinen Zorn, und er härtet sein Mitleid, und er schleift seine Guillotine: »Hoppla!« giftet er mit seinem aus Erbarmen gedengelten Zynismus und zählt feixend die Köpfe. Alle. Das sind die Kollegen und der Staat, die Mimen und die Gesellschaft, die Nerzdamen und die Wirtschaft, die gefältelten Prokuristenseelen und die Nation, die Smokingherren und die Religion; auch die eigenen Patienten, kleine Puffgänger und armselige Hürchen, schufen ihm »Qualen, die nicht beschreiblich sind«: in den Orkus die Menschheit und ihre Geschichte.

All diese sich verzweigenden Ströme nähren das Meer, in dem Benn sie alle ersäufen will, in dem er schließlich selber ertrinkt. Die rettende Insel namens Kunst, die er sich erbaut hat, wird nicht einmal bergendes Eiland für den Einzigen sein: das lyrische Ich. Früh beginnt er sein dräuendes »Wehe!«, und sehr bald wird es einen Sturm auslösen, in dem auch er kentert.

Der Zivilisationsekel, oft mehr emotional hochgepeitschter Antikapitalismus denn bewußt grundierter Marxismus, zeichnete paradoxe Linien. So wurde der Frühnazi Bodo Uhse Kommunist, der kommunistische

Barde Max Barthel Nazi. Der Jude Rudolf Borchardt schimpfte den Juden Maximilian Harden eine »Pestratte der ›Zukunft‹«, sprach von »bastardisierter Intellektualität« und geißelte im Benn-Ton Berlin W. als »eine symbolische Hieroglyphe für eine nirgend genau vorhandene schwebende Gemeinschaft der Geister, für eine Literatenrepublik aus Revuen, Kunstsalons, Halbtheatern, Halbsalons, Kaffeehäusern und ihrer aller Klientel, für etwas was an Berlin klebt wie ein Spatzennest«.

Schon die allerersten Prosa-Szenen aus Benns Feder – als »Rönne«, sein Alter ego geboren wurde – sind geprägt vom Gestus hybrider Selbstisolation, des pathetischen »mich sträubt Zermalmung an«.

Lassen wir einmal das reichlich peinliche Schlagertremolo von »Veilchen«, »osminumblauen Meeren« und dem »Nacken im Maikraut, das roch nach Thyrsos und Walpurgen« außer Acht, jene parfümierten Tränentüchlein voll Gefühligkeit – »Er fühlte Lagune, und ein Lösen, schluchzend. Scholl dumpf das Lied aus alten Tagen des Dogen Dandolo, stäubte er in ein warmes Wehn« –, und jene falsche Melodiosität, von der er selber später sagt, daß es ein schönes, sinnloses, überlebtes Zeug gewesen sei. Früh stimmt er in hohem Ton die Feier der Irratio an. Rausch ist eines seiner Lieblingsworte. Der Funkessay »Aufbau der Persönlichkeit«, der seinen Titel von Wilhelm Lange-Eichbaums »Genie – Irrsinn und Ruhm« und seine Thesen von Edgar Dacqués »Urwelt, Sage und Menschheit« leiht, begreift Entwicklung über die Ratio hinaus in Traum und Rausch: Gottfried Benn ist ein Berserker der Entwicklungsfeindlichkeit. Ein Schimpfgenie ist er ohnehin; der Biß in den Apfel als

Obstvergiftung, die Ohrbommeln aus Walroßzahn in der Grunewaldvilla, der Schrei von Fräulein Parsunke aus der Tiefe der Leidenschaft oder der Höhe der Hasenscharte, die homosexuell erzeugten Schildkrötenbastarde, die Mitropadschunke und der Strich als Brunftschacht eines Drüsenpalmyra. Er ist nicht nur ein begnadeter Dichter, sondern auch ein diabolischer Geiferer. In Parenthese sei vermerkt, daß er im Eifer der giftigen Bosheiten nur allzu oft aus der Grammatik rutscht; seine Texte, quer durch alle Jahre, wimmeln von »sowohl-wie«-Konstruktionen, von umsonst statt vergebens, er lehrt »der« Menschheit statt »die«, schreibt »ausgesprochener Maßen«, verwechselt das Gleiche und das Selbe und weiß, »sie haben ihm 2000 Gulden gekostet«, oder »es hat der amerikanischen Regierung gekostet« – penible Benn-Lektüre mit dem Oberlehrer-Rotstift ergäbe ein hübsches kleines Glossar von »er hat mir nun gelehrt« über »es giebt Tage« und »Einkrahmen der Wohnung« bis zu »ausgeglichener wie« und »es gibt nicht zu Essen«.

Lässig schreibt er 1950 an eine Briefherausgeberin: »Bitte achten Sie weiter auf Orthografie und Interpunktion – beides ist nicht meine Stärke.« Läßliche Sünden.

Sein Zeter-Lasso schwingt er allen um den Hals, die Begriffe wie »Geschichte«, »Fortschritt« oder »Lebenssinn« auch nur röcheln wollen. Was die Schwärme seiner nachtschwarzen poetischen Wortfische so betörend macht, das klingt in der oft pamphletistischen Prosa grell. Auch in rechthaberischem Befehlston. Die Überschrift von Benns säkularer Predigt lautet »akausal«, die Wiederholung psalmodiert, daß die Geschichte ohne Sinn sei, und ihr Wahrlich-ich-sage-euch endet »Wenn die Seele sich entwickelt, bildet sie sich abwärts ... Das Ich ist eine späte Stimmung der Natur«.

Der Beelzebub in diesem geschichts- wie gesichtslosen Bild vom Menschen trägt den Namen »Das Soziale«. Gottfried Benn leugnet in immer vehementeren Wortgirlanden jegliche soziale Prägung; die Struktur des Individuums ist geprägt – vorgeprägt aus mythischen Zeiten – »determiniert, unverrückbar«. Der Mensch ist ohne Freiheit. Napoleon etwa siegte und ging unter aufgrund seiner »individuellen Drüsenformel«. Zustimmend zitiert er einen englischen Forscher, der die Streitlust des kleinen Korsen, seine Animalität, »sein praktisches Genie ... seiner tadellosen Nebenniere« zuschreibt.

Interessant, daß Benn diesem Konzept auch folgt, wenn er – bewußt? – seine Karten beim Auslegen von König Dame Bube As der literarischen Patiencen zinkt. Auf die Fehde in Sachen Heinrich Mann wird später einzugehen sein. Hier aber ist festzuhalten, daß er seine fast klappentext-hymnische Begeisterung für diesen Schriftsteller vollständig des Sozialen, des – *horribile dictu* – Politischen entkleidet, wenn er, 1931, zu dessen 60. Geburtstag peroriert: »... diese Helden, die dunklen und die hellen, die Untertanen und Tyrannen, die Hirten und Heiligen, Kardinäle und Komödianten, immer dies Gemisch aus Kälte und Brand, Gemisch aus Bewußtheit und Trieben: glühend und eisig, süß und bitter wie die Tränen der Liebenden.«

Diese Tischrede, die Benn bei einem Festbankett des »Schutzverbandes der deutschen Schriftsteller« in Berlin am 28. März 1931 hielt (und die am nächsten Tag in der

»Vossischen Zeitung« abgedruckt wurde), bezeichnete er auf einem Rezeptzettel »Dr. med. Benn / Spezialarzt für Hautkrankheiten«, den er später Paul Hindemith schickte, selber als »Bennschen Lyrismus«.

Der Geehrte – wer wäre uneitel genug, derlei abzuwehren – bedankte sich drei Monate später mit einem Brief, in dem er »die schönste lyrisch-geistige Prosa, die sich heute findet«, lobte und geschmeichelt-gnädig über die Amputation des Politischen hinwegsah. Doch zuvor, im April, hatte ein anderer auf das Fehlblatt aufmerksam gemacht, den »Politiker und Aktionisten« Heinrich Mann reklamiert. In der von Leopold Schwarzschild herausgegebenen »Weltbühnen«-Konkurrenz »Das Tagebuch« hatte Werner Hegemann gegen Benn unter der Überschrift »Heinrich Mann? Hitler? Gottfried Benn? Oder Goethe?« eine Polemik publiziert, über die der sehr erbost war und auf die sich, wiederum per Brief, Heinrich Mann etwas wippend bezog, als er einerseits an Benn schrieb, er habe in Deutschland keine sozialen Romane vorgefunden, habe diese Gattung erst einbürgern müssen, wozu ein gewisses Maß an Politisierung unumgänglich gewesen sei, der andererseits aber den Schutzmantel seiner Liberalität um den Laudator legte: »Jedenfalls sagte ich ihm, dass ich nicht zustimmen kann und Sie auf keinen Fall für einen Faschisten halte. Ich glaube nicht, dass ein Fascist große Kunstwerke schaffen könnte. Wenn er es übrigens könnte, hätte ich auch gegen seinen Fascismus nichts.«

Um Faschismus geht es wohl – noch – nicht. Aber es geht um eine sich bei Benn mehr und mehr verfestigende

Ideologie: daß der Mensch in seinen Konstanten nicht veränderbar, daß das Soziale nicht mehr als eine Applikation sei, von der zumal das Genie unberührt bleibe. Deshalb kann er oder will er übersehen, daß die Gestalten in Heinrich Manns Frühwerk – »In einer Familie«; »Professor Unrat«; »Der Untertan« – eben nicht lediglich Demi-monde sind, sich in lasziver Müdigkeit in Reichtum, Dekadenz und nervenschwacher Würdelosigkeit Suhlende, sondern durchaus Produkte einer Gesellschaft, die der Autor durch ihre Charakterisierung attackiert. Wenn Benn noch 1950 in einem Brief an Oelze in den Brüdern Mann die größten literarischen Begabungen Deutschlands in diesem Jahrhundert und in »Heinrich sogar das einzige Genie« erkennt, ist das ein Entkleidungsvorgang, ein umgekehrter Zaubertrick – zurück mit dem Kaninchen in den Zylinder, der schwarz glänzt, gestriegelt und schmuck. Kunst als Raunen und Rune, entkleidet jeglicher Relevanz, die ziselierte Schönheit als das dem Leben, der Wirklichkeit Überlegene, ein Jenseits der Träume und Räusche und des Wahns, fern und fremd dem Diesseits der Märkte und Mägde. Die Gefährdung des Gottfried Benn hat längst begonnen.

Im selben Jahr 1931 wird er seinen Rundfunkvortrag – »Die neue literarische Saison« – beenden mit dem Satz, daß nicht Entwicklung, sondern Unaufhörlichkeit das Menschheitsgefühl des kommenden Jahrhunderts sein werde.

»Aha, wird der Fachmann denken«, schreibt er am 15. April 1931 an Paul und Gertrud Hindemith, »die Propaganda beginnt!« Wie wahr. Es ist ein propagandistischer Text, diesen Gong werden wir lange hallen hören, und Benn – wie der Brief zeigt – weiß, was er tut. Der Text gefällt sich im nachgerade notorisch-selbstverliebten Peitschenknall, mit dem er »Salzburg, Wien, den Kurfürstendamm, den ganzen Erholungs- und Amüsierimpressionismus erotisierter Schiebergeschichten der letzten fünfzig Jahre« geißelt. Ohne allzu kühne Spekulation darf angenommen werden, daß auch die verächtliche Handbewegung gegen Blockhaus mit Holztisch und Whiskyflasche, gegen den Wollustsong aus rauher Goldsucherkehle, »die neue Synthese aus Büchner und Kleist«, ihren exakten Adressaten hat: Bertolt Brecht, dessen »Dreigroschenoper« seit der Premiere im August 1928 einen beispiellosen Siegeszug über die deutschen Bühnen angetreten hatte.

Diese beiden weit voneinander Entfernten waren sich so nahe; im poetischen Prinzip. Sie sind fraglos die Großen der deutschen Lyrik in der ersten Hälfte des zwanzigsten Jahrhunderts. Das scharf federnde Seil ihrer Gedichte trägt den Ballast ihrer Ideologie und Philosopheme nicht. Wo sie es damit belasten, hängt es durch. Doch die unvergeßlichen Balladen Brechts, ihr Ton von Mitleid und Klage – sehr oft im Sprachgewand des alttestamentarischen Rufers – sind ganz frei vom pädagogischen Gepäck, das er so manchem seiner Stücke auflädt; die sind nicht selten verdorben durch missionarischen Eifer. Den wir allzu oft in Benns zum Geifer verkommenen publizistischen Pamphleten vernehmen. Beide literarische Formen wollen lehren. Sie haben die Menschheit im Visier. Das Gedicht spricht vom Menschen. Die soziologische Stukkatur – ob rosig gefärbt im Fortschrittsglauben; ob finster koloriert in der Absage an Geschichte – ist abgeschlagen. Der Knochen ist der Griffel, mit dem sie ihre Worte wecken im Gedicht – beide: Brecht und Benn. Fast überraschend, wie ein Schriftsteller unserer Zeit, Rainald Goetz, diese Überlegung fortschreibt: »Das Neue kann so alt sein, wie es will, als Idee, es bleibt EINE zentrale Kategorie für Qualität. So wie Stimmigkeit, Logik, Schönheit etc. Es gibt kein tolles, nichtneues Kunstwerk. Weil Kunst von Kunst und Zeit gemacht wird, nicht von Intentionen, individuellen Absichten, interessanten Begründungen, Ideen. All das sind Probleme des Künstlers. Und während er sich damit beschäftigt, müssen die objektiven Agenten, Kunst und Zeit, nebenher die Schöpfung hervorbringen dürfen.«

Brecht war seit 1929 eng mit dem sowjetischen Dramatiker Sergej Tretjakow befreundet, dessen Stück »Ich will ein Kind haben« er im selben Jahr bearbeitet hatte. Im August 1930 hatte das Berlin-Gastspiel der Meyerhold-Inszenierung von Tretjakows Stück »Brülle, China!« einen triumphalen Erfolg. Wenig später weilte der Schriftsteller als Gast der »Gesellschaft der Freunde des Neuen Rußland« zu Vorträgen in Berlin. Jener Rundfunkessay Benns über die neue literarische Saison ist eine direkte Rezension eines dieser Vorträge. Der damals sehr junge holländische Schriftsteller Nico Rost, gelegentlicher Besucher Benns, weit links von ihm stehend, erinnert sich an eine Begegnung kurz nach Tretjakows Auftritt: »Ich fand ihn in diesem Moment kalt und hochmütig, und wahrscheinlich habe ich ihn – trotz meiner großen Verehrung – an jenem Abend gehaßt. So groß waren meine Enttäuschung und Empörung, als er erklärte: ›Eine Art literarischer Tscheka-Typ, Ihr Freund

Tretjakow, der – auch hier in Berlin – uns alle vernehmen möchte, verurteilen und bestrafen. Und was er über Literatur sagte, war einfach absurd. Und dann die Romane … Das hat mit Literatur nichts mehr zu tun.‹ / Ich versuchte Tretjakow zu verteidigen und fragte Benn, ob er auf diese Weise nicht so urteilte, wie bestimmte Zeitungen es sicherlich wollten, daß er über einen Schriftsteller aus der Sowjetunion urteile, aber er reagierte darauf mit keinem Wort und schwieg.«

Benns Philippika, in der er sich kokett die Attribute »altmodisch« und »abendländisch« verleiht – also doch wohl, um sich gegen den Modernen aus der asiatischen Steppe abzugrenzen –, gipfelt in jener These, daß der Mensch eben in seinen entscheidenden Schichten nicht veränderbar sei; er dreht das marxistische Postulat »Das Sein bestimmt das Bewußtsein« um und deklariert, »daß der Mensch in allen Wirtschaftssystemen das tragische Wesen bleibt, das gespaltene Ich, dessen Abgründe sich nicht durch Streußelkuchen und Wollwesten auffüllen lassen«. Ob vor Hunderttausenden von Jahren im Haarkleid, ob heute in Buckskin und Cheviot, die Seele des Menschen, von der Antike bis zum Expressionismus, ist ein Ding an sich, unveränderlich: »… wer das Leben organisieren will, wird nie Kunst machen, der darf sich auch nicht zu ihr rechnen; Kunst machen, ob es die Falken von Ägypten sind oder die Romane von Hamsun, heißt vom Standpunkt der Künstler aus, das Leben ausschließen, es verengen, ja es bekämpfen, um es zu stilisieren.«

Wer vom Beginn unseres neuen Jahrtausends zurückblickt auf vergangene Jahrhunderte, auf die Bluträusche von 1789 und 1917, auf die Kopf-ab-Erlöser mit dem Fanal »Wir schaffen den neuen Menschen«, vor denen es schon Heinrich Heine graute, auf die Mörder der Konzentrationslager und GULAGs, auf die Folterer von Algerien bis My Lai, auf all unseren Mondobererhochmut und unsere Klon-Vermessenheit, in denen das Humanum ertrinkt, der mag immerhin Benn zustimmen, der seinen Text 1951 neu herausgab mit der Vorbemerkung, er sei von der Zeit bestätigt worden. Heute, im Jahr 2001, klingt es aus allen Feuilletons, daß die großen Utopien und der visionäre Überschwang von der Katastrophengeschichte des 20. Jahrhunderts in den Untergang gerissen worden seien; daß pathetisch besetzte Begriffe wie Freiheit, Menschheit, Glück verbraucht und verloren seien; daß unsere historische Wahrheit kenntlich würde am Streifenkittel der Häftlinge. Der Mensch ist ein Zufall, darin ist Benn ein Vorfahr der Claude Lévi-Strauss und Jacques Monod, und er ist ein Nachfahr des Friedrich Nietzsche.

Das einzig Krönende eines Menschenlebens: ein Kunstwerk

Nietzsche also. Benn hatte keine Götter. Er hatte einen Gott. Den Unheilspropheten von Sils-Maria. Ein dem eben erörterten Text in seiner wütenden Ernsthaftigkeit sehr verwandter – bis hin zu der brachialen Flapsigkeit, die etwa Andersdenkende zu »Arenazweihufern« degradiert – ist der ein Jahr zuvor, im April 1930, in der »Neuen Rundschau« veröffentlichte Aufsatz »Zur Problematik des Dichterischen«. Er variiert Benns Leitmotiv »Es gibt nur den Einsamen und seine Bilder« und seine stete Frage, ob künstlerische Größe historisch wirksam sein könne, ob sie in den Prozeß des Werdens eingreife, ob einem Goethe oder einem Michelangelo nicht jeder Condottiere als Propagandist des Mittelstands überlegen gewesen sei. In späteren Jahren hat sich Benn selber der Gleichförmigkeit seiner Gedanken und der Wiederholungszwänge, gar des »lackelhaften« Schreibens geziehen. Doch wie bei jedem bedeutenden Künstler – in unterschiedlichen Lebensphasen – die Handschrift eine unverwechselbare ist, sei es Bach oder Vermeer, sei es Rodin oder Yeats, ist auch die Motivschrift Benns so zu lesen: verschlungen, sich übersteigernd, ins Irrwitzige gellend und verklingend.

Der Mann von Mitte vierzig mauert, schleift und po-

Gottfried Benn, um 1954

Die Mutter, Caroline Benn, geb. Jequier

Der Vater, Gustav Benn, um 1920 in Mohrin

Das Geburtshaus in Mansfeld (Westprignitz)

Gottfried (Mitte) mit seinen Geschwistern, links stehend die ältere Schwester Ruth, 1902

Die Kaiser-Wilhelm-Akademie in Berlin, preußische Anstalt für die Ausbildung von Militärärzten, an der Benn von 1905 bis 1910 sein Medizinstudium absolvierte, um 1913

Benn in Mohrin, 1910

Else Lasker-Schüler, um 1920

Die erste Ehefrau, Edith Benn, geb. Osterloh, vor 1900

Tochter Nele, Anfang der dreißiger Jahre

liert sein Gedankengewölbe, ein Gewölbe, das widerhallt von seinem verlorenen Ausruf der großen Sinnlosigkeit, Geschichte nicht als Katastrophe zu begreifen, wie es sein Zeitgenosse Walter Benjamin tut, sondern als endlose Wiederholung von Zufall und Leere. Benn billigt ihr nicht einmal die Großartigkeit der Katastrophe zu, sondern denunziert sie als Kette aus Läppischkeit und Banalität: »Das Ganze der Geschichte gewinnt doch allmählich und von langeher den Charakter eines Schulfalls von Massenstürzen, zum Beispiel Alexander, ein Zufall führte den Hinkenden ins Pendschab, Schlachtglück, Rastaquärchance; zum Beispiel Dschingis Khan: Reitervölker, Nahrung, Stutenmilch und Roßblut von den Beipferden, aus der Gobi bis nach Liegnitz, die Fahne mit den neun Yakschwänzen von Karakorum bis zur Elbe: Chinesen, Inder, Turkmenen, Polen verstümmelt fünf Millionen, nach hundert Jahren Herrschaft gebrochen, abgelöst, erledigt –: typischer historischer Prozeß: unmotiviert und sinnlos.«

Und auf den Zinnen seines Gewölbes hißt er nun eine Fahne, auf der sind zu lesen die Initialen FN; dessen Gelächter über das Leben, dessen Wegwischen jeglicher sozialer Voraussetzung, dessen Ekstasen vom Übermenschen sind die Noten, mit denen Benn den Basso continuo seines Lebens rhythmisiert; denn der von Nietzsches törichten Interpreten inkriminierte »Übermensch« ist von ihm entworfen als der »eigentliche Mensch«, der dionysische, der Mensch »über der Welt«. Nietzsches von ihm selber oft wiederholten, kaum variierten Satz, »dass nur als ästhetisches Phänomen das Dasein der Welt g e r e c h t f e r t i g t ist«, müssen wir als das

Gesetz des Gottfried Benn erkennen. Es ist keineswegs so, daß er nicht auch die »peinliche und lächerliche Figur«, »das sprachlich Undichte«, das »Fragwürdige und Zeitbedingte« zumal des »Zarathustra«-Autors erkannt habe, oft voll ihm sonst eher fremden Mitleids: »Also sprach Zarathustra‹ rührte mich zu Tränen: welche Pathetik, welche sprachliche Undichte, welche menschliche Qual, welch ungeheurer innerer Kampf um heute so vergangene Dinge. Für wen u. für was litt er so, bäumte er sich so auf, starb er, starb täglich hundert qualvolle Tode, unbekannt, völlig verlassen, arm, lächerlich für die Gegner, peinlich für die wenigen Freunde u. doch der grösste Mann dieses elenden Abendlandes. Ein furchtbares Phänomen.«

Benns Heilige Schrift hingegen ist Nietzsches Frühwerk »Die Geburt der Tragödie aus dem Geiste der Musik«: »... die Bilder des Lyrikers [sind] nichts als e r selbst und gleichsam nur verschiedene Objectivationen von ihm, weshalb er als bewegender Mittelpunkt jener Welt ›ich‹ sagen darf: nur ist diese Ichheit nicht dieselbe, wie die des wachen, empirisch-realen Menschen, sondern die einzige überhaupt wahrhaft seiende und ewige, im Grunde der Dinge ruhende Ichheit, durch deren Abbilder der lyrische Genius bis auf jenen Grund der Dinge hindurchsieht.«

Nietzsche entwirft mit radikalem Strich ein Gegenbild zum Rembrandt-Deutschen: den Hamlet-Menschen. Der empfindet die alltägliche Wirklichkeit mit Abscheu, verneint den Willen und ekelt sich vor jeglichem Handeln, da es das Wesen der Dinge nicht ändern kann, der Dinge, die schmachvolle Zumutung sind; wer das erkannt hat, tötet eben jenes Handeln in sich ab, dessen Impetus »das Umschleiertsein durch die Illusion« voraussetzt: »… die wahre Erkenntniss, der Einblick in die grauenhafte Wahrheit überwiegt jedes zum Handeln antreibende Motiv, bei Hamlet sowohl als bei dem dionysischen Menschen. Jetzt verfängt kein Trost mehr, die Sehnsucht geht über eine Welt nach dem Tode, über die Götter selbst hinaus, das Dasein wird, sammt seiner gleissenden Wiederspiegelung in den Göttern oder in einem unsterblichen Jenseits, verneint. In der Bewusstheit der einmal geschauten Wahrheit sieht jetzt der Mensch überall nur das Entsetzliche oder Absurde des Seins …«

Das ist Gottfried Benns Poetologie. Das ist Gottfried Benns Philosophie. Das ist Gottfried Benns Anthropologie. Und es ist die Wurzel für den Politikbegriff des Gottfried Benn, so verzweigt, so scheinbar-schön und so toxisch wie Bärenklau: wer die Pflanze berührt, erleidet Verbrennungen zweiten Grades. »Worin dieses ›Wagnis der Sprache‹ bestand, weiß ich nicht«, wehrte sich Benn noch kurz vor seinem Tode gegen den großartigen Aufsatz gleichen Titels von Fritz Martini; dennoch darf man diesem Forscher für seine prägnante Synthese danken: »Gottfried Benn ist eine der intensivsten Spiegelungen Nietzsches; er wiederholt ihn nicht, sondern er verwandelt ihn, bis er sich in ihm selbst erkennt und sich durch ihn bestätigt weiß … In Nietzsche hat er die Grundfigur seiner eigenen geistigen Existenz und seiner eigenen schriftstellerischen Leistung gezeichnet.«

Im Nietzsche-Jahr 2000 hat den vielen Huldigungen, gar Weißwaschungen, der Essayist Ernst Tugendhat eine wohlbedachte Warnung entgegengestellt; darin er –

ohne daß der Name Benn fällt – auf Sätze, Bekenntnisse und Proklamationen Nietzsches hinweist, die nur noch gereimt werden müßten, um von Benn zu sein: »Die einen wollen nur leben um jeden Preis.« Diesen »einen« steht gegenüber eben jener »höhere Mensch« von Vornehmheit, zu dessen Charakterisierung Nietzsche auf aristokratische wie barbarische Gesellschaften rekurriert. Der Begriff der Begabten-Elite setzt die unüberbrückbare Ungleichheit zwischen »höheren« und »gewöhnlichen« Menschen voraus. Hier wurzelt Nietzsches – und Benns – Impuls des Anti-Egalitären; damit des Anti-Aufklärerischen. Denn das Konzept »Alle Menschen sind gleich« bestimmt seit den Vordenkern der Französischen Revolution das Verständnis von Moral. Nicht gemeint ist etwa, alle Menschen seien gleich an Gaben, an Denk- und Fühlkapazität. Aber gleich vor dem Gesetz; es sind die gleichen Grundrechte gefordert, nicht die materielle Gleichstellung. Ins Banale übersetzt: egal, ob Kaiser, Rockefeller oder Picasso – sie sind voneinander unterschieden wie von den meisten Menschen an Stand, Besitz und Genie; aber sie sind gleich*wertig*. Der Gedanke der Aufklärung leugnet nicht das In-Egalitäre, aber er bekämpft jeglichen Anti-Egalitarismus. Nietzsches Verherrlichung des Individuums, sein Ausrufen des Rechts auf Egoismus bei gleichzeitiger Aufkündigung jeglicher Scham- und Unterwerfungshaltung führt geradewegs zum Leugnen irgendeines Sinns des Sozialen. Tugendhat faßt das zusammen: »Gleichheit sei charakteristisch für das Herdenbewußtsein; die Berufung auf gleiche Rechte müsse verworfen werden, weil Gleichheit so viel wie Gleichmäßigkeit und Gewöhnlichkeit bedeute und insofern die geborene Feindin von allem Herausragenden und aller Kultur sei.« Das Höhere also, das einzig Eigenständige und Krönende eines Menschenlebens: ein Werk. Kunst.

Die Verkunstung der Welt als einzige Erlaubnis zu leben: dieses eherne Gebot eines Gottes hat Benn zu seinem 1. Buch Mose gemacht. Dabei weit entfernt von durchtriebener Ironie, wie sie doch wohl Thomas Manns doppeldeutiges Wort »Beschönigung« meint; das setzt er ein in der unvergeßlichen Passage des »Zauberberg«, da er seinen Hans Castorp mit dem wundersamen Apparat namens Grammophon hantieren – und verzückt die »Aida« anhören läßt. Verschönen der Wirklichkeit? Gar so schön war ja die gesungene-besungene Wirklichkeit nicht: Aida mit Radames unter dem Tempel lebendig begraben. Die Verkunstung der Welt ist auch Erlaubnis zur Lüge.

Um den gar nicht zu überschätzenden Einfluß Nietzsches auf den Dichter Benn zu verdeutlichen, gestatten wir uns einen Umweg, besser: einen Hinweg zu dessen Werk. Wir erinnern uns an den von Brecht fast gleichlautend formulierten Wunsch, ungeboren zu sein, jene Feier des pränatalen Nichts, frei nach Lichtenbergs Satz, es sei das Beste, nicht geboren zu werden. Nun endet aber Nietzsche sein Verdikt vom Absurden des Seins mit dem Hinweis auf Ophelia, nachdem er kurz zuvor die Sage von Silen, Begleiter des Dionysos, und König Midas nacherzählt hat, dem unter gellem Lachen nachgerufen wird: »Das Allerbeste ist für dich gänzlich unerreichbar: nicht geboren zu sein, nicht zu s e i n, n i c h t s zu sein.«

Da können wir beispielhaft das Einsinken von Weltgefühl in Dichtung verfolgen, auch wie sie es verbraucht.
Shakespeares Ophelia, am Ende des »Hamlet«, spricht
wahr, *weil* sie irre redet. Ihr Haupt-Satz »Ach Herr! Wir
wissen wohl, was wir sind, aber nicht, was wir werden
können«, wird vom König zu Recht als »Anspielung auf
ihren Vater« verstanden. Der Vater ist ermordet. Ophelia, wie es in der Szenenanweisung heißt, »phantastisch
mit Kräutern und Blumen geschmückt«, bekränzt sich
mit Fenchel und Akelei, Rosmarin, Vergißmeinnicht und
Maßlieb. »Ein Sinnspruch im Wahnsinn: Treue und An-
denken gepaart«, erscheint das ihrem Bruder Laertes.
Ophelias letztes Lied ist das der abgründigen Trauer um
einen anderen:

> *Und kommt er nicht mehr zurück?*
> *Und kommt er nicht mehr zurück?*
> *Er ist todt! o weh!*
> *In dein Todesbett geh,*
> *Er kommt ja nimmer zurück.*
>
> *Sein Bart war so weiß wie Schnee,*
> *Sein Haupt dem Flachse gleich:*
> *Er ist hin, er ist hin,*
> *Und kein Leid bringt Gewinn;*
> *Gott helf' ihm in's Himmelreich!*
> *Und allen Christenseelen! Darum bet' ich. Gott sei*
> *mit euch!*

Bei Brecht hat sich das verselbständigt. Die sich erträn-
kende Ophelia ist nunmehr das »ertrunkene Mädchen«.

Sie ist nicht Stellvertreterin, sondern Subjekt. Deshalb werden die lyrischen Metaphern ins Kosmische gehoben: Sterne statt Akelei.

1

Als sie ertrunken war und hinunterschwamm
Von den Bächen in die größeren Flüsse,
Schien der Opal des Himmels sehr wundersam,
Als ob er die Leiche begütigen müsse.

2

Tang und Algen hielten sich an ihr ein,
So daß sie langsam viel schwerer ward.
Kühl die Fische schwammen an ihrem Bein,
Pflanzen und Tiere beschwerten noch ihre letzte Fahrt.

3

Und der Himmel ward abends dunkel wie Rauch
Und hielt nachts mit den Sternen das Licht in Schwebe.
Aber früh war es hell, daß es auch
Noch für sie Morgen und Abend gebe.

4

Als ihr bleicher Leib im Wasser verfaulet war,
Geschah es (sehr langsam), daß Gott sie allmählich vergaß,
Erst ihr Gesicht, dann die Hände und ganz zuletzt erst ihr
Haar.
Dann ward sie Aas in Flüssen mit vielem Aas.

Das ist Brechts Zugriff auf sein unmittelbares literarisches Modell: Rimbaud. Von Shakespeare ist nur das

Motiv – aber Rimbauds Ophelia-Gedicht vom Mai 1870 ist die poetische Grundsituation entnommen: Es leugnet erstmals jede Ursache für den Tod von Ophelia; er ist bei Rimbaud Ursache-los, ist vielmehr Paradigma für Vergänglichkeit, über Jahrtausende hin:

> *Auf stiller, schwarzer Flut, im Schlaf der Sternenfeier,*
> *Treibt, einer großen Lilie gleich, Ophelia,*
> *Die bleiche, langsam hin in ihrem langen Schleier.*
> *Man hört im fernen Wald der Jäger Hallala.*

> *So, weißes Traumbild, länger schon als tausend Jahre,*
> *Ophelia auf dem schwarzen Wasser traurig zieht;*
> *Ihr sanft verstörter Geist, schon mehr als tausend Jahre,*
> *Singt leis im Abendhauche sein romantisch Lied.*

> *Der Wind küßt ihre Brust und bauscht des Schleiers Seide*
> *Wie eine Dolde auf, vom Wasser sanft gewiegt,*
> *Auf ihre Schulter, leis erschauernd, weint die Weide,*
> *Auf ihrer großen Stirne Traum das Schilfblatt liegt.*

Der poetische Ton beider Gedichte gleicht sich, das Wortmaterial – »Sternenfeier«; »Opal des Himmels«; »ihr bleicher Leib«; »Ophelia, die bleiche«; – entspricht sich. Es sind Elegien der Vergeblichkeit. Gelegentlich lesen sich Brechts Zeilen wie eine etwas freiere Übersetzung von Rimbauds Versen.

Dort: »Auf ihre Schulter, leis erschauernd, weint die Weide, / Auf ihrer großen Stirne Traum das Schilfblatt liegt.«

Hier: »Kühl die Fische schwammen an ihrem Bein, /
Pflanzen und Tiere beschwerten noch ihre letzte Fahrt.«

Georg Heym, ein Zeitgenosse von Brecht und Benn,
zeigt in seinem Ophelia-Gedicht von 1910 noch größere
Nähe zu Rimbaud. Sein Parallelvers heißt:

> *Wie Nachtgewölk. Ein langer, weißer Aal*
> *Schlüpft über ihre Brust. Ein Glühwurm scheint*
> *Auf ihrer Stirn. Und eine Weide weint*
> *Das Laub auf sie und ihre stumme Qual.*

Unterschiede und Gemeinsamkeiten. Brecht ist poetisch
radikaler, er zeichnet ein Zustandsbild, fragt nicht nach
Warum, Woher. Heym dagegen fragt genau das:
»Warum sie starb? Warum sie so allein / Im Wasser
treibt, das Farn und Kraut verwirrt?«. Aber er beantwortet nicht die eigene Frage. Eine höchst seltsame Werteverkehrung ist zu konstatieren. Rimbauds Gedicht ist –
auch – ein Epitaph auf einen erkennbaren Menschen,
dem wurde etwas angetan, daran er zerbrach:

> *Des Meeres toller Ruf, ein Stöhnen, groß und bitter*
> *Zerbrach dein Kinderherz, zu menschlich und zu weich;*
> *Und eines Morgens im April, ein schöner Ritter*
> *Saß stumm an deinen Knien, so verstört und bleich.*

> *Vom Himmel, Liebe, Freiheit hat dein Traum gesprochen,*
> *Dran, Törin, du zergingst, wie Schnee, von Glut verzehrt.*
> *Erstickt von tiefer Schau ist dir dein Wort zerbrochen.*
> *– Des Alls Entsetzen hat dein blaues Aug' verstört.*

Bei Heym verändert sich das zu dem vagen antizivilisatorischen Affekt, der für den jungen Dichter des Expressionismus typisch ist: die Großstadt als Krake und Bedrohung, die das Individuum ausstößt, vernichtet. Sein
Gedicht ist tatsächlich eine Ballade – es erzählt nämlich,
weitaus epischer als Brecht das tut:

> *Vorbei, vorbei. Wo an das Ufer dröhnt*
> *Der Schall der Städte. Wo durch Dämme zwingt*
> *Der weiße Strom. Der Widerhall erklingt*
> *Mit weitem Echo. Wo herunter tönt*
>
> *Hall voller Straßen. Glocken und Geläut.*
> *Maschinenkreischen. Kampf. Wo westlich droht*
> *In blinde Scheiben dumpfes Abendrot,*
> *In dem ein Kran mit Riesenarmen dräut,*
>
> *Mit schwarzer Stirn, ein mächtiger Tyrann,*
> *Ein Moloch, drum die schwarzen Knechte knien.*
> *Last schwerer Brücken, die darüber ziehn*
> *Wie Ketten auf dem Strom, und harter Bann.*
>
> *Unsichtbar schwimmt sie in der Flut Geleit.*
> *Doch wo sie treibt, jagt weit den Menschenschwarm*
> *Mit großem Fittich auf ein dunkler Harm,*
> *Der schattet über beide Ufer breit.*

Das ist nicht »Die Unbekannte aus der Seine«, aber die
›Unerkannte aus Liebe‹. Es ist nicht pure literaturhistori-
sche Spekulation, wenn man behauptet, daß Benn
Heyms Gedicht gekannt habe. Jedenfalls hört man das

zweite Gedicht seines Debüt-Buches »Morgue«, zwei Jahre später, also 1912 erschienen, wie eine extreme Replik:

Schöne Jugend

Der Mund eines Mädchens, das lange im Schilf gelegen
hatte,
sah so angeknabbert aus.
Als man die Brust aufbrach, war die Speiseröhre so löcherig.
Schließlich in einer Laube unter dem Zwerchfell
fand man ein Nest von jungen Ratten.
Ein kleines Schwesterchen lag tot.
Die andern lebten von Leber und Niere,
tranken das kalte Blut und hatten
hier eine schöne Jugend verlebt.
Und schön und schnell kam auch ihr Tod:
Man warf sie allesamt ins Wasser.
Ach, wie die kleinen Schnauzen quietschten!

Schon Heyms Gedicht beginnt mit der Zeile »Im Haar ein Nest von jungen Wasserratten«, aber Benn dreht Tenor und Grundsituation vollkommen um. Das Toll-Wort von der »schönen Jugend« betrifft nun nicht mehr irgendein Einst der Ophelia, sondern ihr Jetzt: Sie ist Nahrung für Ratten, bereitet ihnen eine schöne Jugend.

Die Werteverkehrung ist eine Eskalation geworden, deren avancierte verbale Krudheit seismographisch genauer Anzeiger für ein zerfallendes Weltgefühl ist: Shakespeares Ophelia leidet um einen anderen; Rimbauds Ophelia ist – ein »Kinderherz, zu menschlich und zu weich« – aus immerhin noch denkmöglichen Beziehungen gefallen; bei Heym steht dem untergegangenen Subjekt noch die kalte Gegenwelt von Kran und Brücken und Maschinenkreischen gegenüber; bei Brecht – letzte Dimension einer sinkenden Vereinsamung – »Geschah es (sehr langsam), daß Gott sie allmählich vergaß«; bei Benn aber funkeln nun nicht einnmal mehr die Scherben eines Individuums: es ist zu einer Sache geworden – »Laube«.

Nietzsche pur. Wo das Christentum Lebensekel, Lebensverdruß, Lebensfeindlichkeit transportiert in ein Jenseits, ein paradiesisches Dereinst – da transportiert der Prediger der Widermoral und ästhetischen Weltauslegung das verarmte Leben in ein höheres namens Kunst; und die kennt nicht das Gebot der Moral, sondern nur ein Gesetz der Perfektion. Das vollkommene Kunstwerk ist das Paradies. Sein Schöpfer – ein »Weltwesen, das frevelt und leidet ... dem titanisch strebenden Individuum ist die Nothwendigkeit des Frevels geboten« – ist der freie Mensch, der neue Mensch. Der Übermensch. Nicht zufällig lobt Benn ein einziges Mal Heinrich Heine, den er ansonsten nicht schätzt – und zwar dessen Streitschrift gegen Ludwig Börne: das Buch, in dem Heine seinen Kunst-Himmel wölbt über der Misere des redlichen, aber poesielosen Alltagskämpfers. Heines Hoffahrt, seine Fahrlässigkeit wie auch seine Furcht vor historischen Veränderungen qua Revolution – er haßte niemanden so sehr wie Robespierre – sind buchstäblich Aufbegehr wie Ausgezehr des Gottfried Benn. Beide liebten Goethe und kannten natürlich dessen Fausti Finis: »Alles Vergängliche / Ist nur ein Gleichnis.« Beider Gleichnis ist die Kunst. Sie ist auch ihre Gefährdung.

Benn war ein hochgebildeter Mann. Sein literarischer Appetit – für einen Kritiker war er ein »flackernder Leser« – war fast noch größer als sein sexueller. Tage verbrachte er in Bibliotheken. Die eigene Bibliothek – wo hätte sie auch stehen sollen? – war eher bescheiden, nach Vorlieben ›ungeordnet‹, neben Goethes Gedichten Hippolyte Taine in einer Diederichs-Ausgabe, neben Heinrich Manns »Göttinnen« Otto Weiningers »Geschlecht und Charakter«, neben Joseph Conrads »Lord Jim« Bücher von Knut Hamsun, Gabriele D'Annunzio und Sigmund Freud; einige davon seien, sagte er in seiner »Antwort« auf eine Umfrage der »Literarischen Welt«, die Bücher, die ihn überall begleiteten.

Die verarbeiteten Quellen für ein einziges Gedicht formen sich oft zu einer kleinen Handbücherei. Jede Sage, jede Legende, jede mythologische Gestalt und jedes der – zu häufigen – Fremdwörter ließe sich rückkoppeln auf ein durchgearbeitetes Buch. So geben die akribischen Herausgeber der Edition seiner »Sämtlichen Werke«, deren vorzügliche Anmerkungen gelegentlich wahre Mini-Essays sind, allein für den einen Aufsatz »Zur Problematik des Dichterischen« Lesefrüchte und Querverbindungen auf fünfzehn eng bedruckten Seiten. Noch Klatschspalten, Annoncen, Filmkritiken oder Traueranzeigen beutete er skrupellos aus; »Ich war immer ein großer Zeitungsleser«, schreibt er im Oktober 1949 an Erna Pinner, »und bin es noch und sauge mir manchen Honig aus den abwegigsten Notizen.«

Benn hat selbstverständlich begriffen, auf welchem

Thron Gott Nietzsche sitzt, in den war eingegriffelt der Name Heraklit. Von dem ist bekanntlich nichts erhalten als seine »Fragmente«, alles andere ist uns nur qua Zitat übermittelt, etwa von Platon oder Aristoteles. Von den »Überlieferten Worten« interessierten Benn jedoch nicht die zu Tode strapazierten wie »Alles ist in Fluß« oder »Krieg ist aller Dinge Vater«. Zum Fundament seiner intellektuellen Existenz wählte er die Verwerfung der Welt, wie sie »der Dunkle« – so hieß Heraklit im Altertum – die törichten Menschen lehrte: »Wäre das Glück in leiblichen Lüsten, so hätten wir das Vieh glücklich zu nennen, wenn es Erbsen zu fressen findet.« – »Die eigene Art ist des Menschen Dämon ... Wie ein wüst hingeschütteter Misthaufen ist die schönste, vollkommenste Welt.«

Orchideen sind Parasiten. Sie nähren sich vom Baummark der Großen. Gottfried Benn weiß, woher er die Nahrung für seine geistige Elastizität nimmt: von der Antike, vom Süden. Das ist eine weitere der ihm eigenen Paradoxien. Der Mann, der weder Italien noch Griechenland bereist hatte, wohl auch nicht mehr als ein rudimentäres Medizinerlatein beherrschte, das Griechische gar nicht, überhaupt keine Fremdsprache außer einem schütteren Französisch, der Mann aus der Ödnis der Prignitz, zeitlebens im deutschen Nordosten zu Hause mit der Ausnahme zweier mondäner Frankreichreisen, dieser Pykniker aus der Belle-Alliance-Straße bewundert die schlanken Schäfte der lateinischen Kultur, baut seinen Abgesang auf das »moi haïssable« aus dem Wortmaterial von Dorerschnee und Delphinen, Asphodelen und Olympiern, sehnsuchtsvoll rufend nach »*Leukée* – die weiße Insel des Achill!«:

Und Einer stellt die attische Lekythe,
auf der die Überfahrt von Schlaf und Staub
in weißen Grund gemalt als Hadesmythe,
zwischen die Myrte und das Pappellaub.

Und Einer steckt Zypresse an die Pfosten
der lieben Tür, mit Rosen oft behängt,
nun weißer Thymian, Tarant und Dosten
den letztesmal Gekränzten unterfängt.

Das ist nicht Karl May in Versform. Das ist Hervorlok-
ken von Stimmen aus dem Einst, unwandelbar schön,
um die eigene Stimme des Jetzt, fortschrittsfeindlich
schneidend, mit ihnen in eine Klanggemeinschaft einzu-
betten. Pallas, Ägäis, Ithaka und das azurne Meer sind
ihm Zeugen und Bürgen steinerner Unvergänglichkeit.
Benn schafft sich eine eigene, ganz private Archäologie;
was er ausgräbt, Stein für Stein, setzt er ein in seinen babylonischen Bau. So frech, wie er Schlagerfetzen – die er
eben im Opel der Freundin beim Badeausflug nach Ber-
lin-Wannsee gehört hat – in Gedichte collagiert, so unbe-
kümmert montiert er oft einzelne Wörter und wörtlich
ganze Gedankenreihen zum Thema Antike aus den ge-
schürften Quellen, etwa aus Jacob Burckhardts »Griechische Kulturgeschichte«. Doch es war nicht »alles abgeschrieben und zusammengesucht«, wie Benns letzte Frau
Ilse einmal befremdet konstatiert haben soll. Es waren
die Grundmauern dieses seines babylonischen Baus.

Förmlich hingerissen berichtet er von einem heute nur
noch mühsam antiquarisch aufspürbaren Buch, von
Semi Meyers »Probleme der Entwicklung des Geistes«.

Dessen These, daß Entwicklung Schöpfung sei, faßt den eigenen wie auch Benns Anti-Darwinismus zusammen, ist Schlußvers einer immer wieder variierten Kantate auf die Worte: »Der Geist ist eine Welt für sich. In ihm spiegelt sich keine Welt, seine Formen stehen der Welt gegenüber als ein eigenes Reich mit eigenem Gesetz.« Semi Meyer ist gleichsam der Advokat, der das Paragraphenwerk liefert für die ›Verfassung der Künste‹, auf der Benns Reich gründet, in dem allerlei Zulieferer, Bauleute und Architekten arbeiten, das aber nur von einer Krone symbolisiert wird: der Kunst; denn »der Geist ist nicht entstanden, sondern er ist von Anfang an da«.

Selbst Benns Vorliebe für das Abstrus-Läppische, eine Art illustrative Banalität finden wir hier: »Der Giraffenhals ist das typische Beispiel. Diese Tiere recken und recken ihren Hals durch die Jahrtausende, aber vom Halsrecken entsteht kein Hals, erst muß einer da sein ... Die Funktion schafft kein Organ, sie entsteht mit dem Organ. Hier ist kein Prinzip, das eine Schöpfung erklärt.« Benn hat dieses Buch geliebt und gefeiert; er hat das oft wirre Bildungsgemenge eines Oberlehrers, wie man es heute aus Leserbriefen kennt, aufgesogen wie ein Schwamm und aus hilflosen, raschelnden Sätzen sein Donnerwort von der »Rechtfertigung der Welt NUR als aesthetisches Phänomen« geformt; indem er Schillers Standpunkt vom Übergang des moralischen ins ästhetische Zeitalter anklingen läßt: »Ach, manchmal einen Augenschlag lang überblickt man die Erde, die viertausendjährige vom Zwischenstromland bis heute, von Ur bis Champs Elysées, vom Leuchtturm von Pharos bis zum Blinklicht der Flak ($1^1/_2$ Milliarden Kerzenstärke) u.

man sieht überall nur Beile u. Lanzen, Knechtung, Verrat, Schande und Mord, Horden u. Viecher, eine Gondel auf dem Nil, eine Gondel auf dem Canale Grande, die meisten Lümmel, selten ein Herr, immer Bestechung, alles Zufall.«

Der Haß auf die Vernunft
gebiert Ungeheuer

Und nun geschieht etwas Seltsames. Benns Reinheits-
ideal von Kunst macht sie unrein. Der einsame innere
Rausch macht sich gemein mit Massenberauschtheit.
Der Hohn auf Sozialliteratur läßt Literatur verkommen
zu anti-sozialem Zierat. Das Hohelied vom Kampf, ohne
den das Gefühl blaß bleibt, und vom Ringen, das in sich
selber eine eigene Form geistigen Geschehens ist, wird
vom Marschschritt des Krawalls skandiert. Mitten im
Krieg, 1940, wird er einmal an Freund Oelze schreiben:
»Es giebt innerhalb der geschichtlichen Welt kein Gut u.
Böse. Es giebt nur das Böse, meine ich. Wer das nicht
sieht, ist in der Substanz schmächtig und seelisch nicht
herangereift.« Doch Korn kann auch zur Fäule reifen.
Benns pinzettengewohnte Hände verbiegen das so herrlich geschmiedete Wappen zum Hakenkreuz.

Ende der zwanziger Jahre ist er noch immer ein literarischer Geheimtip. Ein paar Publikationen sind im entle-
genen Verlag A. R. Meyer erschienen, Gedichte in allerlei Zeitschriften, 1931 wird das für den neun Jahre
jüngeren Paul Hindemith erarbeitete Oratorium »Das
Unaufhörliche« uraufgeführt, unter dem Dirigat von
Otto Klemperer in der alten Berliner Philharmonie. Der
Verleger Hindemiths konstatiert: »Dieser Mann liebt we-

der die Menschen noch die Bühne.« Schon die Korrespondenz beider Künstler während der gemeinsamen Arbeit zeigt Benns aschene Langeweile und Verachtung: »... der Ausgangspunkt könnte sein ... die Frage: sollen wir uns fortpflanzen, sollen wir *diese Rasse* fortpflanzen, wie sieht sie aus, wer ist sie, wo kommt sie her, wo geht sie hin ... wir müßten das Dumme, das Sinnlose, das Fortgetriebene u. schließlich doch so Enggehaltene der Rasse schildern ... und über ihr immer unentwegt, unberührt die Rätselhaftigkeit des Seins.«

Gottfried Benns Leben verlief grau. Die Praxis ging schlecht, er mußte, »um das Leben zu fristen«, Vertretungen in städtischen medizinischen Beratungsstellen übernehmen; sein Spott über Erfolgreiche war nicht ohne Bitterkeit – an Hindemith schickte er im Mai 1931 eine Postkarte, auf die er eine Zeitungsnotiz geklebt hatte: »*Grundstücks- und Villenverkäufe in Groß-Berlin.* von etwa 800 qm für etwa 25000 Mark. – Die Norddeutsche Bau-Gesellschaft m.b.H., Berlin W 9, Potsdamer Straße 13, hat eine von ihren soeben fertiggestellten fünf Villen im Teil der Kolonie Grunewald (Komponistenviertel), und zwar die Villa *Mahlerstraße 8* an den *Schriftsteller Herrn Dr. Lion Feuchtwanger* zum Preise von 108000 Reichsmark verkauft. (Berlin) 28. V. 31.« Zeit seines Lebens litt er unter tiefen Depressionen – übrigens auch ständig unter Ekzemen –, unter chronischer Müdigkeit und dem »Schüttelfrost der Einsamkeit«; den Widerwillen gegen äußere Eindrücke suchte er mal mit Skurrilitäten und mal mit hoheitsvollen Gebärden zu bekämpfen; er fragte dann Hindemith, ob er wisse, daß Mozart verkrüppelte atavistische Ohren gehabt habe oder daß sich die Tempi bei Beethoven aus seinem unkompensierten Herzfehler und seiner Pulsschlagfolge erklären ließen? Zugleich verbat er sich jegliche Kommunikation, wehrte Zudringliche mit barschem »Ich werde nicht angerufen« ab, oder er hielt der Freundin Thea Sternheim ernstlich vor: »Es *zittert* immer noch in mir nach, daß Sie neulich, ohne es zu sagen, fremde Leute den Abend einladen wollten, welche Gewalttat von Ihnen.«

Ohnehin sagte er Einladungen gerne mit dem sprichwörtlichen »Ich setze mich lieber mit einer Pulle Rotspon hinter den Ofen« ab, nahm aber übel, wurde er nicht eingeladen; wobei viele dieser kleinen Sottisen ungesichert scheinen – »Rotspon« gerade trank der Bierliebhaber ja höchst ungern. Schwer in der Balance zu halten ist die Waage zwischen dem auf tausend äußerliche Details Versessenen, ein Hut, ein Kostüm, die Farbe der Schuhe oder Handschuhe, Automarken und Teesorten – und dem, dessen ganze Oberfläche wie bei einem Meerestierchen mit Flimmerhaaren bedeckt ist, um sich an ›Nahrung‹ heranzutasten; zwischen dem pedantisch seinen Tageslauf Abzirkelnden, der auch schon mal Eingaben an die Postverwaltung schrieb, warum die Postboten ständig wechselten, unpünktlich seien, der gar erreichte, daß ein Briefkasten umgesetzt wurde, da dieser unter einer Regenrinne angebracht sei, die Post also naß würde, und dem Kettenraucher, mindestens ein Päckchen pro Tag noch bis kurz vor seinem Tode. Das Bild eines widersprüchlichen Charakters: schlaftablettenabhängig, aber seine Gäste anherrschend – »kommen Sie pünktlich und bleiben Sie nicht zu lange« –, sie zugleich mit mächtigen Schlagsahneportionen und riesigen Cognacs betäubend. Doch im »Melancholie«-Gedicht – auch da Heine ähnlich – preist er, »Tiere, die Perlen bilden, sind verschlossen, / sie liegen still und kennen nur die See«. Gottfried Benn ist immer beides: ein Dompteur, der auf dem Tiger reitet – und sich als Königstiger die Beute reißt; ein Hamlet, der Lady Macbeth gibt. Nur das Schöne will er als das Wahre gelten lassen – aber Puderquaste mag er nicht sein: »Vergessen Sie nie, der menschliche Geist ist als Totschläger entstanden u als ein ungeheures Instrument der Rache, nicht als Phlegma der Demokraten, er galt dem Kampf gegen die Krokodile der Frühmeere u die Schuppentiere in den Höhlen – nicht als Puderquaste!«

Das Hirn als Keule des Neandertalers. Und Benns Gehirn als Schmiede des gigantomanischen Skalpells, mit dem der Filigrandiagnostiker alles Verfaulte herausschälen will, das er der Verdammnis weiht. Doch noch der Fluch ist Gebet. Wer Gott flucht, kennt einen Gott; gäbe es ihn nicht, könnte er ihn nicht verfluchen. Blasphemie – interessanterweise liegt dem französischen »blâmer«, tadeln, dieser Wortstamm zugrunde – ist in ihrer Lästerung auch umgekehrte Religiosität. Der schwankend auf den Türmen seiner Lektüre Sitzende kennt selbstverständlich seinen Faust, hat gewiß dessen Studierzimmer im Gedächtnis, aus dem es stöhnt:

> So fluch' ich allem, was die Seele
> Mit Lock – und Gaukelwerk umspannt,
> Und sie in diese Trauerhöhle
> Mit Blend- und Schmeichelkräften bannt!
>
> …

Verflucht, was als Besitz uns schmeichelt,
Als Weib und Kind, als Knecht und Pflug!
…
Fluch sei dem Balsamsaft der Trauben!
Fluch jener höchsten Liebeshuld!
Fluch sei der Hoffnung! Fluch dem Glauben,
Und Fluch vor allen der Geduld!

Des Gottfried Benns grausiges Weltengericht, das er nun abhält über Gerechte und Ungerechte, ist glühender Frevel. Sein Haß auf die Vernunft gebiert Ungeheuer. Sein Widerwille gegen gleichmacherische Demokratie schlägt um in Fanatismus, Ressentiment und Diffamierung. Sein Bekenntnis zu Kampf wird Fanal der Gewalt. Seine Elite trägt nun Schaftstiefel.

Gestatten wir uns einen kurzen Ausflug ›nach links‹, um des Messers Schneide aufblinken zu lassen, so schmal, so verletzend, so gefährlich, die Demokratieverdruß trennt von Despotie; es ist eine lange, bange Antwort auf die – schon im Zusammenhang mit Nietzsche erörterte – große Frage: Sind alle Menschen gleich?

Ob das nur Hochmutsfrage des Arroganten oder Defekt der Demokratie sei, darüber hat in so verblüffender wie verletzender Schärfe ein Zeitgenosse Benns, wenngleich nicht ein Weggefährte, nachgedacht: Kurt Hiller, jüdischer Publizist, Mitarbeiter der »Weltbühne«, Herausgeber der »Ziel-Jahrbücher«, deren ersten Band immerhin Heinrich Mann 1910 mit seinem berühmten Aufsatz »Geist und Tat« eröffnet hatte. Die Figur, nach deren Stimme jeder scheinbar dienstfertige, in Wahrheit das Volk verachtende Coriolan leckt, nennt Hiller Piefke:

»Ich bestreite, daß in einer Nation Piefke mit demselben Recht sagen dürfe, er vertrete sie, wie Nietzsche. Und ich bestreite auch, daß Piefke dasselbe Urteil wie Nietzsche darüber habe, welcher Dritte die Nation wohl am besten vertritt. Die Weltverschiedenheit der Menschen ist das Grundfaktum aller Gesellschaftsbetrachtung. Daß ungleichwertigen Menschen gleiche Bestimmungsrechte im Staate, gleiche Befugnisse der Gestaltung am Staate gegeben werden, kann der nicht wünschen, der den Staat so wertig wie möglich wünscht.«

Hiller, ein Linker, der gleichwohl in vielen Aufsätzen vor »dem Götzen Gleichheit« warnte, der die eigene Position mit dem frappant widersprüchlichen Begriff »Revolutionärer Aristokratismus« umschrieb und die Befreiung des Proletariats mit derselben Emphase befürwortete, mit der er eine Diktatur des Proletariats bekämpfte, war kein Antidemokrat; jedoch erlaubte er sich mit bei linken Denkern ungewohnter Schärfe, einen Konstruktionsfehler der Demokratie auszuleuchten: »Die Demokratie hat keine Idee und keine Meinung – es sei denn die, daß es darauf ankomme, die Meinung der jeweiligen Mehrheit zu ergründen und sie zur Richtschnur des gesetzgeberischen Handelns zu machen. Die Meinung der Mehrheit mag noch so unvernünftig, ja unsittlich sein – es ist Demokratie, sie zu befolgen. Verlangt zum Beispiel übermorgen die Mehrheit den Rachekrieg – die Demokratie wird ihn führen.«

Das hat, 1921 geschrieben, im Falsch-Richtigen etwas peinigend Prophetisches; 1933 wurden die Künder des

Rachekrieges mit demokratischer Mehrheit gewählt. Noch bestürzender liest sich Hillers geradezu ekelbewehrte Abfuhr an den Mehrheitswillen, wenn man sein Diktum über das Ende des Ersten Weltkriegs auf die »Führer-befiehl-wir-folgen-dir«-Choreographie der braunen Jahre überträgt:

»Auch das Verdienst des Proletariats am Novemberumsturz, so wenig es zu bestreiten ist, hüte man sich zu überschätzen! Der Wert einer Handlung bestimmt sich nicht nach ihrem Effekt, sondern nach ihrem Beweggrund. Haben die Massen den Kaiser gestürzt, weil ihnen der Widersinn des Prinzips der Erbmonarchie endlich einleuchtete? Haben sie ihn gestürzt, weil die pompöse Engstirnigkeit dieses Mannes, dem blöder Zufall der Geburt Macht über Menschen und Völker verlieh, entscheidend geholfen hatte, das unaussprechliche Grauen des Krieges heraufzuführen? Sie haben ihn gestürzt, weil er den Krieg verloren hatte.«

Entsetzliche Schärfe. Entsetzliches Lied. Entsctzliche Logik.

Denn was – nach all der entdeckerisch-klugen Verwerfung – empfiehlt ein Mann wie Kurt Hiller, der, 1933 von den Bannerträgern einer vermeintlichen Ideen-Elite halbtot geschlagen, sich knapp ins Exil retten konnte? Makabres Umkippen von glanzvoller Analyse in anrüchigste Selektion. Eben argumentiert er noch mit klirrend-schneidendem Verstand, nun zündet er, im selben Text »Logokratie«, diffusen Schein verbreitende Nebelkerzen an, verkündet »die Menschen der Geist-Rasse, des unherrischen Herrentypus, die Befreiervorhut«.

Man wird sich Hillers anfängliche Mussolini-Bewunderung – »ein weltfroh-eleganter Energiekerl, Sportskerl, Mordskerl, Renaissancekerl, intellektuell« – ins Gedächtnis rufen müssen, wenn man entgeistert liest, was er dem »Götzen Mehrheit, also der Mittelmäßigkeit, also des Rachehasses gegen die Überlegenen des Herzens und Hirns« entgegenstellt, welch beunruhigend-ehernes Monument: »Die wahre Aristokratie kommt nicht durch Wahl zustande. Die wahre Aristokratie kann nur berufen werden. Von Einem.« Der hier spricht, vor dem hat schon Heinrich Heine gewarnt: »Das sind die Folgen der Revoluzion / Und ihrer fatalen Doktrine; / An Allem ist Schuld Jean Jacques Rousseau, / Voltaire und die Guillotine.«

Jean-Jacques Rousseau. Er war bereits der Solitär, der – übrigens von Diderot gehöhnte – Einsame, der Künstler, der sich, außerhalb einer generellen Ordnung, eigenes Gesetz zumißt und anmaßt. Die Güte als Fallbeil. Der Prophet, tugendsam und atemrein, dessen ins Paradies weisende Hand sich leicht zum Freisler-Finger krümmen kann. Bezeichnend allein der Schlußabsatz der so hochgemut beichtenden »Bekenntnisse«: »Ich habe die Wahrheit gesagt ... Wer mit eigenen Augen meine Natur, meinen Charakter, meine Sitten, meine Neigungen, meine Vergnügungen, meine Gewohnheiten prüft, auch wenn er meine Werke nicht gelesen hat, und mich dann noch für einen unredlichen Menschen halten kann, der ist wert, erwürgt zu werden.«

Rousseau kämpfte zeitlebens mit einem herabsausend zweischneidigen Schwert. Läßt man einmal die Schäbigkeiten des Tugendapostels beiseite, der seine fünf Kinder im Waisenhaus ablagerte, sexuelle Lustbarkeit genoß, in deren nächtlichem Verlauf er gelegentlich gemeinsam mit Jean Le Ronde d'Alembert und Melchior Grimm eine Minderjährige mißbrauchte, oder aber mit Koketterie Lob, Zuwendungen und Obdach von adligen Damen entgegennahm: Der Verfasser des »Contrat social« war ein glänzender Analytiker aller Verkrustungen der alten Gesellschaft; und ein berserkerhafter Verkünder jener neuen Gesellschaft, die in Wahrheit rückgewandt, fortschrittsabgewandt und geistfeindlich war. Jean-Jacques Rousseau war ein Diktator *avant la lettre*. Der Ton seiner Befreiungsfanfare schmetterte ganz leicht und zu rasch auch die ›Kopf-ab‹-Melodie, die in der Banalübersetzung hieße: ›Und willst du nicht mein Bruder sein, so schlag' ich dir den Schädel ein‹.

Grandios, daher gefürchtet, gehaßt und verfolgt seine Analyse; nicht zufällig wirkt sie bis in die ahasverischen Wortfiguren hinein wie vorweggenommener Karl Marx:

»Der erste, welcher ein Stück Landes umzäunte, sich in den Sinn kommen ließ zu sagen: dieses ist mein, und einfältige Leute antraf, die es ihm glaubten, der war der wahre Stifter der bürgerlichen Gesellschaft ... Dies war der erste Schritt zur Ungleichheit und zugleich der erste Schritt zum Laster ... Nach des weisen Locke Grundsatz gibt es kein Unrecht, wo kein Eigentum ist ... So verschwand die Gleichheit, und das Eigentum ward an ihrer Stelle eingeführt.«

Angesichts absolutistischer Willkür der Rokoko-Gesellschaft ist Rousseaus Menetekel-Fluch über gepuderte Gewalt und löckchenzierliche Verruchtheit bewegend und mutig. Doch, Pars pro toto, bereits im Absatz vor dem letztzitierten Satz aus der Abhandlung über »Den Ursprung der Ungleichheit unter den Menschen« führt er rigide Rückwärtsprophetie vor: »Solange die Menschen es sich genügen ließen, in bäurischen Hütten zu wohnen, … solange sie sich noch auf Handwerke legten, die ein jeder selbst lernen und ausüben konnte, solange sie noch an keine Künste dachten, zu denen viele Hände erfordert werden, solange waren sie so frei, so gesund, so gütig und so glücklich, als es ihre eigene Natur erlaubte …«

Die Proklamation »Der Mensch ist gut«, von Benn geradezu wütend bekämpft, von Rousseau emphatisch dem christlichen Dogma »Der Mensch ist böse« entgegengeschleudert, ist das Credo vom »guten Wilden«: Die menschliche Kreatur ist nicht durch ihren Sündenfall aus dem Paradies vertrieben worden, sondern sie hat, gleichsam freiwillig verführt, sich das Paradies selber verbarrikadiert durch Denken, zivilisatorischen Müll und den Hochmut der Macht.

Rousseaus Denkmodell ist geprägt von einer seltsam widersprüchlichen Gebärde demütiger Erhabenheit. So hat er beispielsweise am Ende seines Lebens, als wolle er sich bereits eigenhändig in das Panthéon betten, sein letztes Manuskript auf dem Altar von Notre Dame niederlegen wollen; ein ironisch-symbolischer Akt des Schicksals – der Zugang zum Altar war durch ein Gitter versperrt – verhinderte die Selbstfeier. Zeitlebens fühlte er sich als Erwählter, der den Verderbern namens Philosophen – das Wort Intellektuelle gehörte noch nicht zum Sprachgebrauch – den Kampf ansagte; ob »Ovid, Catull, Martial und dem ganzen Schwarm schlüpfriger Schriftsteller, deren Name allein schon die Schamhaftigkeit erröten macht«, ob die Künstler der Rede, des Marmors und der Farbe – »aus Athen sind jene erstaunlichen Werke gekommen, welche allen verdorbenen Zeiten als Muster dienen werden« – oder die Denker, von denen er weiß, daß ein der Ruhe der Menschen feindseliger Gott der Erfinder der Wissenschaften gewesen sei: Jean-Jacques Rousseau war ein antiaufklärerischer Aufklärer, dessen Bußpredigt vom Hirnlosen, aber Körperschönen und Tapfertüchtigen nur knapp ins Überdeutliche übersetzt wird mit dem »Die deutsche Frau schminkt sich nicht«-Gebot untergegangener Zeit.

Tatsächlich finden sich Kurt Hillers – man könnte sagen: Gottfried Benns – bedenklich-schrille Anrufungen des »Männlich-Tiefen«, des gestählten Sparta-Kämpfers frappant vorformuliert bei Rousseau, der die Sophisten von den Kriegern verjagt wünschte, von zweihundert tugendhaften Männern, die er für würdig befand, die ganze Welt zu regieren: »Seitdem sich Gelehrte unter uns eingefunden haben, sind die rechtschaffenen Leute verschwunden.« Der Begriff »entartet« stand noch nicht zur Verfügung – gedacht war er gleichwohl: »Ihr habt also in Griechenland und in Asien bloß darum so viel Blut vergossen, um eure Baumeister, Maler, Bildhauer und Komödianten zu bereichern? Die Schätze von Karthago werden einem Flötenspieler zur Beute? Römer, eilt, diese Amphitheater zu zerstören, zerbrecht diese Bildsäulen, verbrennt diese Gemälde und verjagt diese Sklaven, welche euch unterjochen und deren schädliche Künste euch verderben.«

Häufig bezog sich Rousseau auf Plato. Zu Recht. Von den Auserwählten über die insgesamt unedlen Künste bis hin zum Einschränken der Philosophie, die nicht etwas Schönes, sondern etwas Notwendiges zu leisten habe: Das Dekretvokabular prägt und trägt das gesamte berühmte siebte und achte Buch der Platonschen Staatslehre; von Nötigung und Zwang ist da selbstverständlich genauso die Rede wie von einem Elite- und Zuchtverfahren, das gar schauerliche Assoziationen zur jüngsten Vergangenheit beim Leser weckt: »... man müsse die Knaben auch in den Krieg zu Pferde als Zuschauer führen und, wenn es einmal sicher ist, sie auch ganz nahe hinzubringen und sie Blut kosten lassen, wie man es mit den jungen Hunden macht ... und welche unter ihnen dieses am meisten sind und beharrlich im Lernen, beharrlich auch im Kriege und in allem Vorgeschriebenen, diese wiederum, wenn sie dreißig Jahre zurückgelegt haben, aus den Auserwählten auswählen und zu noch größeren Ehren erheben, um, indem du sie durch die Dialektik prüfst, zu sehen, wer von ihnen Augen und die andern Sinne fahrenlassend auf das Seiende selbst und die Wahrheit loszugehen vermag.«

Es scheint ein reichlich gewaltsam, zumindest willkürlich zusammengespannter Bogen, der von Plato über Rousseau zu Kurt Hiller reicht; eine gleiche Linie ließe sich punktieren: Rousseau – Robespierre – Hegel – Marx – Stalin. (Nicht zufällig wußte ja dessen Vorgänger Lenin, daß ein Majakowski-Gedicht nicht das Papier wert sei, auf dem es gedruckt wurde, wie auch Karl Marx schon wußte, daß es gelte, den Gegner Bakunin zu vernichten.) Die Erfindung des GULAG vor der Erfindung des GULAG. Jean-Jacques Rousseau war der Begründer der Terreur, der geistige Vater der Guillotine, der Schalmeiensänger jener Lichtgestalt namens Tugend, zu deren

Feier man nach 1789 Paris tanzen ließ, bis ihr weißes Gewand blutigrot und ihre Choreographen – ob Danton oder Desmoulins – geköpft waren. Die Tugend, mit dem Racheschwert in der Faust der Gerechten, hatte sie entrechtet: den Robespierre, den Trotzki. Denn sie paßten nicht durch das Nadelöhr, das die Pforte zu den verordneten Paradiesen ist. Schon Plato sah die Demokratie als Spielwiese tandsüchtiger Kinder und Weiber: »Am Ende, sprach ich, mag dies die schönste unter allen Verfassungen sein; wie ein buntes Kleid, dem recht vielerlei Blumen eingewirkt sind, so könnte auch diese, in welche allerlei Sitten verwebt sind, als die schönste erscheinen. Und vielleicht, sprach ich, werden auch wohl viele, die wie Kinder und Weiber auf das Bunte sehen, diese für die schönste erklären.«

Kurt Hiller, der pazifistische Heldenliebhaber und der soziale Antisozialist, schimpfte die Demokratie den politischen Absolutismus des Durchschnittsmenschen, von dem er, der Geistige, Tiefe, der Denker, sich natürlich abhob. Kothurn statt Sandale. Die schnürte Rousseau, zum weit ausgreifenden Schritt fort von Laster, Luxus und Lust in jene rückwärtsgewandte Zukunft, deren härenes Gewand unser aller Uniform werden sollte.

Gottfried Benn war Faschist.
Nazi war er nicht.

Bereits Benns feierliche Beschwörung »Das deutsche
Pfarrhaus« endet mit der abstrusen Folgerung, daß auch
die Jünglingsgestalt, die an der Eingangspforte des Dritten Reiches steht, Horst Wessel, aus einem Pfarrhaus
hervorgegangen sei. Dieser Text erschien am 30. März
1934 im »Berliner Lokal-Anzeiger«. Am selben Tag publizierte Benn in der »Deutschen Allgemeinen Zeitung«
einen zweiten Aufsatz, der für unsere Erörterung von
zentraler Bedeutung ist: seine »Rede auf Marinetti«, gehalten anläßlich des Empfangs der »Union Nationaler
Schriftsteller«; da wird gleich eingangs dem Gast aus Italien gehudelt: »... weil Sie mit Ihrem autoritären Namen
eine Sache, eine Weltanschauung, eine Gesinnung unter-
stützten, für die wir kämpfen, die uns allen am Herzen
liegt und die allein wir für zukunftsvoll halten.

Wir freuen uns zweitens, daß Sie nach Deutschland
gekommen sind in einer Zeit, in der das neue Reich entsteht, an dem mitzuarbeiten der Führer, den wir alle aus-
nahmslos bewundern, auch die Schriftsteller berufen
hat.«

Wer war Filippo Tommaso Marinetti? Der 1876 in
Alexandria Geborene wuchs in Frankreich auf, wo er in
einem Jesuitenkolleg erzogen wurde und an der Sor-

bonne studierte. 1905 gründete er in Mailand die Zeitschrift »Poesia«, die bald zum Sprachrohr der futuristischen Bewegung wurde und in der er seine »Ode an das Rennautomobil« veröffentlichte. Sein 1909 im Pariser »Figaro« – Marinetti schrieb französisch und italienisch – gedrucktes »Futuristisches Manifest« wurde zur Bibel einer Generation junger Dichter und Intellektueller; sie schworen auf Marinettis Ideen von der Schönheit des Kampfes, von der Dichtung als Weihespiel der Aggressivität, von Krieg als der einzigen Hygiene der Welt, von der Verachtung des Weibes und der Schnelligkeit als dem neuen Gott, dem trunken in die befreiende Unendlichkeit zu folgen sei. Die Zentauren seiner neuen Mythologie waren Lokomotiven, Maschinen, deren Brüste man streichelte, oder rasende Autos, unter deren heißen Pneus Hunde sich »legten wie Kragen unter das Plätteisen«. Marinetti war der Hohepriester einer Dingwelt, Produkt eines säkularisierten Cantos ›Machet euch die Welt untertan‹. Sein Preislied vom brüllenden Rennauto, weit schöner als die Nike von Samothrake – also ein Kriegsruf gegen die bürgerlich-tradierte Kultur – wurde in ganz Europa von einem vielstimmigen Chor aufgenommen. Ob die Bilder von Mario Sironi, die peitschenden Gesänge von Wladimir Majakowski oder die Predigt der Mitleidlosigkeit des George Grosz, daß man über die Zerstörung eines Rubens-Bildes nicht weinen möge: diese zu Beginn ganz unspezifische Auflehnung gegen das Überkommene ist Revolte, Revolution noch lange nicht; sie ist jene »Antibürgerlichkeit mit Bohèmecharakter«, von der Georg Lukács spricht: »Eine ›Kritik‹ des Kapitalismus, zusammengebraut aus Abfällen des romantischen Antikapitalismus, kann dabei sehr leicht in eine Kritik der ›westlichen Demokratien‹ umgebogen werden, um die deutschen Verhältnisse – soweit sie sich von diesem ›Gift‹ fernhalten – zu einer höheren Form der gesellschaftlichen Entwicklung umzustilisieren.«

Der Aufbruch der Formen und Normen war vorerst ›unpolitisch‹, das Dadaisten-Café in Zürich war Lenins Wohnung benachbart, und Tatlins oder El Lissitzkys (in der jungen Sowjetunion nie verwirklichte) avantgardistische Architekturentwürfe wie der »Wolkenbügel« hätten in New York gebaut werden können, wo das Rockefeller-Center noch heute geschmückt ist mit den Insignien der machbaren Welt – Flugzeuge, Baukrähne, Schiffe.

Die Ikonographie des siegreichen Kapitalismus trägt dieselbe Handschrift wie der revolutionäre Antikapitalismus. Das marxistische »Wissen ist Macht« liest sich über dem Haupteingang des Rockefeller-Center »Wisdom and Knowledge shall be the Stability of our Time«, das muskelstrotzende Deckengemälde der Eingangshalle verkündet »Man the Master and Servant of the Machine«, und gleichzeitig wird der revolutionäre mexikanische Wandmaler Diego Rivera – erstaunlicherweise von Benn hochgeschätzt – eingeladen, den Hauptsitz der Ford-Motor-Company auszuschmücken. Stile, Ambitionen und Bekenntnisse gleiten ineinander über, was eben noch perfektes und bis dato gefeiertes Art déco des Pariser Palais Chaillot ist, kann morgen am Flughafen Tempelhof ›faschistische Architektur‹ heißen. Ein bemerkenswerter Aufsatz von Otto Karl Werckmeister über Walter Benjamins eher rhetorischen Gestus kategorischer Behauptungen zum Zusammenhang von Politik und Kultur erwähnt beiläufig, daß der Begriff »Demokratie« bei Benjamin »an keiner prominenten Stelle, vielleicht sogar nirgends vorkommt«: »Benjamins Begriff des Kunstwerks war … eine metaphysisch überdeterminierte Abstraktion, die sich Benjamin aus seinem Studium der romantischen Kunstliteratur gebildet hatte. Infolgedessen entging ihm die Politisierung der Kunst, die Deutschland, Italien und die Sowjetunion im Jahrzehnt der Wirtschaftskrise gleichermaßen betrieben und der die Dritte Republik auf der Pariser Weltausstellung im Bewußtsein ihrer demokratischen Kultur zu begegnen suchte.«

Derlei Durchlässigkeiten und Entsprechungen, Widerläufiges und Paralleles ließe sich mit zahlreichen Belegen illustrieren: Das Pathos der zehn bronzenen »I believe«-Gebote des Magnaten John D. Rockefeller vor der nach ihm benannten Plaza in New York – »I BELIEVE IN THE PURSUIT OF HAPPINESS« – ist klangverwandt Majakowskis »150-Millionen«-Poem des Jahres 1921. Und das selbstbewußte Dekret »Dieu et mon Droit« über der daneben gelegenen Wolkenkratzertür an der Fifth Avenue – in die Bronzepforte sind Namen der vergoldeten Heiligen Amerikas eingelassen: »Sugar«, »Coal«, »Wool«, »Cotton« und »Tobacco« – ließe sich unschwer ins Russische übersetzen. Ähnlicher Widerspruch, ähnliche Parallele: der DDR-Kulturminister und früh-expressionistische Lyriker Johannes R. Becher bekannte noch gegen Ende seines Lebens ein, daß die Nationalhymne der revolutionären Bewegung Jakob van Hoddis' Gedicht »Weltende« gewesen sei:

Dem Bürger fliegt vom spitzen Kopf der Hut,
In allen Lüften hallt es wie Geschrei,
Dachdecker stürzen ab und gehn entzwei
Und an den Küsten – liest man – steigt die Flut.

Der Sturm ist da, die wilden Meere hupfen
an Land, um dicke Dämme zu zerdrücken.
Die meisten Menschen haben einen Schnupfen.
Die Eisenbahnen fallen von den Brücken.

Es ist die Hybris der Moderne, sie kann dann bald »So-
wjetmacht plus Elektrifizierung gleich Kommunismus«
heißen, Empire-State-Building oder »Ein Volk, ein Reich,
ein Führer«. Der Magnetismus der Gewalt zog die Intellektuellen an wie Feilspäne; so flirrten sie auch durchein-
ander, die André Gide und Manès Sperber, Ignazio Si-
lone und Erik Reger, die Ilja Ehrenburg und Miguel de
Unamuno; auch Mussolini war Sozialdemokrat gewesen, bevor er Faschist wurde. Er war gar ein Liebhaber
der Künste, liiert mit der jüdischen Kunstkritikerin
Margherita Sarfatti, die in seiner Zeitung »Il Popolo
d'Italia« publizierte und die einen Kreis bedeutender
Künstler um sich geschart hatte. Mario Sironi war einer
der bekanntesten; er gilt heute als Formgeber faschisti-
scher Kunst. Zugleich beantwortet sein Werk nicht die
Frage, ob es einen eigenen faschistischen Formen-Kanon
gab (noch heute kann sich das Mailänder Museo del No-
vecento nicht entscheiden, ob eines von Sironis Haupt-
werken dem Jahr 1930 oder 1950 zuzuordnen ist).

1885 in Rom geboren, wuchs der als junger Mann In-
genieurwissenschaften Studierende – der Vater war Inge-

nieur, ein Großvater Architekt gewesen – in einem Hause auf, in dem einerseits die Machbarkeit der Welt und die Macht der Maschinen, andererseits die Kunst als Impuls für die Gesellschaft nahezu gefeiert wurden; Marinetti war ständiger Gast, der sensible junge Sohn las Nietzsche und spielte Wagner auf dem Flügel. Es war ein Bürgertum mit anfangs linkem, sozialistischem Gedankengut, dessen Intellektuelle vor und gleich nach dem Ersten Weltkrieg allmählich zu einem noch ziellosen Aktionismus tendierten. Als Gabriele D'Annunzio mit einer von ihm gebildeten Privatarmee 1918 Fiume an der nördlichen Adria-Küste von den Alliierten »entsetzen« wollte, galt das als Heldentat; Sironi widmete ihr ein Bild. Heroischer Gestus, Wille zur Großartigkeit, die Tat als aus dem Mythos geborene, einmalige Bekundung von Lebenswillen und ›Wille zur Schönheit‹ – das war das schwer zu definierende Gemisch, das Sironi und seine Freunde als faschistische Kunst ausgaben; Mussolini selber hatte verkündet, er wolle keine Staatskunst, Kunst sei Sache des Individuums, sie möge nur »stark und schön« sein. So wären die futuristischen, durchaus von Picasso beeinflußten Bilder Sironis, oft in dunkler Verschattung die lebenslangen Depressionen ihres Urhebers verratend, von den Nazis sofort der »Entarteten Kunst« zugeschlagen und verboten worden; derweil Sironi in Italien – inzwischen eine Art Jacques Louis David des Haken-Croce – Ausstellungen inszenierte, in denen Bilder De Chiricos neben den seinen hingen. Mario Sironi war der offizielle »Illustrator« des faschistischen Italien geworden, gleichwohl anders als seine Kollegen Marinetti und Pirandello nie von Mussolini in die Reale Accademia d'Italia berufen. Gegen Kriegsende übergab er jüdischen Freunden, die sich nach Amerika retten konnten, seine privaten Aufzeichnungen. Er hatte klug daran getan; um ein Haar hätten ihn wütende Antifaschisten bei seiner Flucht aus dem zerbombten Mailand, einem Fußmarsch nach Como, füsiliert; ein Kunststudent erkannte und rettete ihn. Sein Renommee war nicht zu retten bis zu seinem Tode 1961. Der Magnet Macht, dessen Sog er sich nicht zu entziehen vermochte, hatte ihn erschlagen. Sein Werk hat sich selber gerettet.

Magnetisch angezogen war auch Benn. Gottfried Benn war Faschist. Nazi war er nicht. Von Beginn an war ja sein Denken auf eine erhabene Existenz gerichtet, sein Kunstbegriff der des Kampfes und sein Menschenbild das des heldischen Mannes *vis-à-vis* der sich lediglich hingebenden Frau: »Es gibt niedriges Leben und es gibt hohes Leben, es gibt werte Existenz und es gibt unwerte Existenz, eine allgemeine ›geschichtliche‹ Existenz gibt es überhaupt nicht … Diese Rangdifferenz geht durch die ganze Anthropologie, auch durch die Beziehung zwischen Mann und Frau: tödliche Hingabe, also Liebe, bereit zu allen Vernichtungsschlägen, hier – und dort Es, das Eine, das in sich selbst ist, zeptertragend und aus Eis und Licht – sakral nur zwischen hohen Typen, das Herumgestöhne der Kleinen aneinander ist ranglos, ungesetzliche Abirrung, pervers.« Wenn er sich hier selber in Termini wie hohes Leben, Zepter und sakral definiert, muß er gar nicht einen »Irrtum« begehen, um den Mussolini-Abgesandten Marinetti, inzwischen Chefideologe des italienischen Faschismus, zu feiern; dessen Kategorien sind exakt die seinen: »Mitten in einem Zeitalter stumpfgewordener, feiger und überladener Instinkte verlangten und gründeten Sie eine Kunst, die dem Feuer der Schlachten und dem Angriff der Helden nicht widersprach ... Wir haben von hier aus verfolgt, wie Ihr Futurismus den Faschismus mit erschuf, ... wie aus Ihrem futuristischen Gedankenkreis, seinem Willen, seinen Kampfstaffeln drei grundlegende Werte des Faschismus aufstiegen: das Schwarzhemd in der Farbe des Schreckens und des Todes, der Kampfruf *a noi* und das Schlachtenlied, die Giovinezza –«

Wer die Ästhetisierung der Politik zum Wesensmerkmal des Nationalsozialismus erklärt, der mag recht haben.

Doch Benns viel tiefer gehende Idee hieß ja Ästhetisierung des Lebens. Er leugnete die Wirklichkeit – die Nazis wollten die Wirklichkeit umbauen; er hatte einen eigenen Schöpfungsbesitz, den er sich aus Begriffen wie Chaos, Rausch, Zermalmen, Versinken, Verströmen schuf – die Nazis kannten nur Derivate wie *Garant* oder *ehern*. Marinettis silberner Rennautopfeil war zum Fließband-VW verkümmert und Benns Verachtung der ›Boxerzivilisation‹ bar des Applauses für Max Schmeling; er dekretierte die Realität, von einer zivilisatorischen Menschheit geschaffen, als keines Blickes, keines Lächelns wert:

> *Eine Wirklichkeit ist nicht vonnöten,*
> *ja es gibt sie garnicht, wenn ein Mann*
> *aus dem Urmotiv der Flairs und Flöten*
> *seine Existenz beweisen kann.*
>
> ...

Als ihm graute, schuf er einen Fetisch,
als er litt, entstand die Pietà,
als er spielte, malte er den Teetisch,
doch es war kein Tee zum Trinken da.

Autobahnen hatte Benn nicht im Sinn. Er hatte Marinetti gewiß schon bei dessen erstem Berlin-Besuch 1912 in Herwarth Waldens Galerie vom Krieg, der »schön, weil eine blühende Wiese um die Orchideen der Mitrailleusen«, tirilieren hören; jetzt begrüßte er die »Exzellenz« – so der offizielle Titel des Präsidenten des italienischen Schriftstellerverbands. Wir wissen indes von keinen Augenzeugen, die ihn beim anschließenden Empfang des Deutschen Presseverbands gesehen hätten. Dort saßen neben dem italienischen Schwärmer für Tanks, Fliegergeschwader und die Rauchspiralen aus brennenden Dörfern Adolf Hitler, Joseph Goebbels, Rudolf Heß, Ernst Röhm – und Gerhart Hauptmann. Allenfalls am Nebentisch wäre Platz für Benn gewesen, an den man Kurt Schwitters und das Ehepaar Moholy-Nagy verwiesen hatte; die Frau des Bauhaus-Architekten kolportierte die Anekdote, derzufolge der betrunkene Marinetti ein Gedicht zitierte, woraufhin Schwitters gedonnert habe: »Oh, Anna Blume / Du bist von hinten wie von vorn / A-n-n-a.«

Aber auch an diesem sangesfrohen Katzentisch wäre nicht Benns Platz gewesen; er schätzte weder weinselige Kollegenkumpaneien noch Funktionärszeremonien. Es gibt überhaupt keinen Platz für Gottfried Benn – außer dem eigenen, ein Gespinst, das er sich geknüpft hat aus vielerlei Fäden, auch solchen, die andere gesponnen haben. Ein Fadenlieferant ist Erich Unger, dessen 1930 erschienenes Buch »Wirklichkeit Mythos Erkenntnis« Benn weidlich ausgebeutet hat. Ungers Hauptthese, die Dichtung sei der legitime Ersatz für die Realität des Wunderartigen, formuliert Benn immer neu, zumal in diesen Jahren. Der von Unger definierte Gegensatz – »Realität und Wunder, das ist ohnehin der Gegensatz, von dem wir sprechen« – ist der von ihm gemeinte. Des Mythenforschers Unger Konzept, Dichtung als Ersetzen und Ablösen des Triebes nach gesteigerter und erweiterter Wirklichkeit zu sehen – also doch wohl: Dichtung anstelle von Tun – und zugleich abwertend draus zu schließen, daß die Imagination des Erfüllbaren Denken sei; exakt dies sind die Regeln von Hochmut und Erwähltsein, denen zufolge der Platz der Minderen nicht an seiner Seite sein kann. ›Ich hasse das profane Volk‹, hätte auf seiner Fahne stehen können, durchaus wohl neben dem *fascis*, dem Rutenbündel, das immerhin schon als Feldzeichen der römischen Legionäre antike Reliefs schmückte. Im »Weinhaus Wolf« betrachtet Benn die Geltung habenden Kultwerte: »... sogenannte Theater, und die Foyers allein richteten die ganze Epoche. Ein Publikum, das, um sich von den Schrecken der Tragödie zu erholen, zwischendurch 20 Minuten an Ständen mit Schinkenbroten und Weinbrandflaschen vorbeipromenieren muß und dann weitermacht, ist guillotinereif. An ihren Metaphern sollt Ihr sie erkennen! Ich belauschte sie in ihren kleinen Zügen, in dem, was sie geistig schon befriedigt: ein Pilot, das ist ein Marschall Vorwärts der Lüfte; ein pommersches Kossäthendorf, das hinter einem Stall einen Entenpfuhl nicht zuschüttet, ein nordisches Venedig. Dann hörte ich auch ihre Lieder, – ja die Linde ist ihr Baum: süß, innig und man kann Tee daraus kochen.«

Benn begreift Mythos nicht als Gefuchtel mit Fackeln und nicht als Gebrabbel vor Runengräbern, sondern als Zwang zur Einsamkeit des Erhobenen, der er ja auch seine Sprache verpflichtet. Nicht zufällig konstatiert Fritz Martini, daß Benns Sprache die Tendenz habe, den Menschen auszulöschen, und er bezeichnet den hohen Grad der Abstraktion als »eine Entleerung des Inhaltlichen zum Sinnlosen«. Die Hoffart eines elitären Faschismus à la Marinetti faszinierte Benn; es war die seine. Was immer nach Sozialismus roch, widerte ihn an, und wenn er die Idee »Der Mensch ist gut« verspottete, hatte er nicht den braven Roman gleichen Titels seines sozialistisch gesonnenen Kollegen Leonhard Frank im Sinn, sondern den Gedanken von Erziehbarkeit, Veränderbarkeit, Entwicklung: »Entwertung alles Tragischen, Entwertung alles Schicksalhaften, Entwertung alles Irrationalen, nur das Plausible soll gelten, nur das Banale. Der Mensch ist gut, ... die Partei kämpft für ihn, die Gesellschaft, das Zeitalter, die Masse, leben soll er und genießen, und wenn er jemanden ermordet, soll man ihn trösten, denn nicht der Mörder, sondern der Ermordete ist schuldig.

Der Mensch ist gut, sein Wesen rational, und alle seine Leiden sind hygienisch und sozial bekämpfbar, dies einerseits und andererseits die Schöpfung sei der Wissenschaft zugänglich, aus diesen beiden Ideen kam die Auflösung aller alten Bindungen, die Zerstörung von Substanz, die Nivellierung aller Werte.«

Nun nannte sich die neue Partei – er hatte 1932 in seinem Furor natürlich die Kommunisten gemeint – national*sozialistisch*. Sie hatte in ihren Anfängen durchaus plebejische Elemente, antikapitalistische; der Arbeiter wurde angesprochen (und erreicht; später betrogen), die Truppen der SA rekrutierten sich aus Proletariat und Kleinbürgertum; Begriffe wie Gemeinsinn oder Erziehung waren kurant, die Goulaschkanone dampfte, das Lagerfeuer flackerte: die Straße. Dem Herrscher hinter den Schloßmauern der Belle-Alliance-Straße war nur eines noch widerlicher, der Stammtisch: »An einem Nebentisch saßen drei Herren, aßen Ragout aus Muscheln, ... handhabten das Eßgerät, Gabeln, zwischen Brötchenabbiß, dazu Pokal, dann wieder bogen sie die Schenkel aufwärts und traten aus. An der Schulter gelöste Gliedmaßen, unten Gamaschen ... Individualitäten! Orgasmus zu seiner Stunde, später Weihwasser, auch Teilnahme an Festen. Berufsgruppen! ... Gespenster! Leere! Gliedloses Gewoge! ... Reize, Gewohnheiten, Verstimmungen der Höchstfall von Besonderheiten! Fruchtwerdendes, anlagemäßiges Müssen nie!«

Benn war zu reaktionär, um Nazi zu sein. Er glich darin jenen ausgedienten Offizieren der alten kaiserlichen Armee, die Oberstleutnant a.D. auf ihre Visitenkarten druckten und von den Balkons ihrer Charlottenburger Wohnungen – hatte man reich geheiratet, langte es für Zehlendorf – Schwarz-Weiß-Rot flaggten statt der Hakenkreuzfahne. Widerstand rechts um! ›Die Gosse marschiert‹ dröhnte es in ihre Salons, und man schnippte ›den Gefreiten‹ weg, als sei Asche auf das Revers gefallen. In dem dann allerdings doch bald ein kleines Abzeichen blinkte. Das blinkte nicht an Benns korrektem Zweireiher-Jackett. Dennoch: zu Ehren war auch er gekommen. Zu Unehren.

Am 15. Februar 1933 wird Gottfried Benn – ausgerechnet als Nachfolger des zurückgetretenen Heinrich Mann – zum kommissarischen Vorsitzenden der Sektion für Dichtung der Preußischen Akademie der Künste berufen, der er seit einem Jahr angehört. Er nimmt an, unbeirrt der Tatsache, daß fünfzehn der prominentesten Mitglieder (von einunddreißig) ausgeschlossen werden; die meisten von ihnen fanden sich alsbald in der Emigration.

Die Turbulenzen um die Akademie hatten mit einer Litfaßsäulen-Aktion »Dringender Appell« begonnen, die sechzehn Tage nach der Machtübernahme der Nationalsozialisten zu einer Einheitsfront KPD-SPD aufgerufen hatte. Neben einunddreißig anderen Namen trug das Plakat die Unterschriften der beiden Akademiemitglieder Käthe Kollwitz und Heinrich Mann. Es existiert das Protokoll – »streng vertraulich« – der entscheidenden Akademiesitzung vom 20. Februar 1933, in dem eine reichlich peinliche Intervention festgehalten ist: »Benn fragt Döblin, ob er es für richtig halte, dass H. Mann, der als Senator der Akademie laut § 8 der Satzungen ›als Inhaber eines bestimmten Amtes berufen‹ sei, für das er eine jährliche Aufwandsentschädigung erhalte, und der laut § 10 der Satzungen ›als Sachverständiger des Ministers für Wissenschaft, Kunst und Volksbildung‹ durch Handschlag verpflichtet sei, in einem Litfaßsäulenplakat die K.P.D. zur Bekämpfung der Barbarei eben dieses Ministers und seiner Partei aufrufe?« Am 15. Februar 1933 hatte Käthe Kollwitz ihren Austritt erklärt, Stunden später Heinrich Mann, nachdem der NSDAP-Reichskommissar Bernhard Rust gedroht hatte, die Akademie aufzulösen. Solidaritätsbekundungen von Alfred Döblin, das Ausscheiden von Leonhard Frank, Georg Kaiser, Franz Werfel, bald der Austritt von Thomas Mann: es nützte nichts. Ihre Bücher brennen am 10. Mai auf dem Platz vor der Berliner Universität, eine johlende Menge, zum Applaus gepeitscht von Goebbels' Rede und den »Rufern«: »Gegen Klassenkampf und Materialismus, für Volksgemeinschaft und idealistische Lebenshaltung! Ich übergebe der Flamme die Schriften von Marx und Kautsky. Gegen Dekadenz und moralischen Verfall! Für Zucht und Sitte in Familie und Staat! Ich übergebe der Flamme die Schriften von Heinrich Mann, Ernst Glaeser und Erich Kästner. Gegen literarischen Verrat am Soldaten des Weltkrieges, für Erziehung des Volkes im Geist der Wahrhaftigkeit! Ich übergebe der Flamme die Schriften von Erich Maria Remarque. Gegen Frechheit und Anmaßung, für Achtung und Ehrfurcht vor dem unsterblichen deutschen Volksgeist! Verschlinge, Flamme, auch die Schriften von Tucholsky und Ossietzky!«

Da hat Benn seinen Posten noch immer inne; er legt ihn auch nicht nieder, scheidet lediglich turnusmäßig aus nach Neukonstituierung der gereinigten Akademie; die hatte er favorisiert mit einer Proklamation, in der wieder von geistiger Kraft und seelischer Substanz fabuliert wird, von Fülle und Zucht eines Volkes, und die mit dem Satz endet: »Das ist unser drittes Reich.« Das könnte, da Herder und Schiller als Paten in Anspruch genommen wurden, noch dünnlippiger Trotz gewesen sein. Am

15. März – signiert: Dr. Gottfried Benn – läßt er dann eine vorformulierte Loyalitätserklärung folgen, in der »die öffentliche politische Betätigung gegen die Regierung« als unvereinbar mit einer Akademie-Mitgliedschaft deklariert wird, was er per Unterschrift »ja« einfordert. Woraufhin Alfons Paquet, Thomas Mann, Alfred Döblin und Ricarda Huch ihren Austritt erklärten. Doch Sekretär Benn gab nicht nach. Am 25. April publiziert er in der Berliner Börsen-Zeitung einen zuvor im Rundfunk gehaltenen Vortrag »Der Neue Staat und die Intellektuellen« (übrigens ganz unaufgefordert; später wird der Text das »Resultat seiner fünfzehnjährigen gedanklichen Entwicklung« sein). Die neun Seiten sind eine im Finstern schaukelnde Girlande zur Musik »Die Geschichte verfährt nicht demokratisch«; all seine grinsenden Lampions illuminiert Benn hier hübsch der Reihe nach – die Stunde der Dämmerung und die Jugend, die aus dem Dunkel kommt und sich erhebt; die neue revolutionäre Bewegung und der neue menschliche Stil; die geschichtliche Bewegung, weder gut noch böse, und der alte Staat als Tyrannenstaat – »der neue Typ, und der, muß man sagen, ist da«. Ein schauerlicher Text, sprachlich aufgeschminkt, gedanklich scheppernd, politisch verheerend und endend im abermaligen Psalmodieren gegen die erschlaffte, nun heroisch überwundene Bürgerwelt: »Ermüdete Substanzen, ausdifferenzierte Formen, und darüber ein kläglicher, bürgerlich-kapitalistischer Behang. Eine Villa, damit endete für sie das Visionäre, ein Mercedes, das stillte ihren wertesetzenden Drang. Halte dich nicht auf mit Widerlegungen und Worten, habe Mangel an Versöhnung, schließe die Tore,

baue den Staat!« Schwer verständlich, diese Trommel zur Tat – auch die Tätigkeit als Akademiesekretär – bei einem Tambourmajor, dessen zeremoniöser Wirbel doch stets der Feier der Nicht-Tat galt. War ›Tun‹ nicht bisher reserviert worden den Unedlen, den Geistlosen?

Es ist nicht eindeutig überliefert, ob dieser Text der Anlaß war oder in- und ausländische Zeitungsberichte über Benns klägliche Akademierolle: Mit Datum 9. Mai 1933 geht aus dem südfranzösischen Sanary-sur-Mer, Hôtel de la Tour, ein Brief an den »Lieben und verehrten Doktor Benn«, den man getrost zu den erschütterndsten Dokumenten der deutschen Exil-Literatur zählen kann; man möchte ihn, wäre das Wort nicht zu veilchen-blau, ›hehr‹ nennen. Erst drei Jahre zuvor hatte der Absender in einer Zeitschrift die Lyrik seines Adressaten gepriesen: »Es ist der Schmerz, den er sucht; ihn, den alles Mittlere, alles eudämonistisch Schlaue meidet und flieht. ›Schmerz‹ heißt sein Zuruf. ›Faustschlag gegen das Pamphlet des Lebens aus dem ausgefransten Maule hedonistischer Demokratien, Chaos, das die Riesenfelder bürgerlicher Ratio überfegt und tief vernichtet und den Kosmos sich neu zu entfalten zerstörend zwingt – Wort aus den Reichen, wo das Schicksal waltet.‹ Wer so ruft, steht vereinsamt. Er läßt seine Stimme klagen, dabei wartet er kaum mehr auf Antwort. Der Rest ist Bitterkeit, Einsamkeit, Haß. – Der Haß eines solcherart Vereinsamten ist positiver, befruchtender, stärker als unsere kompromißbereiten Liebenswürdigkeiten.«

Der Verfasser beider Sendschreiben ist Klaus Mann, ältester Sohn von Thomas Mann und Neffe des von Benn einst so gelobten und nun schamlos verdrängten

Heinrich Mann. Er nimmt in seinem Brief das Pathos des Schreibens vorweg, das sein Vater Neujahr 1937 an den Dekan der Universität Bonn aufsetzte, Thomas Manns endgültige Absage an Deutschland. Klaus Manns Brief ist ein Zeugnis von Anstand, moralischer Noblesse und politischem Verstand allererster Ordnung; er sollte Pflichtlektüre an allen Schulen sein:

»... erlauben Sie einem leidenschaftlichen und treuen Bewunderer Ihrer Schriften mit einer Frage zu Ihnen zu kommen, zu der ihn an sich nichts berechtigt, als eben seine starke Anteilnahme an Ihrer geistigen Existenz? ... In den letzten Wochen sind mir verschiedentlich Gerüchte über Ihre Stellungnahme gegenüber den ›deutschen Ereignissen‹ zu Ohren gekommen. ... Eine gewisse Bestätigung erfahren diese Gerüchte durch die Tatsache, die mir bekannt wird, daß Sie – eigentlich als EINZIGER deutscher Autor, mit dem unsereins gerechnet hatte – Ihren Austritt aus der Akademie NICHT erklärt haben. ... In welcher Gesellschaft befinden Sie sich dort? Was konnte Sie dahin bringen, Ihren Namen, der uns der Inbegriff des höchsten Niveaus und einer geradezu fanatischen Reinheit gewesen ist, denen zur Verfügung zu stellen, deren Niveaulosigkeit absolut beispiellos in der europäischen Geschichte ist und vor deren moralischer Unreinheit sich die Welt mit Abscheu abwendet? Wie viele Freunde müssen Sie verlieren, indem Sie solcherart gemeinsame Sache mit den geistig Hassenswürdigen machen – und was für Freunde haben Sie am Ende auf dieser falschen Seite zu gewinnen? Wer versteht Sie denn dort? ... Heute sitzen Ihre jungen Bewunderer, die ich kenne, in den kleinen Hotels von Paris, Zürich und

Prag – und Sie, der ihr Abgott gewesen ist, spielen weiter den Akademiker DIESES Staates. ... Mit Beunruhigung aber verfolge ich schon seit Jahren, wie Sie, Gottfried Benn, sich ... in einen immer grimmigeren IRRATIO-NALISMUS retteten. ... Es scheint ja heute ein beinah zwangsläufiges Gesetz, daß eine zu starke Sympathie mit dem Irrationalen zur politischen Reaktion führt, wenn man nicht höllisch genau Acht gibt. Erst die grosse Ge-bärde gegen die ›Zivilisation‹ – eine Gebärde, die, wie ich weiß, den geistigen Menschen nur zu stark anzieht –; plötzlich ist man beim Kultus der Gewalt, und dann schon beim Adolf Hitler. – ... Aber freilich müssen Sie ja wissen, was Sie für unsere Liebe eintauschen und wel-chen grossen Ersatz man Ihnen drüben dafür bietet; wenn ich kein schlechter Prophet bin, wird es zuletzt Un-dank und Hohn sein.«

Viele Jahre später – genau gesagt: 1950; im ersten Ka-pitel seines Buches »Doppelleben« – bekennt Benn zu diesem Brief, dessen Original er zeitlebens aufbewahrte: »Klaus Mann stand mir in gewisser Hinsicht nahe, be-suchte mich gelegentlich, er war ein Mensch von hoher Intelligenz, weitgereist, tadellos erzogen, von besten For-men und er hatte die schöne ausgestorbene Eigenschaft, bei Unterhaltungen dem Älteren immer einen gewissen Respekt einzuräumen ... Dieser 27-jährige hatte die Si-tuation richtiger beurteilt, die Entwicklung der Dinge ge-nau vorausgesehen, er war klarerdenkend als ich ...« Und es war, Sommer 1950, Erika Mann, die über den tief aufgerissenen Graben die Hand ausstreckte; nach Lektüre dieser Passage schreibt sie aus dem Grand Hotel Dolder, Zürich, an den »sehr verehrten Herrn Dr. Benn«:

»Wie selten geschieht es doch, dass jemand sich – quasi aus heiterem Himmel – dessen besinnt, was ich ›eines besseren‹ nennen möchte. Und dass Sie, lang ehe irgendeine Aufforderung Sie erreichte, diese Zeilen Klaus zu Ehren schrieben, scheint mir eine so rare wie dankenswerte Begebenheit.«

Aber zurück zum Jahr 1933. Aus der Feder Benns kommt eine Replik von unüberbietbarer Infamie. Es ist sein vielleicht ruchlosester Text je: blitzend vor Bosheit und glitzernd im Irrwitz seiner Verblendung, eine Devotionalienstunde zum höheren Ruhme der braunen Barbarei. Die Stunde, in der er seine »Antwort an die literarischen Emigranten« am 24. Mai 1933 über den Berliner Rundfunk sprach (und am nächsten Tag in der Reichsausgabe der »Deutschen Allgemeinen Zeitung« drucken ließ), ist die Stunde der Schande eines der bedeutendsten deutschen Lyriker seiner Zeit. Wenn Niedrigkeit bedeutend sein kann, dann ist das Bedeutendste an dieser Rede, daß Benn ihren eigentlichen Inhalt nie zurückgenommen hat. Wieder und wieder hob er nach dem Kriege hervor, daß er seine »damaligen Positionen im wesentlichen aufrecht erhalte«. Was für Positionen? Benn ist weder ein Scharlatan noch ein Lügner; nicht einmal ein ›Irrender‹. Er sicht, betont und bejaht etwas, von dem er noch im nachhinein darauf beharrt, daß er damit an eine echte Erneuerung des deutschen Volkes glaube und das er deklariert als »… weniger ein Plädoyer für den N.S. als für ganz etwas anderes, und jetzt nähern wir uns dem Kernpunkt des Problems: nämlich für das Recht eines Volkes, sich eine neue Lebensform zu geben, auch wenn diese Form anderen nicht zusagt, und ich analysierte die Methode, mit der sich eine solche neue Lebensform ankündet und durchsetzt trotz aller rationalen und moralischen Einwände gegen sie«.

Benns infame Replik ist die Zusammenfassung jenes uns nun schon geläufigen Geschichts- und Menschenbildes; sie ist nicht abwegig, sondern konsequent innerhalb des seit Jahren konstruierten Systems, das sich zusammensetzt aus demokratiefeindlichem Hohelied einer barbarischen Antike und elitärer Zivilisationsverachtung. Da er Geschichte nie als Entwicklung ansah – gar als Fortschritt –, sondern als Kampf und Vernichtung und Sieg, kann er nun hohnvoll den nichtgenannten Briefschreiber »aus der Nähe von Marseille« fragen: »... wie stellen Sie sich denn nun eigentlich vor, daß die Geschichte sich bewegt? Meinen Sie, sie sei in französischen Badeorten besonders tätig?« Humanismus eine Farce, Aufklärung ein Unsinn, das allein Schöpferische ist die Irratio: das Koordinatensystem Gottfried Benns ist in sich stringent. Deshalb kann er »den literarischen Emigranten« zurufen: »Sie kämen weiter, wenn Sie endlich diese novellistische Auffassung der Geschichte hinter sich ließen, um sie mehr als das elementare, das stoßartige, das unausweichliche Phänomen zu sehen.« Schon die kleine Szene »Ithaka« aus dem Jahr 1914 ruft ja jauchzend: »Mord! Mord! Schaufeln her! Aufs Feld den Modder ... Wir wollen den Rausch.« Und wenn wir dem – mag sein: ein kühner Sprung – einen Text aus dem Jahre 2000 anfügen, dann wird überscharf deutlich, als wie weitgespannt der Bogen faschistischen Denkens zu begreifen ist; die russische Dichterin Alina Wituchnowskaja, lyrische Heroine einer nachsowjetischen Pop-und-Porno-und-Mafia-Welt, deren Mann Oleg – ein glatzköpfiger Hüne, der muskulöse Körper bedeckt mit faschistischen Tätowierungen – sich in alkoholischen und antisemitischen Exzessen gefällt, verkündet: »Ich verbinde den Faschismus nicht mit Konzentrationslagern und Nationalismus. Für mich ist er die Apotheose der Rebellion, des Kampfes gegen die Realität, die Bestätigung des Übermenschen, als Alternative zum Demiurgen oder zur Natur, die uns zwingt, so zu sein, wie wir zu sein haben, ohne daß wir es selbst wollen.«

Das ist – bis aufs genaueste Detail wie Kampf gegen Realität, Übermensch, Rebellion – das Wortraster von Benns antihumanistischer Hymnik von Ausnahme, Rausch und Züchtung. Halten wir uns noch einen Augenblick im Heute und Hier auf. Fraglos kann man Verlängerungslinien ziehen von Marinettis technizistischem Elitebegriff, seiner Anbetung der Geschwindigkeit zu den Raserei-Räuschen am Ende des 20. Jahrhunderts; und zwar bis in die ›Mythen des Alltags‹, deren Faszination und deren alternativer Kick vorbehalten sind den Eliten des Turbokapitalismus: im Rennboot verunglückt der Mann der Prinzessin Caroline von Monaco und im Porsche James Dean; im Privatflugzeug stirbt der Sohn von Jackie und John F. Kennedy, und beim Skipistenrasen sein Cousin. Die Andy-Warhol-Ikonen dieser Götterwelt stürzen nicht mehr von rosseschnaubend gezogenen Wagen, sie brechen sich das Genick in ledergepolsterten, sausenden Luxuskarossen hoch über der Côte-d'Azur oder tief unter der Place d'Alma, die Fürstin von Monaco, die Lady Di. Hochgestellte Barbarei. Deren jüngste Variante, die kriegerische, der sich selber filmende Krieg gegen den Irak, war die vorerst letzte Krönung der militanten Religion von einer Gerechtigkeit – wenn auch Tod – bringenden Geschwindigkeitsperfektion.

Jene Faszes – Rutenbündel, deren zwölf Ruten, zusammengehalten durch ein rotes Lederband, eine Doppelaxt zeigen – waren ja Ausweis der Amts- und Strafgewalt der höheren Beamten Roms gewesen, Zeichen ihrer Herrschaft über Leben und Tod. Die auf Lebenszeit amtierenden römischen Könige beriefen die Armeen und führten sie. Ihre Offiziere – die Liktoren – trugen die Faszes, das von den Etruskern übernommene Symbol, das etwa auf einem Bildnis Kaiser Hadrians deutlich zu erkennen ist. Das Beil galt als schnelles Gerät der hochgestellten Barbarei.

Barbarei ist ein Lieblingswort von Benn. Klaus Manns Wegzeichnung vom Irrationalen zur Barbarei, und schon ist man »beim Hitler«, nimmt er geradezu begierig auf; zumindest akklamierend, da doch die Fortschrittsauffassung den Menschen bankrott gemacht habe, jetzt, »wo es sich herausstellt, daß es eine flache, leichtsinnige, genußsüchtige Auffassung war, daß nie je in einer der wahrhaft großen Epochen der menschlichen Geschichte das Wesen des Menschen anders gedeutet wurde als irrational, irrational heißt schöpfungsnah und schöpfungsfähig«.

Dieser Ton wird sich nun eine Weile durch Benns Texte ziehen, frömmelnd-diabolisch, hingebungsvoll-hochmütig, verstiegen-gebildet; eine sich unentwegt wiederholende Litanei vom Führer als höchstem geistigen

Prinzip, von der »Züchtigung von Rausch und Opfer für das Sein verwandlungsloser Tiefe« und von der »Erziehung zu einem neuen Ackergefühl ... von guter Rasse sein heißt Heimatgefühl haben«.

Eintritt in die Armee –
»die aristokratische Form der Emigrierung«

Faust Gottfried will die Studierstube fliehen und leiht sein
Ohr Mephisto Benn. Der rät ihm flüsternd, die Kunst zu
opfern. Einen kurzen Moment lang gibt er die Kunst ab –
sie war doch das Eigentliche, Höhere, das Wahre an Stelle
der schlechten Wirklichkeit –, er gibt sie ab als Ornament:
»Was politisch geprägt werden wird, wird nicht die Kunst
sein, sondern ein artneues, schon klar erkennbares Geschlecht ... Heimkehr der Asen, weiße Erde von Thule bis
Avalon, imperiale Symbole darauf: Fackeln und Äxte,
und die Züchtungen der Überrassen, der solaren Eliten,
für eine halb magische und halb dorische Welt. Unendliche Fernen, die sich füllen! Nicht Kunst, Ritual wird um
die Fackeln, um die Feuer stehen.«

Kein Irrtum: Gottfried Benns Annäherung an den Faschismus war kein Irrtum. Die vielen Weißwäscher nach
dem Kriege haben ihm mit dem Singsang, daß es sich um
das kurzfristige Versehen eines großen Dichters gehan-
delt habe, ebenso Unrecht getan, wie Peter de Mendelssohn mit seinem furios-verständnislosen Angriff, auf den
noch einzugehen sein wird. Beide Positionen lassen
schlicht Benns Position außer acht, die ihrer eigenen Logik folgte – der eines demagogischen Antikapitalismus.
Benn begeht nur einen einzigen Verrat: den an der eige-

nen Formel vom männlichen Prinzip als dem überlegenen. Was er nun verkündet, heißt »Die Züchtung«. Das Wort ist ein Femininum und beinhaltet auch jene Begriffe ›erziehen‹, ›entwickeln‹, die Gottfried Apostata leugnet. Wer eine Rose okuliert, veredelt sie. Das aber ist fremd der »Dorischen Welt« – so der Titel eines Aufsatzes aus dem Jahre 1934, gespeist aus circa fünfzig, oft gefälschten Zitaten von Jacob Burckhardt bis Hippolyte Taine. Der Text schwingt sich von »femininen Treppen, bequem für Weiberschritte«, über Rasse, Blut und Krieg zu jenem Antifeminismus, der Grundgesetz von Benns Menschenbild, damit seines den Krieger idolisierenden Politikbegriffs ist: »Dorisch ist jede Art von Antifeminismus. Dorisch ist der Mann, der die Vorräte im Haus verschließt und den Frauen verbietet, den Wettspielen zuzuschauen: welche den Alpheios überschreitet, wird vom Felsen gestürzt. Dorisch ist die Knabenliebe, damit der Held beim Mann bleibt, die Liebe der Kriegszüge, solche Paare standen wie ein Wall und fielen.«

Wer Rasse, Gene, Macht als die unveränderbare eiserne Klammer begreift, die den natürlichen Bellum omnium contra omnes im Griff hält, darf »Züchtung« nicht denken, so wenig er Abdrucke von Artikeln dulden darf, die illustriert werden mit Bildern trommelnder Hitler-Jungen und schreitender Mädels, als »Mütter des kommenden Geschlechts« im Begleittext gepriesen. »Züchtung« aber ist der Titel eines anderen Artikels aus dem Jahr 1933, und der Fanfarenruf ›Ein Volk will sich züchten‹ erklingt immer wieder aus dem Munde Benns. Der Haß auf die große Hure Welt hat seine eigene Logik außer Kraft gesetzt.

Gottfried Benn ist der deutsche Ezra Pound, dessen Haß auf das Geld bis zum Haß auf den eigenen Namen führte – um falsch getippte Zeilen auf der Schreibmaschine unkenntlich zu machen, benutzte er nicht das X, sondern das englische Pfund-Zeichen. Pound, der mit seinem ersten Gedichtband aus dem Jahr 1909, »Personae of Ezra Pound«, jene Larven meinte, die von den Schauspielern des antiken Dramas getragen wurden, um Stimme, Charakter und Situation zu verfremden, dieser ein Jahr ältere Dichter-Kollege Gottfried Benns, Freund von James Joyce, T. S. Eliot oder Jean Cocteau – für Issaak Babel war er eine Vorbildfigur –, wurde ein Faschismus-Propagandist, der sich – im Verhör während seines Prozesses in Amerika – Antifaschist nannte.

Das tat Gottfried Benn nicht. Er hätte gar nicht gewußt, was das ist; er war ein Solitär. Der hat seine Strahlen auf etwas gelenkt, das er für die Verwirklichung der so eigen und so sorgsam geschliffenen Ideen hält; wenn die Idee die Massen ergreift …

dann wendet sich der Solitär mit Grausen. Die Massen aber wissen mit einem Solitär nichts anzufangen, sie können ihn nicht ›fassen‹. »Wer versteht Sie denn dort«, hatte Klaus Mann geschrieben und gewarnt, daß die Radikalität von Benns Sprache den Machthabern als der purste Kulturbolschewismus in den Ohren klingen dürfte. Nur allzu wahr.

Es dauerte nicht lange und Benn, der eben noch verlautbart hatte, daß kein Buch in Deutschland erscheinen dürfe, das den neuen Staat verächtlich mache, ward verachtet. Da sitzt der Hautarzt nun in seiner schlecht besuchten Kassenpraxis, ein einsamer, mäßig verdienender

Mann, ohne Familie, wenige Freunde. Tochter Nele lebt weit weg in Dänemark; gelegentliche Besuche bei der in zweiter Ehe mit einem reichen Industriellen verheirateten Ellen Overgaard, in deren Haus Nele aufwuchs, sind überliefert. Die kinderlose Sängerin – sie hatte in Bayreuth einmal die Gerhilde in der »Walküre« gesungen – gab dann gerne einen Liederabend; bei einem Schubert-Lied soll den väterlichen Gast »die Melancholie der Seele« überkommen haben. Seine wenigen Bücher – Erfolg hielt er ohnehin für »Schiebung« und Ruhm für »Mißverständnis« – hatten nur Eingeweihte erreicht. Meist waren es Kritiker oder Schriftsteller, die sich über ihn und sein Werk stritten. Sah Hugo von Hofmannsthal die Gedichte als wichtig, spottete Rudolf Arnheim in der »Weltbühne« über die »Flucht zu den Schachtelhalmen«; seufzte eine evangelische Zeitschrift »Der Sehnsuchtsruf nach dem Schöpfer und Erlöser – nach dem Heiligen Geist drängt sich auf die Lippen, wenn man durch dies Folterkabinett geschritten ist«, jubelte Carl Einstein über die »Fackel der Gestaltung«; las Oskar Loerke »zehnmal bewundernd und einmal skeptisch«, befand Günter Eich, daß sich die beiden Elemente Logik und Sprachmusik nicht zur doppelten Wirkung addierten, sondern sich aufhöben.

Was die öffentliche Resonanz auf seine Arbeit betraf, gab sich Benn gerne das Air lässiger Gleichgültigkeit. Jedoch verfolgte er mit zitternder Neugier, stets zu raschem Zorn oder zu geschmeichelter Zufriedenheit bereit, jede geringste Notiz, jeden Klatsch, jede öffentliche Nennung seines Namens. Sehr selten antwortete er sogar empört – etwa auf jenen Angriff des Berliner Architekten

Werner Hegemann im »Tagebuch« vom April 1931, der ihm vorgeworfen hatte, Heinrich Mann zum wirkungslosen Schöngeist verfälscht zu haben, und der so weit ging, von »Benns Geistesgenossen Adolf Hitler« zu sprechen. Hegemann schrieb: »So versicherten mir z. B. Alfred Döblin und Arnold Zweig, und dasselbe hörte ich von Bert Brecht, daß ihre große Bewunderung für Heinrich Mann viel mehr noch dem modernen Politiker als dem Dichter Heinrich Mann gehört. Ja, sie meinten, daß Gottfried Benn mit seinen funkelnden Geburtstagsaufsätzen, … die Bedeutung des viel größeren neuen Heinrich Mann, also des aktivistischen Politikers, sehr herabgemindert, ja gefälscht hat. Döblin entdeckt in dieser Herabminderung sogar Methode. Gottfried Benn sei seit seiner Auseinandersetzung mit Becher immer weiter ins faschistische Lager gerutscht, und deshalb sei ihm die liberale Politik Heinrich Manns ein Dorn im Auge.«

Nun ist Benns Empörung schwer zu verstehen, wenn man sich vergegenwärtigt, daß er zu etwa derselben Zeit schreibt: »Die Revolution ist da und *die Geschichte spricht.* Wer das nicht sieht, ist schwachsinnig« und, ebenfalls 1933, ausgerechnet die Frau des Komponisten Paul Hindemith beschwört: »Es ist der Kampf um die neue Substanz, von dem wir so oft gesprochen u. geschrieben haben. Darum bin ich dabei. Nicht für mich. Mir persönlich könnte alles schnuppe sein, ich habe meine Gonorrhöen u. meine Lyrik, basta … Wenn jetzt die Abgetakelten schrein: was wird aus der Kunst, denke ich bei mir: die Epigonen des II Reichs sind nicht schutz- und pflegebedürftiger als die Dilettanten im III. Wer damit nicht fertig wird, soll die Schn… halten, *wer was ist, wird damit fertig.* Hier ist Stoff u. inneres Erlebnis – ran! Hier ist Geschichte – ertrage sie. Hier ist Schicksal – friß Vogel oder stirb!«

Um Schizophrenie, wie einige Benn-Interpreten medizinisch diagnostizieren wollen, handelt es sich wohl nicht. Zahlreiche Historiker – wie etwa François Furet – sprechen von einer »revolutionären Rechten«, davon, daß der Faschismus sich anfangs mit vollem Recht als revolutionäre Bewegung bezeichnete. Jürgen Rühle hat in seiner Untersuchung »Literatur und Revolution« Benn in die Nähe Célines gerückt und beider »Haß auf alles Schöngeistige, auf die Intellektualität« verglichen. Mit einer nur wenig kühnen Wendung darf behauptet werden, daß Benn sich in seiner Charakteristik von Céline selber charakterisiert hat: »Er ist ein primärer Spucker u. Kotzer … Worüber, ist nebensächlich. Im zweiten Buch tat er es gegen die Sowjets u. gegen die medizin. Facultäten. Jetzt also gegen die Juden. Es ist seine Ausdrucksart, seine Methode. Im nächsten Band wird es die Küstenschiffahrt oder die Behandlung der Gärtnerlehrlinge sein. Primärer Kotzer … Trotzdem enthält sein grosser Roman Stellen grosser wunderbarer Konzentration und Durchleuchtung.« Ebenso raste er, mal gegen die Juden, mal gegen die Yacht am Lido, mal gegen einen Künstlerkollegen und mal gegen ›das alles war einmal‹:

»Gnädige Frau, was haben Sie denn nun schon wieder gegen den Streiter? Verlassen Sie doch diesen larmoyanten bürgerlichen Pazifismus! Eine Frau wie Sie! Eine richtige Frau! Ihr Ideal von Mann löst wohl Kreuzworträtsel u. fährt eine Luxusyacht am Lido, ah, lassen Sie mich überhaupt mit Ihrem warmen Meer da ungeschoren, diese Bläue, diese ewige Ansichtskarte, dieser ölige Mittelmeergent u zum Lunch die Krabben u. Oliven, die ganzen fettigen Couleurs, dies verlogene Dolce far niente, wo keiner mehr weiss, wovon er seine Stiebel besohlen lassen soll, das alles *war* einmal, long long ago … Und nun *Beckmann!* Weil er abgehängt ist! Ach, der gute Junge, es muss alles schön glatt gehen, alles klappen, das sind Helden u Kämpfer! Der Kampf muss *lohnend* sein, von vornherein *garantiert*, kein Fehlschlag in der Abendstunde, womöglich bei der Allianz versichert, Genie gegen Fehlschlag versichert, Genie gegen Untergang versichert, Genie gegen Schizophrenie und Abhängen versichert – gnädige Frau, solange finanzielle Werte in Frage stehn Respekt u Schweigen meinerseits, aber wenn Sie mir mit Kunst kommen –: Erbarmungslos!«

Also doch ein wenig Schizophrenie? Benns Wutschaum – »Was sich hier nämlich als ›Denken‹ in den letzten 3 Jahrhunderten herausgebildet hat, ist nur ein Synonym für Kacken u. Koitieren. Sela« – ist dem Mediziner Werner Rübe Anlaß zu einer Analyse seines »schizothymen Temperaments«, die er mit dem Befund abschließt: »Ja, Benn war gefährdet, ernstlich«; Rübe erinnert an lange Behandlungsperioden bei Professor Fleischmann, dem Arzt, der immer wieder Kuren verschrieb, dem Benn sich dankbar verbunden wußte, wie Buchwidmungen ausweisen oder das Geschenk einer Renée-Sintenis-Plastik. Eigenartigerweise findet sich in Rübes Darstellung auch ein sonst nirgendwo belegter Bericht von seltsamen Begebnissen in Benns Praxis: »Dann hören wir von eigentümlichen Séancen in seiner Praxis: Veli Sameh, Bühnenbildner, ein Bekannter

Benns und Ludwig Meidners, berichtet von Damen, nackt auf dem Untersuchungstisch gelagert, in Trance versetzt. Um den Tisch ein breiter Mehlstreifen gestreut. Erwacht hebt sich das Medium von der Liege, sucht seine Kleider: kein Fußstapf war im weißen Kreis zu sehen.« Wie dem auch sei, ob nun »schizoid verschroben« oder »gedankliche Störung« – auch ohne Ausflüge in die Gefilde der Geisteskrankheiten (immerhin wollte Benn anfangs Psychiatrie studieren) darf gesagt werden: In seinem Denken ist ein logischer Bruch. Einer, der die Wollust der Einsamkeit zelebriert, der seine Phantasie in unendliche Vorzeit aussendet, will plötzlich im Gleichschritt marschieren. Will Teil einer Gemeinschaft sein, obwohl er doch selbst die kleinste Gemeinschaft – die Familie – horrifiziert: »So ein bürgerlicher Gemütsdreck, ewig wieder neugestarteter Turfschwindel mit diesen Kindlein! Die Eltern sind nichts u. die Kinder sind die Rezidive dieses Nichts, das Ganze nennt sich Familienleben. Diese muffige Welt lebt weiter trotz Schienenzepp u. Hakenkreuz …«

Anfang Juli 1933 ließ Benn in der Deutschen Verlags-Anstalt sein Buch »Der neue Staat und die Intellektuellen« erscheinen, ein Band, der seine Heil-heiseren Scheußlichkeiten versammelt. Doch bereits zum Zeitpunkt des Erscheinens hat die Schlange sich gehäutet, hat Benn die so vehement wie trotzig verkündete Position verlassen. Sein Lektor Karl Pagel, einigermaßen entgeistert über so manche Formulierung, zugleich vom Verlagschef gewarnt vor Benns Empfindlichkeit gegenüber jeder Einrede, besuchte den Autor in Berlin: »Und wir stritten … Wir stritten sogar mit Erfolg. Will heißen:

er ließ sich ein paar Sätze abringen, in denen von Mutation und Verwandlung zu reichlich die Rede war und der neue deutsche Mensch gar zu perfekt daherschritt. / Im übrigen hatte ich den Eindruck, daß Benn die Positionen des Frühjahres bereits geräumt hatte und nur noch schwache Rückzugsgefechte führte.«

An dieser Erinnerung mag allenfalls der Plural trügen. Benn wird nämlich ein einziges großes Rückzugsgefecht einleiten. Der Rückzug war ein Vormarsch. Mit Hilfe früherer Offizierskameraden – heute würde man sagen: alter Seilschaften – gelang es ihm, sich reaktivieren zu lassen. Es begann, was er mit einer seiner fragwürdigsten Formulierungen als »die aristokratische Form der Emigrierung« zurechtbog: Gottfried Benn trat in die Armee ein. Jene Armee, die schon vor 1933 im Geheimen den Zweiten Weltkrieg plante, deren Offizierscorps alsbald den Eid auf den »Führer« ablegte, die – tiefreaktionär – Revanche für ›die Schande von Versallje‹ auf ihre Fahnen geheftet hatte und bis in ihre letzte Gliederung für jeden Menschen mit Augen im Kopf zum neuen Krieg rüstete. Nun wird Benn aber weder Panzerkommandant noch Stuka-Pilot. Er tat, was er im Ersten Weltkrieg gelernt hatte – er wurde Arzt in Uniform.

Berlin, sein geliebtes Berlin hat er verlassen. Montagmorgen, den 1. April 1935, begann der Sanitätsoffizier Gottfried Benn – Oberstabsarzt wird auf der Visitenkarte stehen; ein hoher Rang – seinen Dienst als »Leiter der Abteilung IVb« in Hannovers »Wehrersatzbataillon«, das im Ernst-August-Palais untergebracht war. Zwei Wochen zuvor ist die allgemeine Wehrpflicht verkündet worden. Knapp ein Jahr zuvor, im Juli 1934, ist der Dichter Erich Mühsam im KZ Oranienburg viehisch umgebracht und der österreichische Kanzler Dollfuß in Wien von Nazis ermordet worden. Im September 1935, also ein halbes Jahr nach Benns Eintritt in die Armee, ist die Hakenkreuzflagge zur alleinigen Reichsfahne erklärt und das »Blutschutzgesetz« erlassen worden; weitere drei Monate später wird sich Kurt Tucholsky das Leben nehmen, in der Emigration, in die auch Heinrich Mann und Ernst Toller, Albert Einstein und Paul Hindemith, Elisabeth Bergner, Fritz Kortner, Bertolt Brecht gejagt wurden. Carl von Ossietzky, Insasse des KZ Papenburg-Esterwegen, wird am 23. November 1935 der Friedensnobelpreis zugesprochen. Gottfried Benn ist der verantwortliche Sanitätsoffizier für das gesamte Heeressanitätswesen mit den Wehrersatzkommandos zwischen Hannover, Braunschweig, Goslar, Göttingen und Hildesheim; es muß Material beschafft, es müssen Rekruten gemustert, es müssen in fieberhafter Eile Kasernen gebaut, komplette Wehrkreislazarette eingerichtet und Sanitätsstaffeln organisiert werden. Max Reinhardt wagt es nicht, im rettenden D-Zug nach Wien Hans Sahl zu begrüßen. Gottfried Benn, Dolch umgeschnallt, weiße Handschuhe, Lackschuhe, Offiziersmütze in der Hand, wird von Generalmajor von Zepelin begrüßt; bald wird er stolz berichten: »Heute, an Hindenburgs Geburtstag, gab es ›Dienstauszeichnungen‹, Medaillen für die Brust, je nach der Dauer der Dienstjahre. Ich erhielt: 2, ... Mit Dokument im Namen des Führers.«

Gottfried Benn unter den Gladiatoren. Die Armee, die Offiziere: das ist nun Rasse und Klasse, und – oft glaubt man, man habe sich verlesen – »nächst dem jüdischen ist mir ja das adlige das liebste Milieu: Unnordisches, eben: Verfeinerung«.

Als habe er nicht noch kürzlich die lateinischen Strände und das Faulige an Mittelmeer oder Lido, das Südlich-Weiche statt des Heroisch-Nordischen als Untergangs-Menetekel an die Wand gemalt! Nun also ist die Armee der Hort der Noblesse, die – in der Tat meist adligen – Offiziere sind die letzte Bastion von Anstand, Sitte, Benehmen und Kultur. Mal »Eiersalat mit gefüllten Tomaten mit gutem Rotwein beim Major v. Bismarck«, mal auch schon opulenter: »Es waren da: Herr u Frau v Z[epelin], eine Kusine von ihnen Baronin v.d. Busche (offenbar Agrarierin aus der Umgebung), massiv, beleibt, blond, unserer Jahre, dicker Bauch, u ein Onkel von ihm: Oberst von Gutstedt, der mit ihnen zusammen wohnt, netter alter Kavalier, Unionsklubmitglied mit Zubehör (›die dunkle Frau, das englische Pferd u. der französische Sekt‹). Das war alles. Alle gut angezogen. Sehr elegante Räume. Es gab Fasan mit Ananas umlegt u. Kraut u. Kartoffelpüree, dann eine herrliche Schokoladenspeise mit Schlagsahne, Käsestangen. Wein. Dann Kaffee, Kognak, dann Bier. Die Leute waren alle ungemein nett u. wir haben uns vorzüglich unterhalten. Thema: Gesellschaftliches, Berlin, (Horcher, Marquardt, Ziro) Theater, das vor allem, darüber wissen sie Bescheid … Hatte nachmittags sehr schöne bunte Nelken an *Fr. v.Z* gesandt.«

Es ist eine Welt, die er bewundert, die Armee »erzieht den Mann und bildet den Führer«, in ihr »lebt das beste Volksmaterial«, und sie weiß, wie man lautlos, aber perfekt arbeitet. Wendriner kommt unter die Soldaten.

Astern—

Astern—, schwälende Tage,
alte Beschwörung, Bann,
die Götter halten die Waage
eine zögernde Stunde an.

Noch einmal die goldenen Herden
der Himmel, das Licht, der Flor,
was brütet das alte Werden
unter den sterbenden Flügeln vor?

noch einmal das Ersehnte,
den Rausch, der Rosen Du—,
der Sommer stand und lehnte
und sah den Schwalben zu—?

Noch einmal ein Vermuten,
wo längst Gewissheit wacht;
die Schwalben streifen die Fluten
und trinken Fahrt und Nacht.

X
Der Autor in den
Rönnejahren 15/16 in
Brüssel.
BC.

*»Astern« – ein Gruß an Friedrich Wilhelm Oelze mit aufgeklebtem Foto und handschrift-
lichem Vermerk »Der Autor in den Rönnejahren [19]15/16 in Brüssel.«*

Als junger Arzt nach der Rückkehr aus dem Kriegsdienst, um 1918

✚ DR. MED. G. BENN
Facharzt
für Haut-u. Harnleiden
9-11 u. 5-6, außer Mittw. u. Sonnab.

Das Praxisschild in der Belle-Alliance-Straße

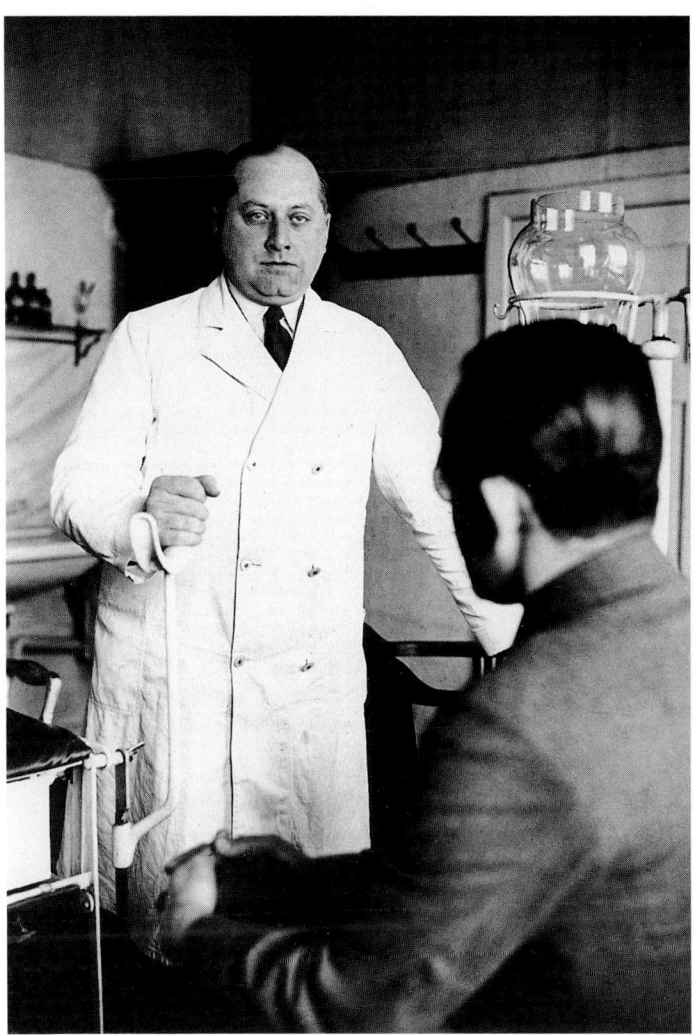

In seiner Praxis in Berlin, Belle-Alliance-Straße 12, um 1928

Freitag 13. Mai 1932

6 vm. (Auch nach Breslau, Hamburg und Leipzig)

Funk-Gymnastik (Arthur Holz)

Anschließend: (Auch nach Breslau, Hamburg, bis 7.15 vm. nach Leipzig und ab 6.30 vm. nach Königsberg)

Frühkonzert
(Schallplatten)

Einleitung: „Ich bete an die Macht der Liebe"; Prof. Walter Fischer (Orgel) (20756 Grammophon „Die Stimme seines Herrn")

1. Krönungsmarsch aus „Der Prophet" (Meyerbeer); Philharmonisches Orchester Berlin, Dirigent: Generalmusikdirektor Prof. Julius Prüwer (95211 Grammophon „Die Stimme seines Herrn") / 2. Fantasie aus „Manon" (Massenet); Großes Streichorchester, Dirigent: Generalmusikdir. Manfred Gurlitt (L.'.'.1 Grammophon „Die Stimme seines Herrn") / 3. Künstlerleben, Walzer (Joh. Strauß); Mitgl. der Kapelle der Staatsoper B. lin. Dirigent: Prof. Robert Heger (66639 Grammophon „Die Stimme seines Herrn") / 4. Ouvertüre zu „Die diebische Elster" (Rossini); Philharmonisches Orchester Berlin. Dirigent: Wilhelm Furtwängler (95427 Grammophon „Die Stimme seines Herrn") / 5. Ungarischer Tanz Nr. 1 (Brahms); Bronislaw Hubermann (Violine) (B. 7911 Parlophon) / 6. Tanz der Automaten und Walzer aus „Coppelia" (Délibes); San Franzisko-Sinfonie-Orchester, Dirigent: Alfred Hertz (E. J.165 Electrola) / 7. Ouvertüre zu „Die schöne Galathee" (Suppé); Philharmon. Orchester Berlin, Dirigent: Prof. Julius Prüwer (19903 Grammophon „Die Stimme seines Herrn") / 8. Serenade (Toselli); Barnabas von Géczy-Konzert-Orchester (B. 48071 Parlophon) / 9. Russisches Volkslied Potpourri; Russisches Balalaika-Orchester, Dirigent: Leo Leonidoff (4080 Homocord) / 10. An der schönen blauen Donau, Walzer (Joh. Strauß); Lilly Gyenes und ihre 20 „Hungaria"-Gipsy-Girls (27272 Grammophon „Die Stimme seines Herrn") / 11. Rosenkranz (Nevin); Ilja Livschakoff - Künstler - Orchester (23648 Grammophon „Die Stimme seines Herrn") / 12. Ouvertüre zu „Leichte Kavallerie" (Suppé); Grammophon-Or-

Paul Hindemith und Gottfried Benn
Komponist und Autor des Oratoriums „Das Unaufhörliche" — Zur Veranstaltung um 9.10 nm.
Aufnahme Ullmann

(Teike); Feuert los, Marsch (Holzmann) Grammophon-Blas-Orchester, Dirigent: Joseph Snaga (21734 Grammophon „Die Stimme seines Herrn")

8.15 vm. Eine Viertelstunde Hermann Tietz und KaDeWe (Werbevortrag außerhalb des Programms der Funk-Stunde)

8.30 vm. Werbenachrichten außerhalb des Programms der Funk-Stunde

10.35 vm. „Sanne und Ella, die vorbildlichen Hausfrauen, plaudern im Rundfunk"(Werbehörspiel der Margarine-Verkaufs-Union au Rotadt Rundfunk"

4. Abschließende Worte: Rudolf Binding
5. Ouvertüre zu „Die Meistersinger von Nürnberg".............. Wagner

Für Stettin:
1.05 nm. Sondermitteilungen für den Landwirt (Zusammengestellt von der Landwirtschaftskammer für die Provinz Pommern)

2.--2.55 nm.

Zur Unterhaltun...

[right column, partially visible:]

6. Es manns 'Talen garisch Mitgl. Dirig. (E. O.

3.20
„Fre

Ausspra gehalte

3.45
4.05
(Vgl. H
4.30 Un K

5.30
5.50
John I
Am
6 nm.
I., „Zu
6.30
Un
6.55
„Die ..
7 nm.

1. Sur
2. Sen
3. Gau
4. Alm

Filippo Marinetti, italienischer Schriftsteller und Begründer des Futurismus, 1933

Sitzung der Sektion für Dichtkunst an der Preußischen Akademie der Künste, wohl am 28. Oktober 1929, aus: Der Welt-Spiegel, *10. November 1929*

<u>Vertraulich!</u>

20. MRZ. 1933

Sind Sie bereit, unter Anerkennung der veränderten
geschichtlichen Lage weiter Jhre Person der Preussischen
Akademie der Künste zur Verfügung zu stellen? Eine Beja-
hung dieser Frage schliesst die öffentliche politische
Betätigung gegen die Regierung aus und verpflichtet Sie
zu einer loyalen Mitarbeit an den satzungsgemäss der Akademie zufallenden nationalen kulturellen Aufgaben im Sinne der veränderten geschichtlichen Lage.

Ja   ~~Nein~~

(Nicht Zutreffendes bitte zu durchstreichen)

Name: ...... *M. Gottfried Benn.*

Ort und Datum: ...... *Berlin 15. III. 1933.*

Loyalitätserklärung der Preußischen Akademie der Künste, Sektion Dichtkunst,
für den neuen Staat mit Benns »Ja«, 15. März 1933

Klaus (links) und Erika Mann in einer Aufnahme von Lotte Jacobi, 1930

Friedrich Wilhelm Oelze, Brüssel 1942

Denn natürlich ist Benn nun Teil einer Welt, die er bespöttelt, und zugleich bespöttelt er sich selber. »Ich bin nun also ein gepflegter Bonvivant und Causeur geworden«, heißt es im Fasan-mit-Ananas-Brief, eine seiner neuen Masken. Wie stets und überall steht Benn neben sich, beobachtet das eigene Verhalten, studiert seine Rollen, notiert Stimmungen und Verstimmungen. Das Behagen, das er als Gast in irgendeiner eleganten Wohnung empfindet, bei wohlhabenden Leuten mit ihren durchaus reizvollen Frauen, persifliert er sofort: »Ich kann mich ja absolut nicht wohlfühlen da, obschon es gar nicht unnett ist, nur so vollkommen bürgerlich u. geordnet u geistig natürlich ganz doof.«

So baute sich Benn sein Berliner Leben noch einmal nach, verpflanzte es in das bürgerliche Hannover, konservativ in der Architektur mit mittelalterlichen Kirchen, Parkanlagen und Fachwerkhäusern im Zentrum, wilhelminisch geprägten Wohnvierteln, Theater, Goseriedebad, Welfenschloß; ein städtisches Ensemble, wenig verändert durch ein paar Bauten von Hans Poelzig oder Henry van der Velde. Er nahm die Stadt in Beschlag wie ein Hotelzimmer, er benutzte sie, die Stadthalle mit Bier- und Weinterrasse, der Bierliebhaber bevorzugte Härkebier oder Lindener Bräu; das Café Kröpcke, »Ausschweifung, eine Orangeade«; er besuchte den »Zigeunerbaron« in der Oper und im Zoo die Affen, die ihn »nachdenklich« stimmen, weil sie ebenso sind: »sich lausen und wichsen«; einsame Stunden im »Bürgerbräu«, Adolf-Hitler-Straße, oder im »Elbschloß« am Thielenplatz, und Geselligkeit, gar eine Art Offiziersstammtisch, in »Knickmeyers Restaurant und Weinkeller« im Zentrum. Schließlich der Dämmerschoppen im berühmten Weinhaus Wolf in der Großen Ägidienstraße 32, wo er den selbstverständlich im noblen Kastens Hotel abgestiegenen Freund Oelze bewirtete. Er liebte das schöne alte Haus, die altmodische Einrichtung und die Bedienung durch die fünfzigjährige Inhaberin samt zwei Söhnen und Schwiegertöchtern; berühmt, weil er gegen Ende seines Hannover-Aufenthalts einem Prosatext den Titel »Weinhaus Wolf« gab. Anfangs hatte er keine Wohnung, lebte möbliert, vielbeklagt und jammernd beschrieben – »alles so primitiv: gar kein Telefon, Badezimmer mäßig bis übel, keine ordentlichen Vorhänge, düstere Lampen« –, angewidert von einer im Flur herumschleichenden Wirtin, die ihn gerne belauschte; man wüßte übrigens gerne, was bei einem einzelnen »möblierten Herrn« eigentlich zu »belauschen« war. Die Dirnen der diversen Kneipen stilisierte er gern zu »Arabesken« und sich selber zu einer Spitzwegfigur: »Ich ... futtere, nach berühmtem Muster in der Küche stehend u. gehend. Flaschenbier steht auf dem Balkon. Ferner klebe ich Rabattmarken, wenn man 500 im Heft hat, erhält man 3.M. (Der Lyriker im Eigenheim.)«

Aber wir dürfen nicht vergessen, daß dies die Zeit von »himmlische und irdische Liebe« war, daß Benn neben diesen beiden Damen auch andere kannte, sah, besuchte oder ihren Besuch bekam. Es ist gewiß nicht gelogen, wenn er oft und immer wieder klagt: »Bin tief melancholisch seit langem. Das Leben hier ist furchtbar. Öde, leer ... So völlig ausgebootet u vorbei u. zu einer vergangenen Epoche gehörend, alles, was man war u. einst dachte. Wie vergeblich alles ... Ich bin schrecklich parterre, auch körperlich. Müde, müde. Seit Wochen.« Das geht an »Irdisch«. An »Himmlisch« geht – an haargenau demselben Tag, 27. November 1935, nicht einen Tag früher oder später – der Dank für einen Brief: »War für mich ein großes Glück ... Schreibe bitte ruhig wieder ›Kuß‹ unter Deine Briefe. Dich jedenfalls küßt Dein Dich liebender G.« An »Himmlisch« – recte die Schauspielerin Elinor Büller; in ihrem Nachlaß fand sich der Probeabzug aus einer Akzidenzdruckerei für eine Visitenkarte Elinor Benn, geb. Büller – geht dann ein Jahr später einer der abstrusesten Briefe Gottfried Benns.

Inzwischen hatte er nämlich in Hannover eine komfortable Wohnung in der Nähe seiner Dienststelle gefunden, Herrenzimmer, Eßzimmer, Schlafzimmer, Küche, Bad; er wohnte wieder in eigenen Möbeln, hatte seine Bücher aus Berlin kommen lassen, ein von ihm besonders geschätztes Bild Karl Hofers mit einer italienischen Landschaft aufgehängt und wurde von einer Haushälterin betreut, auch wenn er sich über zerrissene Bettlaken, ungemachte Betten und die ungeheizte Wohnung unwirsch zeigte, weil »Frau Schild seit Wochen leidend, Unterleibssache«. Das Schlafzimmer zumindest muß gut besucht gewesen sein, wie man dem Brief entnehmen kann: »Ich bin ja nicht impotent. Man wildert ja doch im Grunde unaufhörlich danach herum, sucht sich was bei Kröpcke, sucht sich was bei Schwoof, findet allerdings nichts in dieser Saustadt oder nimmt sich was Mieses, plänkelt daran herum, läßt es wieder sitzen ...« Nun sind diese leicht makabren Zeilen an die Küßchen-geben-sollende Geliebte – der Brief ist übrigens unterschrieben »Sei geküßt« – die Eröffnung, daß Benn eine neue Liaison begonnen habe, daß die Freundin, die sich ganz offenbar Hoffnungen auf eine Ehe gemacht hat, ›abgemeldet‹ sei, wie das in Berlin hieß, wenn auch noch vierzig Mark für Milch und Friseur geschickt werden: »Ich habe mir eine kleine Vertraute in den letzten Wochen herangezogen, die ich mir in klarer Erkenntnis der obengeschilderten Lage halten will. Ich bin nicht im geringsten verliebt; es ist *reiner Ordnungssinn*, der mich veranlaßt, zu versuchen, mein hannoversches Leben neu einzurichten. Ich wollte, ich wäre verliebt, ich bin es nicht.«

Auftritt der Herta von Wedemeyer. Sie wird Gottfried Benns zweite Ehefrau, er heiratet sie am 22. Januar 1938.

Es ist eine moderate Emigration. Er hat sein Nest gut ausgepolstert. Er hat eine hübsche Wohnung, diverse Geliebte, eine junge ›Ständige‹, die gar tippen kann. Er ist hochrangiger Offizier, mehrfach dekoriert, mit angenehmen Bezügen. Er untersteht seit Oktober 1936 einem neuen Korpskommando, das bald Generalkommando heißt und in Vorbereitung des Krieges dem ersten Kommandierenden General des XI. Armeekorps, General der Artillerie Ulex, unterstellt wird. Er weiß, daß es KZs gibt. Er weiß – ausgerechnet über Furtwängler spottend –, daß man den Nazi-Bestien nur mit radikalstem Denken begegnen sollte: »Was nicht direkt ins KZ-Lager führt, ist albern.« Er weiß, daß es Krieg geben wird. Er leitet Manöver, von denen er im Stil einer Schachpartie berichtet: »Der Angriff von Blau ging früh 6 Uhr in Richtung Peine und nordostwärts vor, um einen noch in Versammlung befindlichen Feind zurückzuwerfen; 4 Divisionen, kriegsmässig, aber Feind gut ausgebildetes WehrpflichtHeer, in der Luftlage hat Blau an diesem Frontabschnitt Überlegenheit; Bevölkerung hilfsbereit; Wetter heiter, Morgennebel, Sonnenuntergang 15³² h. Kampf dauert bereits 2 Tage, mittlere Verluste, einige Typhusfälle –«. In jenem Brief heißt es, daß er auch den einen oder den anderen Vers hervorgebracht habe.

Rätsel Benn. Wunder Gottfried Benn. Da lebt einer zwischen Kasino-Besäufnissen und Kaffeehaus-Amouren, zwischen Schoppen-Dämmer, Bierabend, Vorortausflug und Kaserne, in einem Wrasen aus Spießigkeit und Schneidigkeit und Patou, mal bei den schnieken Adligen, mal bei ondulierten Kellnerinnen; und dann geht er nach Hause, Kaffee, Zigaretten – und schreibt so schöne Gedichte, wie sie kaum einer der deutschen Sprache abgerungen hat.

Dann gliederten sich die Laute,
erst war nur Chaos und Schrei,
fremde Sprachen, uralte,
vergangene Stimmen dabei.

Die eine sagte: gelitten,
die zweite sagte: geweint,
die dritte: keine Bitten
nützen, der Gott verneint.

Ausgeschaltet:
»Ich bin in einer scheußlichen Lage«

Doch was er am Beispiel Max Beckmann höhnte, wider-
fährt nun ihm – er wird ›abgehängt‹; und er klagt nicht
minder. Schon 1934 hatte er sich ein doppelt peinliches
Führungszeugnis ausstellen lassen; peinlich zum einen,
weil aufgesetzt von Hanns Johst, preußischer Staatsrat,
Präsident der gleichgeschalteten Akademie und späterer
SS-Brigadeführer, der nach expressionistischen Anfängen zum glühenden Nationalsozialisten mutiert war, und
peinlich zum anderen wegen des Inhalts: »Ich bestätige
Herrn Gottfried *Benn*, Mitglied der Akademie der Dichtung, Vicepräsident der Union Nationalen Schrifttums,
dass er sich von Anfang an dem neuen Staat unbedingt
zur Verfügung stellte und niemals gegen die Gesetze der
nationalen Ehre verstiess.

Über die formale Feststellung hinaus obliegt es mir im
Rahmen der mir vom Führer und Reichskanzler zur Ver-
antwortung übergebenen Aemter des deutschen Schrifttums Herrn Dr. Benn auf das Herzlichste zu danken für
den kämpferischen Einsatz zur Deutschen Kultur im
Sinne des Dritten Reiches an der internationalen Front!«

Zu Benns fünfzigstem Geburtstag publiziert die Deutsche Verlagsanstalt einen Band »Ausgewählte Gedichte«
mit einem Werbetext »Hier singt der männliche Kämp-

fer, der tragisch-heroische Mensch, der den Weg Nietzsches zu Ende ging, ohne umzukehren«. Sofort nach Erscheinen druckt das SS-Blatt »Das Schwarze Korps« einen rasenden Angriff, in dem von »Ferkeleien« und »Geistesverblödung« zu lesen ist. Einen Tag später, am 8. Mai 1936, übernimmt der »Völkische Beobachter« den Artikel. Kurz darauf folgt ein weiteres NS-Blatt mit der Verwarnung: »Das hat mit dem Weg, den die deutschen Dichter zum Herzen ihres Volkes soeben angetreten haben, nichts zu tun, es muß abschrecken.« Kurz darauf wird er in dem Blatt »Der S.A.-Mann« in einem Artikel angeprangert, ähnlich anderen »widerwärtigen« Lyrikern, »übelste Schmierereien« verfaßt zu haben, auf »gleicher Stufe« wie Kurt Tucholsky oder Ernst Toller, da »versteht man wohl unsere Bemühungen, das nationalsozialistische Kulturleben von derartigen ... Elementen gründlich zu säubern«.

Das Reichspropagandaministerium schaltet sich ein, bestellt ein Gutachten bei der Reichsschrifttumskammer. Am 4. August 1936 geht auf dem Briefbogen »N.S.D.A.P., Der Stellvertreter des Führers, Stab, Parteiamtliche Prüfungskommission« ein Brief an den Verlag in Stuttgart: »Die von Ihnen herausgebrachte Gedichtsammlung von Gottfried Benn: Ausgewählte Gedichte darf auf keinen Fall unter Bezugnahme auf den Nationalsozialismus vertrieben werden. Es sind daher Sätze wie: ›Warnender Seher und Führer in eine neue Gemeinschaft‹ usw. bei der Propaganda dieser Schrift völlig unangebracht und zu unterlassen. Die Schrift kann nicht für sich in Anspruch nehmen, den Geist der Bewegung zu vertreten ... Ich ersuche um Stellungnahme und Angabe über die Höhe der vorhandenen Auflage. Heil Hitler!«

Das war der Gruß, über den Benn sich gerne lustig machte. In seinem späteren Lebensbericht »Doppelleben« erzählt er, daß er seinen Kommandanten »muß ich Heil Hitler sagen« gefragt und der geantwortet habe, »Murmeln Sie Morjen, das genügt«. Das sind so dauergewellte Anekdoten, wie Benn sie liebte – von dem gebildeten Offizier, dem er Thomas Manns »Brief an den Dekan der Universität Bonn« zugesteckt habe, vom Ehrenkodex in der Truppe – »seine Frau etwa hintergehen, war völlig indiskutabel« –, von den weißen Handschuhen, dem Monokel und davon, daß ein Anstandsbesuch nicht länger als fünf Minuten dauern dürfe. Morjen.

»Heil Hitler« unterzeichnete der ›emigrierte‹ Benn jedoch durchaus – wenn es ihm nützte. Im Nachlaß sind mehrere Briefe mit dieser Geßler-Hut-Signatur erhalten – auch schon mal »Mit deutschem Gruß« –, die nicht direkt von Bürgerstolz vor Königsthronen zeugen. Ausgerechnet an Hanns Johst geht »mit Heil Hitler« ein einigermaßen unreinlicher Brief: »Meine Gegner arbeiten immer mit dem Argument, dass ich und meine Schriftstellerei eine Schande für Deutschlands Kultur wäre. Dies ist bestimmt nicht der Fall. Im Ausland gelte ich auch heute noch als ein in Deutschland verbliebener zum Nationalsozialismus gehörender Dichter.« Keineswegs in der Haltung, die er beim Kollegen Beckmann so aufrecht vermißt hatte, verschickt er Klage- und Jammerbriefe – an »Himmlisch« und »Irdisch«, meist gleichlautend: »Sehr möglich, daß ich verabschiedet werde! Diese Lumpen u. Stinktiere hätten dann wieder einen der so verhaßten

Künstler umgelegt: Ich bin in einer scheußlichen Lage.«
Und, ausführlicher, an Freund Oelze: »Bitte an *Johst* um
Rehabilitierung … Nachweis, dass es sich nicht um *Fer-
kelei*, sondern *wertvolle* Gedichte handelt. Ehrenwörtliche
Erklärung, dass ich nicht schwul bin (wegen ›warme
Luft‹ im Schw. K.) *Prognose:* die Militärs benehmen sich
fabelhaft. Mein General sagt, nicht die Pöbeleien an sich
könnten mich beleidigen, nur wenn ich darauf reagierte,
auch nur mit einem Blick, wäre ich als Offizier in seinen
Augen unehrenvoll … Und was dann? Als bemakelter
Mann bei den *Civil*ärzten wieder unterkommen? Sicher
kaum möglich. Die sind schlimmer als andere noch. – …
Aber wohin? Wo ins Ausland? … Satt habe ich den
Dreck, den deutschen Dreck.«

Doch er hatte ja gesagt, daß die Armee die aristokratische Form der Emigration sei. Seine Vorgesetzten
deckten ihn. Eingaben, Briefe, Erklärungen gingen hin
und her. Benn duldete, daß fünf Gedichte aus dem in-
kriminierten Band – darunter »Mann und Frau gehen
durch die Krebsbaracke« – entfernt und durch umfangreiche andere ersetzt wurden; einige davon wird man
nach dem Krieg in den »Statischen Gedichten« wieder-
lesen.

Er blieb Offizier im Range eines Oberst; blieb der Spa-
ziergänger in Gummiüberschuhen und Gehpelz durch
die Eilenriede, hinaus zur Stadthalle; er bleibt Dichter.
Aus der Wohnung in der Arnswaldstraße gingen an
Oelze nach Bremen Verse, auf Zettel vom Rezeptblock,
auf die Rückseite von Kartonpapierstücken oder die Me-
nukarte eines Restaurants gekritzelt:

Astern

Astern – schwälende Tage,
alte Beschwörung, Bann,
die Götter halten die Waage
eine zögernde Stunde an.

Noch einmal die goldenen Herden
der Himmel, das Licht, der Flor,
was brütet das alte Werden
unter den sterbenden Flügeln vor?

Noch einmal das Ersehnte,
den Rausch, der Rosen Du –
der Sommer stand und lehnte
und sah den Schwalben zu,

noch einmal ein Vermuten,
wo längst Gewißheit wacht:
die Schwalben streifen die Fluten
und trinken Fahrt und Nacht.

Benn variiert in diesen Jahren besonders häufig einen
Spruch, wie er es bereits im »Sils-Maria«-Gedicht des
Jahres 1933 getan hatte, »alle verwunden, die letzte
bricht«. Er hatte diese Inschrift einst auf einer Sonnen-
uhr am Kirchturm des Städtchens Urrugne nahe Hen-
daye in den Pyrenäen gelesen. Zwischen den Stunden-
zahlen steht dort: »vulnerant omnes, ultima necat« – »Alle
verwunden, die letzte tötet«. Das war die Reise, die ihn
mit dem reichen Kunsthändler Franz M. Zatzenstein in

dessen elegantem Horch 1929 über Paris und Biarritz bis Spanien geführt hatte, auf der Suche nach kostbaren Antiquitäten; noch in »Doppelleben« schwärmt Benn von den unvergeßlichen Tagen am Atlantik, in den Monts Maudits und am Mittelmeer. Auch in seinem 1943 entstandenen Essay »Pessimismus« findet sich das Zitat.

Diese Gedanken, diese Literatur kamen nicht in Uniform daher. Gottfried Benn hat nie systemkonforme Gedichte geschrieben. Das konnte nicht lange gutgehen. Es ging auch nicht lange gut. Die Welt als ästhetisches Phänomen? Wo denn? Nicht des Faschisten Marinetti glühende Lohe bleckte gen Himmel – es kokelte das romantisierende Lagerfeuer im Dunst halbschwuler Pimpfe, und ihr Empfinden skandierte nicht

Einsamer nie als im August:
Erfüllungsstunde – im Gelände
die roten und die goldenen Brände
doch wo ist deiner Gärten Lust?

Vielmehr buchstabierte ihre Sentimentalität »Als die goldne Abendsonne / sandte ihren letzten Schein ...«. Es regierte nicht der dorische Ephebe, es regierte Hermann Göring, der Wanst; und mit ihm jenes halbe Dutzend Krakeeler, »die ... dasselbe Geschwätz in denselben Sälen vor denselben gröhlenden Zuhörern periodisch abspulten, ... Stuhlbeinheroen. Es war nicht der Traum der Staufer, der Norden und Süden vereinigen wollte, nicht die immerhin solide kolonisatorische Idee der Ordensritter, die nach dem Osten zogen, es war reiner Ausfall an Wurf und Form, primärer Regenzauber, der vor requirierten Särgen Heinrich des Löwen nächtlichen Fackeldunst zelebrierte.«

Statt Hellebarde – Tornister; statt Stirn – Stirntolle; statt schimmernder Wehr – Faltenrock zum Anknöpfen. Bommelstrümpfe statt des Kothurn. An der Macht war nicht Benns militanter Wahn, sondern ein blutrünstiger Niedlichkeitsgaukel. Wo selbst die Betonbrücken über der Autobahn heimelig mit Klinkerstein verkleidet wurden, da durften nicht die Streben seiner Wortarchitektur stehen. Sie wurden eingerissen. Am 18. März 1938 erhält Gottfried Benn einen Brief ohne Anrede, Absender ist »Der Präsident der Reichsschrifttumskammer«:

»Im Einvernehmen mit dem Herrn Reichsminister für Volksaufklärung und Propaganda schliesse ich Sie … auf Grund des § 10 der Ersten Durchführungsverordnung zum Reichskulturkammergesetz vom 1. November 1933 (R.G.Bl.I, S. 797) … mit sofortiger Wirkung aus der Gruppe Schriftsteller meiner Kammer aus, da ich mich nicht mehr in der Lage sehe, Ihnen die für die Ausübung der schriftstellerischen Tätigkeit erforderliche Eignung zuzubilligen.

Auf Grund dieses Beschlusses verlieren Sie das Recht zu jeder weiteren Berufsausübung innerhalb des Zuständigkeitsbereichs der Reichsschrifttumskammer. Im Übertretungsfalle müssten die Strafbestimmungen des Reichskulturkammergesetzes gegen Sie in Anwendung gebracht werden.«

Des schlimmen Freundes Briefbitte an seinen »lieben Heini Himmler … Ihr stets gehorsamer und dankbarer Hanns Johst« um »Güte und Revision« nutzte nichts. Gottfried Benn war jetzt ein verbotener Schriftsteller, zwei Jahre später auch ein nicht-mehr-erwähnter; in einem vertraulich-geheimen Ukas an die Presse hieß es: »Die Zeitungen sollen von dem literarischen Schaffen *Gottfried Benns* in keiner Form, weder positiv noch negativ, mehr Kenntnis nehmen.«

Gottfried Benn war kein verbrannter, aber ein verbotener Dichter. Und auch der Mediziner durfte nicht mehr schreiben, keine Atteste nämlich: 1933 schon hatte ihn der NS-Ärztebund von der Liste attestberechtigter Ärzte gestrichen. Der Verbotsbrief erreichte Benn in Berlin. Hannover war ihm dann doch zu miefig geworden. Klagen und Beschwerden im Tone abgrundtiefer Melancholie über die Tagesroutine, über Migräne, Schlafstörungen und Depressionen füllen seine Briefe. Der Umgang mit den korrekten, aber bürgerlich-amusischen Militärs ödete ihn an. Besuch aus Berlin war selten. Darunter wohl am abwechslungsreichsten der seines hochgebildeten Verlegers Erich Reiss, in dessen Verlag »Die Schmiede« Kafka und 1922 Benns »Gesammelte Schriften« erschienen waren und mit dem er 1931 eine luxuriöse Urlaubsreise durch Thüringen unternommen hatte; Benn durfte das Bad des reichen jüdischen Erben mitbenutzen – was bei ihm umgehend karikierende Glossare auslöste: »*Reiss,* ein Umstandskasten, ein Neurotiker u. Negativist, ohne jeden Spass an Landschaft u. Volk, ohne jede Aufnahmefähigkeit, außer was seinen Kadaver und seine Geschäfte betrifft. Das ist doch wohl jüdische Ablehnung von allem, was überhaupt mit Land, Volk, Allgemeinheit zusammenhängt, alles ist: *goy*ig.« Doch der liebenswürdige Reiss, eine aristokratische Erscheinung, wird Benn treu bleiben. Er wird ihm jetzt über

Maklerbeziehungen die Wohnung in Berlin besorgen. Er wird nach 1945 – er war 1938 nach Verhaftung und KZ-Haft, durch Interventionen von Karin Michaelis und Selma Lagerlöf befreit, in die USA emigriert – dem Kaffee- und Zigarettenhungrigen Care-Pakete schicken. Und er wird auch der in London lebenden emigrierten Zeichnerin Erna Pinner sofort nach dem Krieg aus New York Benns Adresse zukommen lassen mit der Ermutigung: »Sie dürfen nicht so streng mit Benn sein, wir alle haben im Leben schon vorübergehend versagt, und es steht uns nicht zu, uns zu überheben.«

Ohnehin haben erstaunlich viele Menschen Benn nichts nachgetragen. Ein Jahr nach dem Krieg erkundigt sich Paul Hindemiths Frau Gertrud aus dem amerikanischen Exil bei Benns Tochter in Dänemark: »Hörst Du von Deinem Vater? Ist er in Berlin? Ich verstehe gut, wie enttäuscht Du bist über seine verschiedenen ›Umstellungen‹. Aber ich wünschte, wir könnten uns allmählich alle auf eine höhere Warte begeben ... es ist so schwer andere zu richten. Jeder Fall ist verschieden und man muß so vieles berücksichtigen. Aber in Europa scheint man viel Zeit zu haben um Schuld und Unschuld zu prüfen, gegenseitig. Abgesehen von wirklich krassen Fällen der wirklichen Verbrecher geht doch so viel unter die Rubrik Dummheit oder Schwäche oder Indolenz oder Feigheit. Und wer ist schon ganz frei davon??«

Jetzt, im Jahr 1937, funktionierten noch einmal die alten Kameraderien. Professor Kittel, ein Bekannter wohl aus den frühen Jahren der militärärztlichen Akademie, nun als Oberstarzt nicht ohne Einfluß, war dem schreibenden Kollegen behilflich, unterstützte Benns Gesuch um Versetzung nach Berlin. Ab 1. Juli 1937 amtierte er nun dort im Stab des Generalkommandos des 3. Armee-Korps am Hohenzollerndamm. Wenn wir Benns eigenem Bericht in »Doppelleben« glauben wollen, war er hier mit einer Art sozialer Versorgung von Kriegsopfern betraut. Er begutachtete die Versehrtenstufe, genehmigte eine Kur, verschrieb eine Prothese oder Zahnersatz. Bald bezog er die Wohnung in der Bozener Straße 20, der Jude Reiss hatte sie über die jüdische Maklerfirma Kamnitzer besorgt, sie lag dicht am Bayerischen Platz, der fashionablen Gegend der wohlhabenden jüdischen Großbourgeoisie im Berlin der zwanziger Jahre. Wer heute diese Straße der bürgerlichen Mietshäuser mit Portierslogen und ohne Garagen besucht, zurückhaltend elegant mit sparsamem Fassadendekor und im Vorgarten mal ein Fliederbusch, mal eine Hortensie oder ein Rosenstrauch, am Ende der Straße das kleine Rondell mit einer Kastanie, der entdeckt zwei Besonderheiten. Die eine ist die Plakette »Hier wohnte vom 1. Dezember 1937 bis zu seinem Tode am 7. Juli 1956 der Dichter Gottfried Benn«; sie ist neben der Eingangstür und – da Benn im Parterre wohnte – damit fast neben seiner Wohnung angebracht: »Es sind vier Zimmer ... Wenn mal jemand herkommt, was Gott sei Dank selten der Fall ist, ist er entsetzt über dies Hinterzimmer (parterre), wo im Hof die Wäsche des ganzen Hauses hängt und die Hühner gackern (die nicht mal meine eigenen sind), aber mich stört das alles nicht, ich bin völlig unabhängig von äußeren Dingen und finde jede Art von repräsentativem und gesellschaftlichem Leben lächerlich und unerträglich.«

Die andere Besonderheit der Straße – und auch der Quer- und Nebenstraßen – sind Gedenktafeln, die fast eine Coda zum Leben des Gottfried Benn bilden. Sie sind an den Laternen angebracht. Schräg gegenüber von der Tür, durch die Benn also jahrelang in Uniform ein und ausging, liest man »Jüdischen Schriftstellern wird jede schriftstellerische oder literarische Tätigkeit in Deutschland untersagt. März 1935«. Diese Inschriften – eine Aktion »Orte des Erinnerns im bayerischen Viertel. Deportation und Ermordung von Berliner Juden 1933–1945« hat sie ermöglicht – sind von bitterer Enthaltsamkeit. Kein Kommentar, keine Interpretation. Da steht nur »Promotionsverbot für Juden 1937«, »Badeverbot für Juden am Strandbad Wannsee 1933«. Nur. Hier also haben wir uns Gottfried Benn vorzustellen. Er war jetzt einundfünfzig Jahre alt, im Januar 1938 wird er seine zweite Frau heiraten. Tagsüber hockte er in seinem Dienstzimmer, inzwischen im Bendlerblock, wo er ein Gedicht oder einen Brief rasch mit dem Löschpapier bedeckte, wenn es an der Tür klopfte:

Eine Münze wird man dir nicht prägen,
wie es Griechenland für Sappho tat,
daß man dir nicht einschlägt deinen Brägen,
ist in Deutschland schon Kultur-verrat.

In der Tat, ein Doppelleben. Umgang hat er wenig, ganz selten mit Renée Sintenis; sonst ist ihm ja alles Mittelmensch, der *bon* und *propre* leben will. Was da nun alles so schreibt, die Blunck oder Vesper oder Kolbenheyer, sind ihm nicht einmal das Stäubchen Asche wert, das man vom Revers pustet. In seiner Bibliothek fehlen sie. Eine Metzelzunge war er ohnehin stets; so urteilt er auch über Ernst Jünger, »enorm viel inneren Kitsch und was er als ›Angriff‹ gesehen haben möchte, ist mehr Vorwölbung und Blähung als Front«. Später verschärft er das Urteil noch: »Das ist doch reines Kunstgewerbe, hohles, Kunstgewerbe von 1900 (Fidus). Opale u Smaragde u. Silberschilde u Korallen u dazu ein kosmisches Geschwätz voll Banalitäten.«

Das Publikum, das er nicht hat, hält er für Pöbel; der Ruhm, der ihm versagt bleibt, ist, wie wir wissen, pure Schiebung. Die Menschheit, die Gesellschaft, »dieser ganze stinkige Zinnober um uns herum« ist ein großer Dreck: »Es giebt nur 2 Dinge: dreckige Menschheit u. einsames schweigendes Leiden – keine Grenzverschiebungen! Hassenswertes, dummes, kindererzeugendes, Wohnung suchendes, omnibusbesteigendes, aufbauendes, weibersichzuwedelndes, plauderndes, gebildetes, ehrbar strebendes, redliches, meinungsäusserndes, mädchenengagierendes, ferienverbringendes, ostseefrohes, Sachzusammenhänge erörterndes Geschmeiss von Bremen bis Villach u. Domodossola bis Kurische Nehrung –«

Das Schimpfgenie Gottfried Benn hat sich sein eigenes Netz gesponnen: eine giftige Spinne, die graziös tanzt in den hauchdünnen Fäden ihrer kunstvollen Verknüpfungen und die Insektenwelt ringsum argwöhnisch beobachtet; auch zu töten sucht. Hauptfeind wird vorübergehend der Balladendichter Börries Freiherr von Münchhausen, der ihn 1934 als »fast reinblütigen Juden« denunziert hatte – das war schon zu diesem Zeitpunkt eine gefährliche Unterstellung, auf die Benn weder mit schweigendem Achselzucken noch mit einem hochfahrenden ›und was, wenn es so wäre‹ zu antworten vermochte. Vielmehr betrieb er in Briefen und seinem Aufsatz »Lebensweg eines Intellektualisten« private Ahnenforschung in peinlichen Schlingerkurven: daß das hebräische *ben* nie einen Juden bezeichne, daß der Name Benn keltischen Ursprungs sei, daß das Weinhaus Kempinski in Berlin einen »Dürkheimer Benn« anbiete, daß sowohl die Namen schottischer Berge als auch die prominenter Engländer die Silbe Ben trügen, daß schließlich die germanisch-romanische Mischung seines Elternhauses »eine auf jeden Fall arische Mischung« hervorgebracht habe, »eine Kreuzung, aber keine Bastarde«. Eine hektische Korrespondenz beginnt, mit der Benn »die Zurücknahme der Beleidigung« erzwingen will: eine Bescheinigung der »Wehrersatz-Inspektion Hannover«, die bestätigt, daß »Oberstabsarzt Dr. Benn … im Frühjahr 1935 den Nachweis seiner arischen Abstammung erbracht« habe; der Brief einer englischen Benn-Familie aus Westminster – »My own family has no jewish blood whatever« – beruhigen ihn. Zu einem Musterbeispiel kühler Gleichgültigkeit wird man diese eher klägliche Verteidigung nicht erheben mögen. Während seines langen Lebenswegs ist bei Benn allzuoft eine Unbalance aufzuspüren: öffentlich angepaßt, privat kratzbürstig. Man kann auch sagen: öffentliche Feigheit, private Widerständigkeit. Sein Motto »Ein Turnreck im Garten und auf den Höhen Johannisfeuer: das ist der Vollgermane« variierend, hatte er sich im Brief an den Freund Frank Maraun, Mai 1936, erbost:

»Eine tolle Lage! Wo halten wir eigentlich? Furtwängler dirigiert nicht mehr, Hindemith ist in Ankara. Poelzig geht nach Ankara. Ein Buch über Barlach wurde verboten. Ich bin ein öffentliches Ferkel. Eine Corinth-Ausstellung in Basel erregt wegen ihres großen Erfolges den Haß, den unauslöschlichen Haß dieser Kreise, weil Corinth zu ›jener‹ Gruppe der Kunst gehört. Man kann natürlich auch einfach sagen: weil es Kunst ist. Den einen bekämpft man, weil er ostisch ist, den anderen, weil er mediterran ist, den dritten, weil er humanistisch ist, den vierten, weil er christlich ist – alles bekämpfen sie, bloß selber leisten, das können sie nicht. Ausmerzen, abtöten, niederhalten, diese Seite der Züchtung beherrschen sie, aber die andere, die Schöpfungskraft ahnend führen und erweitern, schweigend sie leiten, im Dunkel sie gebären lassen, das ist nicht sieghaft genug, unnordisch, davon ahnen sie nichts. Preise für Dilettanten, durchgehend n u r für Dilettanten, Förderung von Epigonen, Phrasen für Unvermögen, Verschleierungen von Impotenzen, wenn es sich nur um i h r e Leute handelt, das ist ihre Stärke. Wo aber Kunst auftritt, da werden sie moralisch, plötzlich verantwortungsvoll und patriotisch.«

Doch zur selben Zeit nahm Benn immer mal wieder die Hilfe jenes Hanns Johst in Anspruch, von dem er in Briefen spottete, daß er ja neuerdings auch SS sei, und er duldete den Schutz – Heinrich Himmlers.

Ein obskurer Maler namens Wolfgang Willrich, der in einem Lebenslauf an sich selber zu rühmen wußte, er habe »den Rassegedanken durch Wort und Bild ins Volk getragen«, dessen Modelle Jungbäuerinnen und bald dann U-Boot-Kommandanten waren, hatte Benn in einer

»kunstpolitischen Kampfschrift zur Gesundung deutscher Kunst im Geiste nordischer Art« scharf angegriffen. Auf Benns Protest an dessen Verleger schrieb der von Reichsbauernführer Walter Darré hochgeschätzte Künstler ohne Anrede und »mit deutschem Gruß« einen Brief voll bedrohlicher Invektiven: »Die grosse Münchener Ausstellung ›Entartete Kunst‹ ist ja inhaltlich die harmloseste Gartenlaube im Vergleich zu Ihrer ›Fleisch‹-Lyrik, Ihrem ›Vermessungsdirigenten‹ und all den anderen Perversitäten, die Sie literarisch ausgeschlachtet und durchgekostet haben. Dix, Grosz und Konsorten mitsamt ihrer Bordellgraphik und Obszönitätenmalerei, sie sind ja garnicht viel mehr als die Illustratoren Ihrer Greuelvorstellungen.«

Absurd, aber wahr – auf Briefbogen »Der Reichsführer SS« erhielt der vermutlich verdutzte Maler am 22. September 1937 eine Verwarnung: »Ich kenne den Fall *Benn* sehr gut und halte das Aufrollen dieses Falles von Ihrer Seite für unnötig … Benn hat sich seit dem Jahre 1933 und auch schon früher in nationaler Hinsicht absolut einwandfrei gehalten. Jetzt wie ein Amokläufer gegen diesen Mann vorzugehen, der sich gerade im internationalen Leben einwandfrei für Deutschland gehalten hat, halte ich für unnötig und unsinnig … Ich wiederhole meine Überzeugung, die ich Ihnen gegenüber schon einmal gründlich aussprach, dass es wichtiger wäre, wenn Sie weiterhin gute Bilder malten, als nun jeden einzelnen, der im Jahre 1918/19 und auch meinetwegen später als Künstler dumme Sachen geschaffen oder verfasst hat, nun bis zur Vernichtung seiner Existenz zu verfolgen.« Lyrik-Experte Heinrich Himmler. Bedenkliche Allianzen.

Bemerkenswert ist – Blick zurück nach vorn –, daß Benn nach dem Kriege kaum Haß erntete, nicht von früheren Gefährten, kaum von Kollegen. Anders als so mancher Schriftsteller in Frankreich, der kollaboriert hatte, ist Benn nie zur Rechenschaft gezogen, gar bestraft worden.

Man erinnere sich etwa der Exekution des antisemitischen Publizisten Robert Brasillach, unter der deutschen Besatzung Chef-Redakteur der pro-faschistischen Zeitschrift »je suis partout«. Am 6. Februar 1945, Paris war befreit, aber der Krieg tobte noch, wurde Brasillach nach kurzem Prozeß in zwanzig Minuten von einer Jury wegen »Kollaboration mit dem Feind« schuldig gesprochen und erschossen – er starb mit den Worten »Vive la France quand même«. Louis-Ferdinand Céline – Autor wüster antisemitischer Pamphlete in dieser Zeitschrift – hatte jahrelang Publikationsverbot. Sein Verleger Robert Denoël wurde 1945 auf mysteriöse Weise ermordet. Drieu la Rochelle – anfangs Surrealist, später Autor erfolgreicher Romane –, der sich ebenfalls zum Faschismus bekannt und mit dem Vichy-Regime kollaboriert hatte, beging Selbstmord, als er erfuhr, er werde per Steckbrief gesucht. Der Furor erfaßte nicht alle, gewiß. Die Auftritte von Edith Piaf oder Maurice Chevalier vor deutschen Soldaten wurden ebenso verziehen wie dem preziösen Jean Cocteau sein Vorschlag, die Place de la Concorde mit Arno Brekers nackten Jünglingsgestalten zu zieren. Jedoch ahndete man in Frankreich verdorbenes Denken. Gottfried Benn – gewiß von größerer Bedeutung – ist derlei Unbill nicht widerfahren.

Vielmehr haben ihm fast alle jüngeren deutschen Autoren ihre Reverenz erwiesen. Peter Rühmkorf schickt 1953 einige Gedichte mit der »Bitte um eine kurze Beurteilung ... Ich entdeckte neulich, denn neulich lernte ich Ihr Werk erst kennen, daß meine Art zu formulieren der Ihren sehr ähnlich ist«. Sechs Jahre später widmet er dem Vorbild das »Lied der Benn-Epigonen«:

> *Die schönsten Verse des Menschen*
> *– nun finden Sie schon den Reim! –*
> *sind die Gottfried Bennschen:*
> *Hirn, lernäischer Leim –*
> *Selbst in der Sowjetzone*
> *Rosen, Rinde und Stamm.*
> *Gleite, Epigone,*
> *ins süße Benn-Engramm.*

Ebenfalls 1953 schickt Karl Hartung, Lehrer des jungen Bildhauerschülers Günter Grass an der Hochschule für Bildende Künste in Berlin, die ersten lyrischen Versuche des angehenden Schriftstellers an Benn; der antwortet: »Der Mann wird Prosa schreiben.« Noch in seinem Rückblick »Mein Jahrhundert« widmet der Nobelpreisträger ein Kapitel der fiktiven Begegnung zwischen Brecht und Benn in beider Todesjahr 1956 und breitet Milde aus: »Was den Eigenwuchs ihrer politischen Sünden betraf, nahmen sie einander nur kurz aufs Korn.« Aus seinem Geburtsort Vechta kalligraphiert in Krakelschrift der damals sechzehnjährige Rolf-Dieter Brinkmann ein »Ich danke Ihnen. Immer!« als Geburtstagsgruß an den Siebzigjährigen. In dem Band »Die Furie des

Verschwindens« von Hans Magnus Enzensberger stoßen wir gar auf die Warnung: »Laßt mir Herrn Dr. Benn in Ruhe!«

Rolf Hochhuth gedenkt des Lyrikers in einem Zyklus von Gedichten, jedem ein Briefzitat Benns vorangestellt, und Karl Mickel hält ihn eines fünfzehnseitigen Essays für würdig, in dem es zum berühmten »Dennoch-die-Schwerter-halten«-Gedicht heißt: »So spricht der Menschenfreund ... die Qualifikation zum Menschenfeind ist vollzogen«; Mickel zeigt Spuren von Benns »Ausschweifungen« bei Stephan Hermlin und Franz Fühmann. Es mag selbstverständlich sein, daß eine Untersuchung über Poe Benn einbezieht, nicht selbstverständlich ist, daß die Hamburger Inszenierung von Tankred Dorsts »Merlin«-Stück, 1999, mit Benns Satz »In meinem Elternhaus hingen keine Gainsboroughs« aus seinem »Teils-Teils«-Gedicht begann, obwohl das nirgendwo in Dorsts Text steht. Der indirekten Anspielungen ist kaum mehr ein Ende. Kündet Paul Celan in seiner Büchnerpreisrede: »Die Dichtung: diese Unendlichsprechung von lauter Sterblichkeit und Umsonst«, darf es wohl als sicher gelten, daß er den Büchnerpreisträger des Jahres 1951 mitgemeint hat. Zieht Claude Lévi-Strauss die Summe seines Denkens mit dem Satz »Ich bin fest davon überzeugt, daß das Leben keinen Sinn hat, daß nichts irgendeinen Sinn hat«, ist das – da Benns Werk in Frankreich weitgehend unbekannt war – weniger wahrscheinlich; dennoch ist es reiner »Hoch-Benn«: »Wer ›Leben‹ sagt – hat nie gelebt; dieser Laut gehört zum Grunzen der Pampasherden.« Selbst auf dem Briefbogen BERLINER ENSEMBLE landet 1950 – unterschrieben

»Ihre Helene Weigel« – ein sprödes »Ich soll einen Gruss bestellen« an; also von Brecht. Ein Jahr zuvor kam gar ein Brief von George Grosz aus New York: »Will Dir nur sagen, dasz Du fuer mich einer der groessten lebenden Dichter bist …«

In diesem Umfeld nimmt einen besonderen Platz das Nachruf-Gedicht ein, das der politische Widersacher und einstige lyrische Weggefährte Johannes R. Becher dem Verstorbenen kurz nach dessen Tode widmete:

> *Er ist geschieden, wie er lebte: streng*
> *Und diese Größe einte uns: die Strenge.*
> *Uns beiden war vormals die Welt zu eng.*
> *Wir blieben beide einsam im Gedränge.*
>
> *Unwürdig wär ein: nihil nisi bene.*
> *Der Juli summt ein Lied dir:* ›Muß i denn …‹
> *Mein Vers weint eine harte, strenge Träne,*
> *Denn er nahm Abschied von uns: Gottfried Benn.*

In unseren Tagen ist Benn zwar nicht ein Klassiker, dafür aber eine Art Pop-Ikone geworden: Er ziert als Scherenschnitt schicke Pessimismus-Plakate; auf einer »Eternity«-Messe wirbt eine Zeitgeistkünstlerin neben »Mietsarg« und Grabschmuck mit einer Abbildung der Totenmaske für ihre Fertigkeiten; der Reinfall beim Börsengang des Eichborn Verlages wird mit einem Benn-Zitat kommentiert; die Aldi-Tüte, die Jürgen Flimm in seiner »Ring«-Inszenierung 2000 dem Alberich verpaßt hat, erinnert einen Kritiker an ein Benn-Gedicht; eine Umfrage plaziert ihn als Dichter des Jahrhunderts vor Rilke.

Und schon taucht er im Internet auf, der Mann, der jeglichen Anspruch auf eine irgend gesicherte Existenz oder jegliche Aussicht auf Nachruhm für geradezu blasphemisch hielt: »Ich glaube nicht, dass selbst Rembrandt Anspruch auf einen anderen Lebensabend hatte als mit Hendrikke unter Alcohol u. gepfändet. Es ist doch gut so! Es ist doch herrlich! Alles andere wäre doch verkehrt u. ehrpusselig. Die Tragik, die Schlangenbisse, die Abgründe, für die allein wir leben, sie sind doch hier. Alles andere wäre doch Couplet oder – Thomas Mann. Nein, lassen wir ihn sein Dienstmädchen ehelichen u. seine Bilder unverkauft auf dem Boden stehn.«

Benn selber nahm Kritik an seinem Verhalten mit Indifferenz wahr, selbst von zwei Schriftstellerkollegen, die er einst hoch geschätzt hatte. Sein Lobpreis Heinrich Manns war 1931 in dem Nazi-Blatt »Angriff« wütend getadelt worden als bombastisch, schwülstig und hymnisch, gipfelnd in der Denunziation: »Für die ›gemischte Gesellschaft Berlins‹ mag allein schon der Hinweis des Redners auf die gemischte Rasse dieses Dichterfürsten – deutsch-südamerikanisch-portugiesisch – genügt haben, um die schwülstigen Lobeserhebungen kritiklos hinzunehmen.« Nun, 1946, winkte er müde ab: »Heinrich M. hat mir kürzlich durch Tilly Wedekind (Zürich) einige herablassend freundliche Worte zukommen lassen –, ohne mich damit zu entzücken.« Ähnlich, nur aggressiver verächtlich, äußerte er sich über Alfred Döblin, von dem er sich verfolgt wähnte und den er einmal über die Maßen verehrt hatte, wie sich ein Besucher Benns erinnert: »... er bewunderte die Sprache und ausschließlich die Sprache. Er machte mich darauf aufmerksam, daß es keinen zweiten deutschen Dichter gebe, der über gleiche Katarakte von Worten verfüge. Döblin sei der einzige, der den gesamten deutschen Wortschatz beherrsche ...«

Lediglich das Pamphlet eines damit verglichen eher namenlosen Emigranten erregte seine Wut derart, daß er einen Prozeß androhte. Im März 1952 hatte der RIAS-Berlin ihm das Manuskript einer Sendung von Peter de Mendelssohn zugeleitet »mit der blöden Aufforderung«, an einer anschließenden Diskussion teilzunehmen. Er las den Text – »Ich munkele im Dunklen, ich sei verlogen, Antisemit, Militarist u dergl.« –, er tobte und erreichte das Verbot der Sendung. Der Aufsatz, vornehmlich eine Auseinandersetzung mit Benns Buch »Doppelleben«, lag alsbald im Druck vor. Es ist ein hochherziges »J'accuse« unter dem Motto »Die Abdankung der Intellektuellen vor der Tyrannis«; es ist eine Verwerfung von Gesittung und Gesinnung, deren so mancher schneidender Formulierung man noch heute applaudieren möchte: wenn, ja wenn nicht der Ansatzpunkt des gradlinigen Peter de Mendelssohn falsch wäre. Mit der Stimme des Rächers sagte der: »... sein Verstand ist ihm angesichts der Tiraden einer Bande halbgebildeter, verkrachter Existenzen, die mit Revolvern herumfuchteln, zu Krümeln zerfallen ... Alles, könnte man meinen, darf der freie Geist. Nur nicht: sich dümmer stellen als er ist. Man könnte ihm gar das Recht auf den Verrat zubilligen; es ist ein Teil seiner Freiheit. Aber nicht: daß er die blitzende Treulosigkeit in eine schmuddelige Treuekundgebung umschminkte.«

Das eben geht an der Figura des Gottfried Benn völlig vorbei; der hatte weder den Verstand verloren, noch war er schmuddelig untreu geworden. Es war, vielleicht darf man sagen: viel schlimmer – jedenfalls anders. Benns glasklarem Verstand ist ja der Begriff ›Treue‹ – damit ›Verrat‹ – fremd. Wir haben es nicht zu tun mit einer ›Verblendung‹, also nicht mit der vorübergehend abirrenden Richtungslosigkeit eines Blinden. Wir kennen ja bereits den grausigen Blick des Basilisken. Dessen Blick tötet. Benns Annäherung ist die Annäherung an das eigene Prinzip, an jene ihm nur eigene Wahrheit, ist Konsequenz eben eines Denkens, dessen These lautet »es gab ja auch keine Wirklichkeit, das war ein kapitalistischer Begriff«; dessen Ruf heißt »Ekstase, eine bestimmte Art von innerem Rausch«; dessen Credo ausruft »die antiliberale Funktion des Geistes«; und dessen Haß gilt der »erbärmlichsten bürgerlichen Weltanschauung, als Schlagerkomponisten und Kabarettkomiker aus ihren Schänken und Kaschemmen ihren fauligsten gereimten Geist Deutschland zum Schnappen vorwarfen«.

Der Zorn des anständigen Peter de Mendelssohn galt einem unmoralischen Verräter der Demokratie. Damit konnte er nicht Benn gelten; denn der war nie Demokrat gewesen und hatte nie Moral besessen – er war nicht unmoralisch, sondern a-moralisch. Seine Idole waren nicht August Bebel oder Friedrich Ebert oder Walther Rathenau, nicht einmal Benjamin Franklin. Ein Idol war zum Beispiel Giulio Evola, ein eigentümlicher römischer Kulturkritiker, Sproß einer »Patrizierfamilie nordisch-normannischen Ursprungs«; ihm huldigte er: »Es ist für mich kein Zweifel, daß es politisch in die Richtung jener ghibellinischen Synthese geht, von der Evola sagt, die Adler Odins fliegen den Adlern der römischen Legion entgegen. Dieser Adler als Wappen, die

Krone als Mythos und einige große Gehirne als Beseeler der Welt.«

Benn war kein Mitläufer, er war ein Vorläufer. Sein einziger Fehler: er hatte nicht gespürt, daß dieser Begriff auch das Wort vorläufig birgt. So erinnern manche seiner Fehleinschätzungen und Selbstüberschätzungen an eine makabre Szene, die Richard Strauß zugeschrieben wird: Der Komponist, wohl gelitten bei Göring wie Goebbels, setzte sich für seine jüdische Schwiegertochter Alice und deren Großmutter Paula Neumann ein; als die ins KZ Theresienstadt verschleppt worden war, fuhr er mit seinem luxuriösen Auto bis zum Eingangstor des Konzentrationslagers und verlangte bei den SS-Wachen Einlaß mit den Worten »Ich bin Richard Strauss, der Komponist«. Man öffnete das Tor nicht – nicht für ihn, nicht für Paula Neumann. Benn hatte kein luxuriöses Auto. Und er begehrte nirgendwo Einlaß. Er hatte die Pforten zur Welt verriegelt – auch die zu sich selber. Auf die hatte er eingemeißelt »taedium vitae«: »Und die Einladungen und die Blumen auf dem Tisch und das Gemüt? Ich persönlich besitze nichts davon. Ich besitze Müdigkeiten, Melancholie, produktives Aufbrausen, Zögern, Zaudern, Zaubern – das kann ich eine Stunde durchhalten, aber Gemüt, was fange ich damit an? Übrigens, wenn man vier Jahrzehnte geschrieben hat und liest dann jetzt zusammenfassende Rückblicke, Studien, da faßt man sich an den Kopf. Das kann doch nicht sein! Woher stammen denn diese Zitate? Verse von mir? Unmöglich! Wenn mir jemand sagte, daß ich eine Tabakfirma verträte und Zeit meines Lebens Zigaretten hinter dem Ladentisch verkauft hätte, würde ich es auch glauben.«

Mit eben dieser Unnachsichtigkeit verwahrt Benn sich auch gegen ›Gutgemeintes‹; das gilt ihm als zumindest so zudringlich wie jeglicher Angriff. Als ihm im Frühjahr 1936 während all der öffentlichen und halböffentlichen Querelen die ihrerseits nicht unbelastete Schriftstellerin Ina Seidel Sukkurs angeboten hatte – offensichtlich mit zugleich kritischen Einwänden gegen einige seiner Gedichte –, verwahrte er sich gegen diese unerbetene Nachbarschaftlichkeit. Der handschriftliche Entwurf seiner Antwort an sie – einen Tag vor dem Absendedatum 21. 5. 1936 durchgearbeitet – beweist durch die vielen Einschübe, Streichungen, Korrekturen, wie ernst es ihm mit diesem Verweis war: »Haben Sie Dank für Ihren Brief vom 18. d. M. Ich gehe sofort auf ihn ein, da er mein ausserordentliches Erstaunen erregt insofern, als Sie einen so langen Brief weniger an mich als gegen mich schreiben, und ich mir garnichts erklären kann, was die innere Veranlassung dazu ist. Sie schreiben so, als ob Sie sich mir gegenüber präcisieren müssten. Sie schreiben fast so, als ob ich Sie um Ihre Hilfe gebeten hätte und Sie sie mir begründetermassen verweigern müssten. Aber ich habe Sie doch tatsächlich um Nichts gebeten, wüsste garnicht, um was Konkretes ich Sie überhaupt bitten könnte … Ablehnende Stimmen wie die Ihre habe ich viele vernommen, aber nichts hat mich irre gemacht. Ich bekenne mich weiter zu den Gedichten, bin einverstanden mit ihrem Abdruck, nehme die Angriffe, wenn man sie so nennen will, ruhig hin. Was das ›Eigentliche‹ ist, sehr verehrte Gnädige Frau, wer kann das wissen, wo die entscheidenden Instanzen sich nie enthüllen. Wahrscheinlich ist es doch das, was wir tief und leiblich umhüllen, verteidigen gegen die ganze Welt, leidenschaftlich und in allen Schmerzen immer wieder wie den Schwertgriff umklammern, mit dem wir uns unseren Weg bahnen oder fallen, natürlich auch verwundet werden ... Ich kann nicht mit Ihrem Beifall rechnen, nein entschieden nicht. Aber darüber hinaus muss ich mir die Frage vorlegen, was Sie veranlasst, an einigen Stellen Ihres Briefes zum Beispiel in Ihren Bemerkungen über das Gedicht die Krebsbaracke sowie in Ihrer ganz von Ihnen eingeführten Analyse meiner positiven vier negativen Märthyrereigenschaften weit offenherziger zu werden als unseren Beziehungen entspricht. Kein Zweifel, sie halten es für notwendig, sich mir gegenüber zu präcisieren und zu distancieren. Aber das ist doch garnicht nötig, das steht u stand doch nie zur Diskussion, meinen Sie denn ich könnte mich darauf berufen, einmal von Ihnen verstanden zu sein? Aber Gnädige Frau, es bedarf dieser Schärfe des Ausdrucks nicht um einen Regenbogen, der aus Perlen seine Brücke baute. Um Ihnen jedoch jeden Gedanken in dieser Richtung zu nehmen, nehmen Sie bitte das Gedicht wieder an sich, in dem Sie einmal vor Jahren mir Ihre Verbundenheit aussprachen.«

»Herr Oelze« – eine Ehe auf dem Papier

Die verläßliche Quelle für Benns Leben in der Nazi- und Kriegszeit, auch noch für die Zeit danach bis an sein Lebensende, sind seine Briefe an Friedrich Wilhelm Oelze; »1932 trat jener Herr Oelze aus Bremen in mein Leben, den ich selten sah, in dessen Haus ich nie war«. Wer war dieser »Herr Oelze«, wie Benn ihn zeitlebens hieß? Der Bremer Großkaufmann, fünf Jahre jünger, promovierter Jurist, hochgebildet – seine Goethe-Kenntnisse übertrafen bei weitem die seines Briefpartners, dessen Essay »Goethe und die Naturwissenschaften« Ende 1932 die Korrespondenz ausgelöst hatte –, war nicht ein Notizen und Bemerkungen auflesender Eckermann. Er war – vermögend, befreundet mit Rudolf Borchardt und R. A. Schröder, ein Grandseigneur *sui generis*, souverän widersprechend, hingebungsvoll zuhörend – ein Mann der kultivierten Melancholien und erlesenen Absonderlichkeiten. »Herr Oelze« war – neben und nach Else Lasker-Schüler – Gottfried Benns wichtigste Lebensbeziehung. Die einzige vollkommene Partnerschaft. »Herr Oelze« war keine »Frau, die mit zarter und kluger Hand die Stunden und die Schritte und in den Vasen die Astern ordnet«, »Herr Oelze«, zu seinem Glück, war ein Mann. Zu Gottfried Benns Glück. Anders hätte er nicht Partner sein können.

Von früh an Sänger des Ideals vom Androgynen, hatte Benn einen Menschen gefunden – den einzigen, dem er sich offenbarte: Arbeit und Sexualität, Politik und Verzagen, Vorwürfe und Frechheiten, Geldnöte und Frauengeschichten, Schreibhemmungen und Zigarettengier, die Ruhmsucht des Uneitlen und die Wortbesessenheit des Zweifelnden. Es war – über zweieinhalb Jahrzehnte – eine Ehe auf dem Papier. Mit all den Abwendungen, Zurechtweisungen, Koketterien und Kränkungen, die ein erotisches Spannungsfeld nicht ausläßt. Ein Sich-Öffnen ohne Penetration. Nähe ohne Körperlichkeit. Der perfekte Partner – da sexuell nicht erreichbar, ohne die Erfüllung jener *petite mort*, wie in Frankreich der Orgasmus heißt. Nie hätte Benn einer Frau gestattet, so intimen Einblick in sein Denken und Dichten zu nehmen. Selbst die vorübergehende Trübung dieser Innigkeit – im April 1936 hatte er den Wunsch geäußert, die Beziehungen zu unterbrechen: »vielleicht ist es nur die Notwendigkeit einer neuen Verschleierung meines Ich auch vor Ihnen« – zeugt von Intensität; denn einreißen kann man nur eine Brücke, die verbindet. Schon im Dezember 1935 mault Benn: »Ich werde ihn überhaupt von jetzt an kürzer halten mit Briefen. Er fängt an mich zu langweilen«, und ein Jahr später grollt es: »Das ist ein arroganter Halunke, den man sehr kühl lagern muß, sonst denkt er, er sei auch schon jemand.«

Doch kein Zweifel: es sind Liebesbriefe. Deren Charakter entsprechend sind sie voll Zögern und Hadern, Zänkisches wechselt mit Belehrendem, mit Bitten um Zuwendung; und da es Briefe unter Männern sind, geht es auch nicht ohne Frotzelei ab. Immer wieder fragt

Benn – »mich interessiert wirklich Wissen um die gesellschaftlichen Dinge immer sehr« – nach Details der Garderobe, ob weiße Gamaschen zum Anzug, ob eine Blume
im Knopfloch, ob weiße Beinkleider, und er foppt den
Bremer Villenbesitzer, von dem er gar geträumt habe –
»Ich hatte meinen aller schofelsten Anzug an und paßte
nicht ins Milieu« –, mit Distanzvermessungen: »Werden
Sie wieder und noch und immer weiter zu den Glanzträ-
gern und Vollkommenen der Erde gehören mit neuen
Aufträgen, Geschäften, Coups, Konten, Syndikaten und
dem ganzen Konglomerat aus Schönheit, Lässigkeit,
Schick, Auftrieb, Liebe, Sleepingcar der Welt zwischen
Biarritz und Rupenhorn? Wohl Ihnen! Wenn schon ›Le-
ben‹, dann in Üppigkeit und Finessen, nur das Niedersächsische sei verbannt.«

Also auch Hahnenkampf. Wenn Gottfried Benn
schon, dieses einzige Mal in seinem Leben, die Zugbrücke zu seinem Schloß herabläßt – dann muß dennoch
klar bleiben, wer der Schloßherr ist. Die Mitteilungen an
den »wohlgeborgenen, gehüteten, abgeschlossenen, vollendeten Mann«, der schöner als Willy Birgel sei, extra-
vagant elegant und unwahrscheinlich gut angezogen, »er
sieht eigentlich aus wie aus einer Revue«, sollen ja immer
auch demonstrieren: Der eigentliche Herrscher ist der
Kreative, der ohne Gardenien, weiße Beinkleider und
Palmen im Hintergrund, der ohne feudales Büro und
Angestellte währungslos schafft, was währt. Das Gedicht. »Wer das Theater baut, muß andere Dinge bedenken als der, der sich dann reinsetzt und zusieht.« Die In-
strumentierung des Brieftons erinnert durchaus an das
Gefälle, das Thomas Mann gewahrt wissen wollte, wenn

er von »der reichen Geistpute«, seiner Gönnerin Agnes Meyer, sprach oder wenn Edith Sitwell sich darüber amüsierte, daß New Yorker Millionäre sie im Wasserflugzeug auf ihren Landsitz bringen ließen. Marcel Proust und Robert de Montesquiou, der Bürgerliche und der Graf, aber eben doch der Porträtist und nur das Modell – auch von dieser Spitzigkeit ist etwas in dem Verhältnis des poweren Dr. med. zum Patrizier. Es ist eine delikate Balance; nicht ohne Grund wittert Benn bei dieser Existenz am Rand von Wirklichkeit und Halluzination: »Ob er im Unterbewußtsein doch homo.. ist? Ohnedem, ist er eigentlich unerklärlich.« Nun mag jener dunkle Satz von Oelze an Benn, der ihm ein Kurzkolleg über Neurosen einträgt – »Ich habe nie über meine wirklichen Neigungen sprechen können« –, im Gefolge eines früheren Geständnisses, er habe nie geliebt, allerlei Vermutungen Vorschub leisten, die letztlich irrelevant sind. Derlei Vertraulichkeiten werfen allenfalls die Bennsche Eismaschine an: »Ein bischen Leben, mehr haben wir nicht, seien Sie doch nicht so anspruchsvoll, so ambitieux. Wollen Sie vielleicht Glück? Darauf haben Sie natürlich gar keinen Anspruch.«

Randscharfe Bildlichkeit und Witz unter schwer-verhangenen Lidern hat Peter Wapnewski das in einem klugen Aufsatz genannt; es geht wohl gar tiefer. Homosexualität ist für Benn keine Kategorie – es sei denn als jene Verbindung zum Urgrund, in dem der Platen-Verehrer den Quell der ästhetischen Produktion sieht: »Von den 3 allergrössten Männern der weissen Rasse, war einer sicher, einer angeblich oder wahrscheinlich, einer bestimmt nicht: homosexuell. Michelangelo, Shakespeare,

Goethe. Eine ziemliche Procentzahl!« Und nur, wenn der Herr aus der Bremer Gentry sich dem Rand des Unheimlichen nähert, akzeptiert der Hochmütige aus Berlin den Beichtvater; sonst bekrittelt er dessen Ästhetik als »ein klein wenig klassizistisch«, bescheinigt ihm einen »anti-Sinnlichkeits-Komplex« oder zählt dem Mörike-Liebhaber »Inselverlagskrumen« vor. Damit der Empfänger seiner Botschaft ihm ebenbürtig werde – zweitausend Briefe meinte Benn an Friedrich Wilhelm Oelze geschrieben zu haben; es sind aber nur etwas mehr als siebenhundert –, muß er ihn satanisieren. Der Künstler macht aus dem Gesprächspartner eine Kunstfigur: »Wollen Sie wissen, was meine Tochter, deren Gedanken sich viel mit Ihnen beschäftigen, unter Anderem sagte? ›Eine unheimliche Erscheinung! Man muss damit rechnen (!), dass er nachts ein schwarzes Trikot anzieht u. auf Einbruch geht‹. Nun? Wenn das kein Effekt ist! … Die Bemerkung meiner Tochter ergänzte sie dann auf meine Rückfrage – wieso Einbrüche? – dahin: aus Sensationsbedürfnis, aus Abwegigkeit, aus Perversion. Also: Manolescu als Dämonie, ich wollte, Sie gäben mir davon ab!«

Der reale Oelze – außer nach dem Krieg, wenn er den von Benn hartnäckig »Café« geschriebenen Kaffee schickte – war eher bedrohlich. Es war eine Sehnsuchtsbeziehung wie die von Kleist zu Wilhelmine v. Zenge, von Kafka zu Felice Bauer, von Tucholsky zu Mary Tucholsky: Komm bitte, aber bleib weg. Sehr spät, erst Anfang der fünfziger Jahre, hat Benn Oelze besucht und war ein wenig verdutzt, »nachdem ich Sie in Ihrem Milieu gesehen habe. Unsere Beziehung erscheint mir doppelt seltsam«.

Zuvor war er einer Begegnung zumeist ausgewichen. Im Winter 1935, gemeinsame Weihnachtstage im Harz waren geplant, kehrte er um, als er Oelze auf der Straße im tiefen Schnee vor einem Plakat stehen sah – das war zu viel wirkliche Wirklichkeit: »– also: ich kam um 9 $\frac{1}{2}$ an, frühstückte im Hahnenkleer Hof, schauerliche Leute, feiste Ehepaare ihre weichgekochten Eier aufklopfend, nach der Post meckernd, ›Ober, mein Gespräch nach Königsberg‹, (um noch die Losung von Heiligabend zu erfahren), ›Ober, hier fehlt Salz, es kommt nichts raus, also ist wohl auch nichts drin‹ (in der Salzdestilliermaschine nämlich) – kurz mir war schon an sich nicht gut, nun wurde mir vollends greulich.« Das wiederholte sich später in Bremen – als Benn aus der Straßenbahn stieg und das Straßenschild »Hartwigstraße« sah, wo Oelze wohnte, kehrte er ebenfalls um; er habe nicht mehr gewußt, ob er gelegen komme. Auch in Hannover trafen sich die beiden in Restaurants oder Cafés, Benn setzte sich meist vor dem verabredeten Zeitpunkt mit Blick auf den Eingang, nie blieben sie bei Bier oder Wein lange beieinander. Als Benn den Besucher einmal unerwartet auf der Straße sah, wandte er sich ab, als habe er ihn nicht bemerkt. Oelze hingegen hat Benn nach einem ersten Besuch 1934 in der Belle-Alliance-Straße regelmäßig aufgesucht – die sechs Kriegsjahre ausgenommen – und zählt drei Besuche Benns in Bremen: »Bei jeder unserer Zusammenkünfte verbat er sich einen größeren Kreis.«

Einmal wohl war der Schauspieler Gert Westphal dabei, dem vor allem Benns Stimme – »wie auf dem Exerzierplatz« – auffiel.

Die Camouflage der Höflichkeit beherrscht Benn perfekt. Vollendete Manieren, Blumen und Konfekt, Erkundigungen nach dem Wohlergehen der Gemahlin dürfen nicht täuschen; das ist die Wohlerzogenheit übergestreifter Wildlederhandschuhe – die aber auch helfen, Berührungen zu vermeiden. Über die herabgelassene Zugbrücke führt eine Einbahnstraße; Benns Briefe sind alles in einem: Notsignale, nicht-geschriebene Essays, politische Kommentare – und Gedichte. Der »Herr Oelze« ist ein Archiv, das den Vorzug hat zu leben. Es kann antworten, den Eingang bestätigen, auch schon mal eine Meinung äußern. Das stößt zumeist auf Abwehr, zumindest auf Befremden. Benn sieht in dem gebildeten Großkaufmann einen Empfänger – sehr bald übrigens wirklich seinen Archivar –, einen Gesprächspartner eher nicht. Da er, mit Ausnahme eines kleinen Privatdrucks, in den Kriegsjahren nicht publizieren konnte, ist F. W. Oelze eine Mischung aus Verleger ohne Druckerei und Kritiker ohne Zeitung; von beiden erwartet fast jeder Schriftsteller schweigend-huldvolle Entgegennahme, Einspruch gewißlich nicht. Wagt Oelze den, erhält er Rügen: »Wie schwer es Ihnen ist, an diese Gedichte heranzukommen, Sie Ärmster, alles sträubt sich in Ihnen, in Ihrem nach Harmonie u Tonalität strebenden Herz dagegen.«

Gelegentlich – wie bei dieser Zurechtweisung – wehrt Oelze sich, erläutert, daß wir alle doch wohl einem Zwang unterliegen, tonal zu denken, zu sehen und zu hören, oder er betont, daß selbst extreme Gedichte wie »Das moderne Ich« letztlich Harmonie böten; kluge Einrede, auf die Benn nicht eingeht. Ein Solist will Publikum, vielleicht Applaus – Mitsprache will er nicht. Der Solist gibt den Ton an. So sind Benns Briefe an Oelze eine in tausend flitzende Hobelspäne aufgespaltene Autobiographie, ein faszinierendes Selbstzeugnis, authentischer als sein Buch »Doppelleben« – grotesk, frivol, hochmütig, melancholisch. Oelze ist: Beichtvater, Copain, Registrator. Als er nach dem Krieg gelegentlich von den Schwierigkeiten beim Aufbau seines Import-Imperiums berichtet, hat Benn stets die Geste eines kühlen ›lassen Sie mich mit Ihren Sorgen in Ruhe‹ zur Hand; für ihn ist er immer die »Excellenz im Claridge«, wie die Widmung im Privatdruck lautet. Benns Erkundigungen nach des Freundes Lebensumständen verweisen den gleichsam an seinen Platz: »Ihr Hochspannungsgehirn, allein ohne Partner, die finanziellen Entscheidungen, die Entschlüsse, die Kalkulationen?« Das klingt manchmal ermahnend, »da Sie nun auch die vielen äusseren Schwierigkeiten an sich erleben, mit denen wir schon lange völlig vertraut sind«, und manchmal einigermaßen rüde: »Ihre Kritik an dem Wirtschaftssystem als Ganzem kann ich nicht überzeugend finden. Sie verdanken es doch diesem Wirtschaftssystem, dass Sie mindestens bis zu Ihrem 55. Jahr alle Vorteile und Schönheiten dieses Systems geniessen konnten und Ihr Leben zu dem machen konnten, was Sie sind. Dass dahinter Raub und Mord steht, war Ihnen ja zur Genüge bekannt.«

Immer wieder werden diese Briefe als Rufe aus der Einsamkeit charakterisiert, als Anfälle von Atemnot. Das sind sie nicht. Benn atmet tief, klag-los und frag-los. Er trägt seine Einsamkeit gebieterisch wie ein Zepter vor sich her, den herrscherlichen Mantel aus Hermelin, der bekanntlich rein bleibt in jedem Schlamm. Wenn Benn sich benennt, erkennt er sich: ichgebunden und solitär, anti-emotional und eindrucksfeindlich; denn nur das ist Stil: »Die Denkfunktion der Verneinung ist die vom höchsten Rang. ... Darum ist alles Denken pessimistisch u. wer mit ihm beladen ist, geht schweigend in seiner Larve umher.«

Ab August 1943 kommen die Briefe aus Landsberg an der Warthe, auf dem Briefbogen »General-von-Strantz-Kaserne, Block II, Zimmer 66«. Der Oberstarzt Dr. Benn ist mit seiner Dienststelle aus dem bombenbedrohten Berlin evakuiert worden. Der Auftrag: Selbstmordstatistiken von Wehrmachtsangehörigen zu führen. Seine Frau kann er als Wehrmachtshilfskraft ebenfalls dort unterbringen, obwohl es scheint, daß die Wohnung einer nun endgültig zerrütteten Ehe Obdach bietet. Benns Briefe chiffrieren einen Genuß des Genußlosen: »Mittags giebt es alles auf tiefen Tellern hingestellt, Besteck ist mitzubringen. Abends Kunsthonig oder Margarine auf Papier zum Mitnehmen.« Die Tagebücher der Herta Benn sprechen eine andere Sprache. Eine Freundin hatte nach ihrem Tode den vollgekritzelten Taschenkalender in einem Koffer gefunden und Benn angeboten; doch der lehnte es brüsk ab, die Aufzeichnungen auch nur zur Kenntnis zu nehmen. Zum einen entwickeln sie das Bild der ständig sich um kleine Extras mühenden Hausfrau, die zwischen Fliegeralarm und Schlangestehen Benns Manuskripte abtippt. Zum anderen das einer kränkelnden, an rheumatischen Gelenkentzündungen leidenden und längst morphiumabhängigen Frau, die von Fürsorglichkeiten ihres Mannes – »Voralarm. G. machte kehrt und ließ mich stehen« – nichts zu notieren weiß; zum dritten erfahren wir von Benns nicht unbegründeter Eifersucht. Jener französische Kriegsgefangene namens Desmoulin, der des Oberstleutnant Benns Stuben zu fegen hatte, machte sich – »Blumen mit Widmung für mich gebracht« – wohl nicht nur mit Schokolade und Zigaretten aus seinen amerikanischen Paketen bei Herta Benn bemerkbar. Benn kannte ihn, hatte von Oelze für ihn ein Gide-Buch erbeten. Zwar hatte er noch vor kurzem eine »bezaubernd mollerte, gewähltest gepflegte, ledertaschenumprunkte blonde Baronesse« in einem Eisenbahn-Coupé, nun, sagen wir: genossen; aber das war *sein* Recht.

So haben wir uns die eineinhalb Jahre in Landsberg als reichlich zersetzte Idylle vorzustellen. Benn besaß ja die Fähigkeit, Umwelt gänzlich zu ignorieren. Den mehrfachen Umzug seiner Dienststelle im immer stärker zerbombten Berlin hatte er mit Gleichmut ertragen, Gedichte und Prosa waren entstanden – »das ganze würde wohl ein kleines neues Buch von 200 Seiten geben« –, er hatte an der Friedrich-Wilhelms-Universität Carl Schmitts Vorlesung »Über den Begriff des Politischen« gehört, mal mit »Muschelkalk«, der Ringelnatz-Witwe, Mosel getrunken, mal zur Aufbesserung der Haushaltskasse während des Urlaubs eine Arztvertretung übernommen, gar in der Bozener Straße einen Praxisraum für Privatpatienten eingerichtet; denn eine Kassenzulassung hatte er nicht.

Die komfortresistente Schildkröte Gottfried Benn, Oberstarzt, Standortarzt und Kommandeur der Heeres-Sanitätsstaffel Landsberg a.d. Warthe, anfangs in einem

Mannschaftsraum »Zimmer 66« – wo er an dem Essay »Pallas« arbeitet –, dann in der 2-Zimmerwohnung mit Bad, versorgt von der Ehefrau auch schon mal mit Hasenleber, Rehkeule oder Hirschkalb, läßt es sich nicht verdrießen: »Nichts Träumerischeres als eine Kaserne! Zimmer 66 geht auf den Exerzierplatz, drei kleine Ebereschen stehn davor, die Beeren ohne Purpur, die Büsche wie braunbeweint. Es ist Ende August, noch fliegen die Schwalben, doch zu den großen Zügen schon versammelt. Eine Bataillonskapelle übt in einer Ecke, die Sonne funkelt auf Trompeten und Schlagzeug, die Himmel rühmen spielt sie und Ich schieß' den Hirsch im wilden Forst. Es ist das fünfte Kriegsjahr, und hier ist eine völlig abgeschlossene Welt, … Kulissenwelt.«

Nicht einmal Beschimpfungen auf offener Straße, von denen seine Frau berichtet – sie müssen doch wohl der Offiziersuniform gegolten haben; 150 000 deutsche Soldaten sind in Feuer und Eis von Stalingrad verreckt – bringen ihn auf. Herta Benn notiert wenige Tage vor dem 20. Juli 1944: »Gottfried ist von einem unheimlichen Fleiss. Ich habe eben wieder für ihn geschrieben. Das ist immer eine unendliche Bereicherung, eine Flut von Bildern. Ich nenne ihn den Zeitraffer. Nach einiger Zeit findet er mich meist blass geworden unter dieser Fülle und schlägt dann rücksichtsvoll eine Pause vor.«

Gottfried Benn ist weder innig noch innerlich. Er ist in sich. Hermetisch. Draußen versinkt Europa in Trümmern, die deutschen Städte verrauchen in Schutt und Asche, Hitler befiehlt die Politik der verbrannten Erde beim Rückzug aus Rußland, in Casablanca haben Churchill und Roosevelt die »bedingungslose Kapitulation«

Deutschlands beschlossen, die Geschwister Scholl sind soeben hingerichtet worden; und im selben Jahr, 1943, sucht da einer nach dem Reim, versichert einer Oelze beim Übersenden des Gedichts, »daß tatsächlich in den Rückständen der roten Rosen ein kieselhartes Element: Titan gefunden wird«:

> Ach, aus den Archipelagen,
> da im Orangengeruch
> selbst die Trümmer sich tragen
> ohne Tränen und Fluch,
>
> strömt in des Nordens Düster,
> Nebel- und Niflheim,
> Runen und Lurengeflüster
> mittelmeerisch ein Reim:
>
> Schließlich im Grenzenlosen
> eint sich Wahrheit und Wahn,
> wie in der Asche der Rosen
> schlummert der Kiesel, Titan ...

Es gilt, sich ein weiteres Mal zu verdeutlichen: für den Schriftsteller gibt es nur einen Wert, und der ist sein Werk. Man muß gar nicht bis in die Renaissance ausweichen, etwa zu dem zweifachen Mörder Benvenuto Cellini, dessen Skulpturen gleichwohl so beliebt und begehrt waren, daß ihm nach der einen Bluttat der Herzog Alessandro de Medici Obhut in seinem Palast gab, und über den Papst Paul III. – von den Angehörigen der Opfer bedrängt – sagte, »nehmt also zur Kenntnis, daß Männer wie Benvenuto, die in ihrem Beruf einzigartig sind, nicht dem Gesetz unterworfen sein müssen«. Franz Kafka untermauert den eigenen Stoßseufzer – »Alles, was sich nicht auf Literatur bezieht, hasse ich« – mit dem Satz aus Flauberts Briefen: »Mein Roman ist der Felsen, an dem ich hänge, und ich weiß nichts von dem, was in der Welt vorgeht.« Thomas Mann notiert in seinem Tagebuch am 6. August 1945: »Schloß Kap. XXVII ab. In Westwood zum Einkauf von weißen Schuhen u. farbigen Hemden. Erster Angriff auf Japan mit Bomben, in denen die Kräfte des gesprengten Atoms (Uran) wirksam.« Joseph Brodsky – Gottfried Benn »ist mein Idol« – antwortete auf die Frage, ob er in die Sowjetunion zurückkehrte, wenn man ihn dort druckte, mit »Ja«. Walter Benjamin schleppte sich auf der Flucht über die Pyrenäen zu Tode an jener berühmten Aktentasche mit seinem letzten Manuskript, die nicht aufgefunden wurde. Es ergäbe eine Kulturgeschichte von sehr eigener Valeur, wollte man zusammenstellen, wen oder was Künstler zu verraten und im Stich zu lassen bereit waren, ging es um ihr Werk.

Benn wußte – wie jeder denkende Mensch; wie die Verbrecher selber, die dennoch nicht zögerten, noch Hunderttausende in den Tod zu schicken –, daß der Krieg verloren war. Er igelte sich ein, sprach tagelang kein Wort, aß in seiner Wohnung, hob das Telefon nicht ab, verließ wochenlang nicht die Kaserne: Flüchtlingselend, überfüllte Lazarette, Seuchengefahr, Feuer über Dresden – über all das erfahren wir vom Sanitätskommandeur nichts. Statt dessen Nachdenken über Rilke oder Tschaikowsky oder D'Annunzio oder Dos Passos –

und über die eigene Arbeit. Er schreibt am »Roman des Phänotyp«, er verpackt Manuskripte, die er per Dienstpost an Oelze schickt, denn: »Die roten Reiter tränken ihre Rosse schon in der Warthe u es wäre töricht, nicht mit ihrem nahen Kommen zu rechnen.« Gelegentlich fuhr er noch nach Berlin, auch Frau Herta; die Wohnung in der Bozener Straße war nicht zerbombt, allerdings hausten dort Zwangsmieter. Im Januar 1945 gelang seiner Frau die Flucht aus Landsberg, per Lkw und mit ein paar gepackten Sachen, der Platz im Lastwagen kostete 1000,– Mark und einen Schinken. Beschwörend wird der Ton seiner Briefe an Oelze nur, geht es um seine Manuskripte. Ansonsten Lakonie. Die Gedichte werden per Wertpaket verschickt. Als Muster ohne Wert schildert er sich: »... im letzten Augenblick aus L. entkommen über Stock u. Stein, im offenen Viehwagen bei 10° Kälte, 12 Stunden dauerte die Fahrt von Küstrin hierher ... Berlin! Eine fahle Trümmerstadt am Rande der Hungersnot. Und wenn die Schlacht um Berlin beginnt, was jeden Tag bevorsteht u. schneller als die Meisten ahnen, wird Schluss sein: die Russen mit Artillerie u. die anderen von oben pausenlos 48 Stunden, u. dann wird alles befriedigt sein, die einen von der heroischen Verteidigung u die andern von der ebenfalls heroischen Eroberung.«

Es klingt, als betrachte er die Wochenschau. Anders klingt es nur, ist Literatur im Spiel. Schon jetzt beginnt Benn, sich mit den literarischen Emigranten zu beschäftigen – »Es ist alles so belanglos, ob sie kommen, was sie denken, wie sie urteilen« –, die noch gar nicht zurück sind. Dem Selbstgespräch-Charakter seiner Briefe entsprechend erwägt er, ob er nicht doch recht gehabt habe, damals, 1933, ob nicht nur derjenige über Deutschland richten und urteilen könne, der »hier geblieben« sei. Er bereitet seine Position vor für das Deutschland nach der Katastrophe.

Vorerst aber erlebte er eine private Katastrophe. Die Wirrnis der letzten Kriegstage riß auch Herta Benn in ihren Strudel. Am 5. April 1945 floh sie vor den Bombenangriffen aus Berlin in ein Dorf Neuhaus an der Elbe – »ich bleibe noch hier«. Dort versuchte sie, vor den Russen zu fliehen, auf die amerikanische Seite zu gelangen, sie mußte an der Elbe umkehren. Post und Telefon funktionierten nicht. Sie war ohne Nachricht von ihrem Mann, den sie vielleicht tot oder in Gefangenschaft wähnte. Am 2. Juli 1945 nahm sie das Morphium, das jeder von beiden »für alle Fälle« bei sich trug. Der Pfarrer, der sie beerdigte, hatte anfangs den Namen falsch gelesen – es stellte sich heraus, daß er der Familie Benn verbunden, gar Nachfolger eines Bruders von Benn auf einer Pfarre war. Er hätte ihr helfen, Obdach geben können. Wenig später klingelte ein fremder Mann »mit riesig viel Goldzähnen« in der Bozener Straße, übergab Benn einen Brief und sagte, »ich muß aber leider hinzufügen, daß sich der Briefschreiber am nächsten Tag das Leben nahm«. Man hatte sie auf dem Boden einer Kate auf einem Kartoffelsack gefunden, vom Arzt erhielt Benn, als er das Grab im Herbst besuchte, sechs Goldstücke – »Die habe ich im Haarknoten Ihrer Frau gefunden ... ich bewahrte sie auf für Sie.« Noch fünf Jahre später, Benn ist längst mit seiner dritten Frau Ilse verheiratet, bricht es aus ihm hervor:

»Ach, es giebt Dinge, um die kommt man nicht herum und nicht hinaus.«

Ist er zerstört? Wohl eher nicht. Sein Klagen suggeriert es, und wenn er nahezu aufheult »Nichts in meinem Leben hat mich so getroffen, so tief getroffen wie dieser Tod«, dann haben manche Interpreten von Sentimentalität gesprochen. Das war es nicht. Seine Psyche ist wesentlich komplexer. Für Gottfried Benn ist das vollendete Glück – die Abwesenheit von Glück. Das Trauern um einen Toten ist das Öffnen der Kammern tiefster Einsamkeit; dort, und nur dort findet er sich; dort, nur dort ist Ruhe. Jene Ruhe, die er als Voraussetzung begreift für jegliche Produktion. Jenes verlorene Glück der anderthalb behaglichen Landsberg-Jahre, bescheiden, draußen die kleinen Häuser, die Feldwege, »ein Frieden, den ich nie kannte« – dafür setzt er letztlich ein falsches Wort ein. Das *mot juste* müßte Zufriedenheit heißen. Es geschah nichts; und diese Nicht-Bewegung war Vorstufe, Voraussetzung für Glück. Doch erst der völlige Stillstand – bald wird der Titel seines neuen Gedichtbandes »Statische Gedichte« heißen – ist Vollendung. Leben mit einem Menschen hingegen ist immer auch Tun, Tätigkeit, »das Tätliche«: »Die geistige Intensität, die von mir immer in meine Prosa ging, ist mir heute u. im Augenblick unsympathisch u. verdächtig, Schweigen erscheint mir grossartiger, leidend schweigen tiefer. Das Ungestüme, Sichhineinwerfende, das *Tätliche* der Essayistik scheint mir mehr für Arsenale u. Waffenfabriken zu taugen als für die Reiche der Aussage u des Gefühls.« Benn hat dieses streng mineralogische Konzept von Leben, gesellschaftsfremd, geschichtsfern, starr und schweigend:

»Wo die Wurzeln lautlos sich bewegen, im Sand, zwischen Gestein, im Stummen, wo die unerträglichen Zischlaute der Mäuler schweigen, kein Ausdruck mehr hinreicht und die Bilder verfallen: dorthin säumt sich, träumt sich das Ich –«

Trauer um einen Menschen ist bei Benn immer beides: Verlust von Behaglichkeit und Genuß von Schmerz. Erinnern wir uns an den Selbstmord der Schauspielerin Lili Breda, »die hübsche kleine Freundin«, im Winter 1929, die er keineswegs zu heiraten beabsichtigt hatte, und die nun – zerschmettert auf dem Pflaster nach ihrem Sprung aus dem 5. Stockwerk – »tief geliebt« war, traurig, erfüllten Herzens. Erfüllt! Benn weint in melancholischen Briefen, sieht sich als neuen Menschen, wenn er alles überwunden haben wird. Doch der penible Wortsetzer sagt erfüllten, nicht vollen Herzens. Man erfüllt sich einen Wunsch. Und er schreibt ein Gedicht: an sich. Sinniert gar in Briefen, ob all diese Affektausstellungen nicht dazu führten, daß man am Leben »vorbeifühle«; denn, wie ein anderes Gedicht es will, Leben ist ja nur »niederer Wahn! / Traum für Knaben und Knechte«. Indes das Trauergedicht für die Geliebte ein Selbstgespräch ist:

> Du mußt dir alles geben,
> Götter geben dir nicht,
> gib dir das leise Verschweben
> unter Rosen und Licht,
> was je an Himmeln blaute,
> gib dich in seinen Bann,
> höre die letzten Laute
> schweigend an.

Wenn in dem Wort Erfahrung auch der Begriff Fahren steckt, dann kann man sagen: der Verlust eines Menschen ist für Benn stets auch die Fahrt im Nachen über den Hades – auf sich zu. Deswegen kann er noch im D-Zug auf der Rückreise von der Beerdigung seiner ersten Frau ein Verhältnis beginnen; deswegen kann er ein Jahr nach dem Tod seiner zweiten Frau – grübelnd, »ob ihm jemand die Kragen plättet« –, eine Gefährtin sich »heranziehen«, die er alsbald heiraten wird, obwohl »kein Wahnsinn trübt mein alterndes Gehirn ... Es wird ihr Leben nicht schädigen, wenn sie eine Weile mit mir verbracht hat, sie wird einiges lernen, einige innere u. äussere Erfahrungen bei mir u. durch mich sammeln u. dann wird sie weitergehn u. meinen Namen noch eine Zeitlang tragen u. die Erinnerung an mich bewahren, so lange sie es kann u. mag«.

Blühende Wüste Berlin:
»mein großer Aufstieg«

Die Roten Reiter waren in Berlin eingetroffen, eine Heerschar in Blut und Horror Rächender für den Terror, den wir ihnen angetan. Die geliebte Stadt war eine Trümmerwüste. Unter den Linden regulierte ein Rotarmist mit Fähnchen den Verkehr, der aus Panjewagen, Panzern und verrosteten Fahrrädern bestand. In der ihm eigenen Logik wird der geradezu frenetische Berliner nun erklären: »Ich bin ja *kein Städter*, ich hänge an Dörfern u. am Land; Lyrik kann u konnte ich immer nur machen mit Landschaft um mich oder wenigstens in unmittelbarer Nähe.« Und er wird in ironisch zitternder Erwartung auf einen Wahrsager hören, der »meinen großen Aufstieg« prophezeite. Gottfried Benns letztes Lebensjahrzehnt hat begonnen.

Berlin war eine blühende Wüste. Glücklich, wer einen Leiterwagen besaß, reich, wer ein Fahrrad hatte. König war der Gast, der ein Brikett mitbringen konnte. Die Währung hieß »Chesterfield« – für Zigaretten bekam man eine Frau oder ein Pfund Butter, für eine Leica ein Einfamilienhaus in Steglitz, für einen HJ-Dolch zahlten GI's zwei Büchsen Nescafé. Im Winter 1946 erfroren die Menschen in ihren Betten. Der Schlager, der sehnsuchtsvoll mitgesungen wurde, hieß »Würstchen mit Salat« –

Traum der Hungernden, so hoffnungsträchtig wie heute eine »Traumschiff«-Reise. Die Nahrung bestand aus Sauerampfersalat, geklauten Kartoffeln und manchmal einem Stück Fleisch von einem ermordeten Pferd. »Es ist grotesk«: Mit diesem stürmisch bejubelten Satz in der Rolle des Christian Maske debütierte der eben aus sowjetischer Gefangenschaft freigekommene Gustaf Gründgens am 3. Mai 1946 auf der Bühne des Deutschen Theaters in Sternheims »Snob«; es heißt, die Russen hätten ihn versehentlich festgesetzt, weil sie den Titel »Generalintendant« an der Türklingel als militärische Rangbezeichnung mißverstanden hätten. Für ihn gutgesagt hatte der kommunistische Arbeitersänger – und spätere Brecht-Schauspieler – Ernst Busch. Sehr rasch öffneten also wieder die Theater, es gab Konzerte, auch Tanzetablissements: in den besseren wurde Alkolat-Sekt zu Brötchen mit Leberwurstersatz ausgeschenkt, das war eine Pampe aus grauer Grütze mit Thymian-Pulver.

Die Stadt war eingeteilt in fünf Sektoren. Vier davon waren kenntlich gemacht durch große Holzschilder, auf denen zum Beispiel »You are now entering the American Sector« oder »Vous quittez le Secteur Français« aufgemalt war. Jeder der Sektoren war auch Schaufenster der jeweiligen Besatzungsmacht – bei den Russen konnte man »Gorkis Kindheit« im Kino sehen, in der »Maison de France« die Cocteau-Filme, und die Amerikaner boten Literatur-Seminare, in denen die jungen Männer mit alten Gesichtern und umgefärbten Uniformsachen mit jenen Schriftstellern vertraut gemacht wurden – Dos Passos, Erskine Caldwell, Lillian Hellman –, deren Bücher in den USA von Senator McCarthy bereits aus den Bibliotheken ausgesondert wurden. Wo es im einen Sektor hieß: »Frau komm«, sagte man im anderen: »Hallo, Fräulein« und zahlte immerhin mit Nylons die Dienste, derentwegen die Praxis für Haut- und Geschlechtskrankheiten florierte. Dieses Schild steht am Eingang des fünften Sektors: Dr. med. Gottfried Benn. Er ist sein eigenes Hoheitsgebiet, exterritorial, gleichweit entfernt von »dort Wodka und Kaviar, hier Pampelmusen u. Stepp«; alle sind ihm gleich, einige etwas ungleicher: »Sie haben meines Wissens in Ihrem Leben keine Begegnung mit russ. Soldaten u Behörden gehabt u nie den Eindruck dieser mephitischen Dschungelluft, das Unheimliche dieses Phänomens empfunden, das jeden Einzelnen, absolut *jeden*, umweht.«

Seine siebenundzwanzig Jahre jüngere Frau Ilse – er hatte sie 1946 gelegentlich einer Typhus-Schutzimpfung kennengelernt und am 18. Dezember geheiratet – »ist Dr. med. dent., Zahnärztin, hat eine eigene große Praxis, verdient ganz gut. Sie hat ihre Praxis 3 Häuser von hier, zieht aber jetzt zu mir, um die Unkosten zu verringern u auch, weil es netter ist, wenn sie sich um den Haushalt kümmert«. Sie hat Benns schweigsame Rituale geschildert: »Nach unserem kurzen Abendgang saß er meist am Schreibtisch des gemeinsamen Wohn-Schlafzimmers. Er entschuldigte sich bei mir, er müsse etwas notieren. In Wirklichkeit schrieb er mit einem Kugelschreiber fieberhaft in ein schwarzes Heft, ohne abzusetzen … Nach längerer Zeit des ununterbrochenen Schreibens sagte er: ›Du sprichst ja gar nicht mit mir, woran denkst Du denn? Soll ich Dir etwas zu trinken holen? Ja, ich hole Dir etwas.‹ … Wir waren schwer arbeitende, disziplinierte

Ärzte. Pünktlich und früh fing der Tag an. Um neun Uhr ging jeder in sein Sprechzimmer und kam nicht mehr zum Vorschein vor zwölf Uhr dreißig. Dann stand ein Essen auf dem Tisch, von einer getreuen ostpreußischen Haushälterin gekocht, das sie morgens besprochen hatte, meistens mit Herrn Doktor ... Keine lauten Gespräche auf dem Flur. Die Patienten sollten schnell im Wartezimmer verschwinden. Und um 19 Uhr mußte Schluß sein.« Benn hat seinen Sektor wohl zerniert – »die Verschanzung im Winterlager« –, weiß sich sowohl über sich selber im »Schlips vom Broadway« zu mokieren, als auch das Personal zu loben: »Meine Frau ist sehr nett, läßt den Alten in Frieden ... kann ... mit *Sicherungen* umgehn, wenn das Licht aussetzt, u. mit Rolleaux, was mir fremde Welten sind.«

Jeder Regent braucht eine Armee; und jede Armee braucht eine Versorgungstruppe. Benns Armee besteht aus Worten. Die Versorgungstruppe wird rekrutiert aus Redakteuren, Verlegern, Kritikern – ungeliebt, wie Fouragiere nun einmal sind, »der Journalismus ist der Spulwurm des Geistes«, beargwöhnt und herabgesetzt. Unter nicht endenwollenden Beteuerungen, die gar wie Selbstbeschwörung klingen – »Ich halte garnichts von mir« oder »Ich bin kein gepflegtes Gehirn, das seine Produkte an gekachelte Molkereien abliefert« – begann er eine umfangreiche Korrespondenz mit Journalisten, Kritikern, Zeitschriftenredakteuren und Verlegern. Im selben Brief, in dem er gar nichts von sich hält, weiß er von jemandem zu berichten, der »schon lange ein Buch über mich schreiben wollte« und im Brief an Oelze, in dem er seine Absage zur Mitarbeit am »Merkur« avisiert, schildert er

geschmeichelt den Besuch eines »Jünglings ... ein 26jäh-
riger geschniegelter Junge«, der ihn im Auftrag eines Verlages besuchte. Verleger – Dr. Eugen Claassen, Henry
Goverts, Ernst Rowohlt, Peter Schifferli vom Zürcher
Arche Verlag: nicht ohne Behagen registriert der Autor
die Zuwendung seiner Proselyten. Friedrich Sieburgs
Aufsatz über die »Statischen Gedichte« in der »Gegenwart« vom April 1949 quittiert er mit einem »Dies ist die
erhabenste Kritik, die je über mich erschienen ist –,
eigentlich müßte man umfallen und sterben«.

Der mit vielen Varianten und Korrekturen versehene
Briefentwurf an den Verfasser der Kritik führt ein anderes Mal die Bennsche Eigenart des Monologs vor; wie so
mancher andere ist auch dieser Brief mehr eine Selbstbe-
stimmung als eine Mitteilung: »Ihre Besprechung ist der
Art, dass der Besprochene nach der Lektüre ins Nichts
verschwinden müsste, seine Mythe beginnen lassen und
er selber sich in das Schattenheer einfügen, das Empedo-
kles umgiebt und sein Gefolge bildet ... Ihr Artikel ist
ferner der Art, dass ich mir von Neuem die Frage vor-
lege, die ich mich schon öfter frug, ob ich mich nicht in
meiner Produktion auf jenes halbe Dutzend Gedichte
hätte beschränken sollen, die im günstigsten Falle eines
lyrischen Geschicks dem Autor für sein Leben lang be-
schieden sind ... Abschweifung und Irrtum, ein Leben
ohne Kontinuität und ein Ende, das nichts rechtfertigt
und nichts erklärt – alles dies steht hinter dem Gedicht,
hinter den sechs Gedichten, die dies Jahrhundert jedem
Lyriker als seine ganze Ernte zugesteht.«

Armeeführer Benn manövriert sich in eine absurde,
höchst widersprüchliche und im Zickzack verlaufende

Frontlinie hinein. Stets äußert er den Verdacht, er stünde auf gewissen schwarzen Listen – was nicht stimmte. Unentwegt spricht er von den einflußreichen Emigranten, die ihn verfolgten – aber in Westdeutschland und Westberlin gab es so gut wie keine aus der Emigration zurückgekehrten prominenten Schriftsteller; außer Döblin, der ihn angeblich »Schuft und Bursche« genannt habe. Diesen traf der Wiesbadener Verleger Max Niedermayer, als er den französischen Oberstleutnant in seinem Büro besuchte, vor einer Fotografie Benns an und berichtet Benn sogar von einem »Lobgesang auf Ihre Bücher«. Im Dezember 1949 hatte Döblin an Ludwig Marcuse nach Los Angeles geschrieben: »Keine Ahnung habe ich von dem Buch von Benn ›Ueber Ausdruckskunst‹, er ist nach seinen anderen lyrischen und prosaischen Schriften immer noch ein starkes Sprachtalent, Nihilist und Zyniker von Kopf bis zu den Füssen ... Diesen Burschen, der damals von dem Ende des Nihilismus schrieb, und uns Emigranten wütend beschimpfte, kenne ich nicht und plane ich nicht zu kennen. Jedenfalls wird er sein Leben ohne mich verbringen müssen.«

Es gab allenfalls noch einen zweiten, der aber weder zurückgekehrt noch von irgendeinem Einfluß – leider – auf die deutsche Nachkriegskultur war: Klaus Mann. Schon dessen »Mephisto«-Roman, Benn 1937 zugeschickt, hatte der mit dem trotzigen Bekennertum des Nicht-Emigrierten verworfen: »Nur finde ich gerade die Kritik am N.S. schwach. Zu schwach. Das sehn wir hier im jahrelangen intimen Umgang mit ihm ja viel schärfer u. bringen viel exaktere u. grausamere Formulierungen hervor ... Das *Spezifische* trifft Kl.M. nicht. Das Spezifische ist die Biederkeit, der Kulturhaß, das aufgeplusterte Mittelmäßige, der Haß gegen alles *andere*. Das kann wohl nur der Innerlandsbewohner, der hierblieb, sehn u. darstellen.« So empörte er sich auch über ein Treffen seiner Tochter Nele in Kopenhagen mit Klaus Mann im Dezember 1947, in dessen Verlauf der Emigrierte ihn zwar noch einmal zum größten deutschen Dichter ausgerufen, aber ihm vorgeworfen hatte, nicht bereut und nichts zurückgenommen zu haben. Benn antwortete ihr, daß kein Pater peccavi zu erwarten sei und ihm »niemand Herrn Kl. M. anempfehlen könne«.

Wer sonst hätten die so einflußreichen Emigranten sein können? Die nach Ostberlin zurückgekehrten Bertolt Brecht und Johannes R. Becher, Arnold Zweig und Anna Seghers gewißlich nicht. Das können nicht die »führenden Persönlichkeiten« der Berliner Literatur gewesen sein, die Benn – »mit großem Wagen bereits wieder« – besuchten. Auch die großen Zeitungen waren keineswegs in Händen ehemaliger Emigranten – nicht die FAZ, nicht der SPIEGEL, nicht die ZEIT. So auch nicht der »Merkur«, jene im März 1947 gegründete, glanzvoll-intellektuelle Zeitschrift, deren Mitherausgeber Hans Paeschke – ehemaliger Redakteur der von Peter Suhrkamp herausgegebenen »Neuen Rundschau« – war, noch weniger Mitherausgeber Joachim Moras; ihm hatte Benn immerhin 1934 seinen Essay »Dorische Welt« für die Zeitschrift »Europäische Revue« übergeben. Paeschkes Einladungsbrief vom 1. Juli 1948 atmet jene kluge Noblesse, jedem vertraut, der den Mann kannte: »Mit dem Anspruch eine geistige Ebene jenseits der Ideologien sichtbar zu machen, stellte sich uns das Problem des modernen Nihilismus in seiner janusköpfigen Eigenart mit aller Schärfe ... So stellten Persönlichkeiten wie Gide, Eliot und Ortega ihre Mitarbeit zur Verfügung. Wir haben, so glaube ich, in diesem ersten Jahr die Ebene sichtbar machen können, auf der geistige Auseinandersetzung allein geschehen kann, und von der aus Kritisches mit einem Anspruch gesagt werden kann.«

Der autorensensible Paeschke hatte natürlich sofort begriffen, daß Benns Antwort nicht lediglich ein Brief'gen war. Es gehört wenig Mut zur Übertreibung dazu, sie als direkte Fortsetzung seines Sendschreibens an Klaus Mann aus dem Jahre 1933 zu lesen, dessen damaligen Appell er ja alsbald in »Doppelleben« selber veröffentlichen wird. Überliefert ist, daß Benn tagelang an verschiedenen Versionen seines »Merkur«-Briefes gearbeitet hat. So erkannte der Redakteur das Schreiben sofort als öffentliche Deklaration und reagierte elegant und zielbewußt: »... dass ich Sie bitte, Ihren Brief vom 18. 7. uns zur Veröffentlichung zur Verfügung zu stellen. Sie werden mir nach Ihrem Brief zugestehen, dass ich den Handschuh, mit dem ich ›freundlich winkte‹, nunmehr Ihnen zu Füssen lege. Bitte entscheiden Sie, wie wir es halten sollen. Ich weiss mich als einer der Ihren und sende Ihnen dankbare und gute Grüsse / Ihr sehr ergebener.« Benn spielte noch ein wenig mit dem Schwarzen Peter in der Hand, schreibt am 8. August an Oelze: »Der Brief an Herrn Paeschke wird wohl besser nicht gedruckt«, und läßt am 18. August Hans Paeschke wissen: »Der Brief steht Ihnen zur Verfügung.«

Im Herbst 1948 erscheint der »Berliner Brief« im »Merkur«: »Der Ruhm hat keine weißen Flügel, sagt Balzac; aber wenn man wie ich die letzten 15 Jahre lang von den Nazis als Schwein, von den Kommunisten als Trottel, von den Demokraten als geistig Prostituierter, von den Emigranten als Renegat, von den Religiösen als pathologischer Nihilist öffentlich bezeichnet wird, ist man nicht so scharf darauf, wieder in diese Öffentlichkeit einzudringen ... Das Abendland geht nämlich meiner Meinung nach gar nicht zugrunde an den totalitären Systemen oder den SS-Verbrechen, auch nicht an seiner materiellen Verarmung oder an den Gottwalds und Molotows, sondern an dem hündischen Kriechen seiner Intelligenz vor den politischen Begriffen. Das Zoon politikon, dieser griechische Mißgriff, diese Balkanidee, – das ist der Keim des Untergangs, der sich jetzt vollzieht ... Gegen diese Öffentlichkeit meine eigenen tragischen Gedanken halten, ist nicht mein Beruf. Ich trage meine Gedanken alleine; zu ihrem Gesetz gehört, daß einer, der seine eigene innere Grenze überschreitet und ins Allgemeine möchte, unberufen, unexistentiell und peripher vor dieser Stunde erscheint. Ich trage auch die Einwände gegen sie alleine. Ästhetizismus, Isolationismus, Esoterismus – ›der Kranichzug der Geistigen über dem Volk‹ – in der Tat, für diesen Vogelzug bin ich spezialisierter Ornithologe, für diesen Zug, der niemanden verletzt, zu dem jeder aufblicken kann, nachblicken kann und ihm seine Träume übergeben. Sie richten sich also gegen den tierischen Monismus, daß alles zusammenpassen muß, alles für jeden da sein ohne inneres Erarbeiten, ohne haltungsbestimmte Resignation.«

Das wohlformulierte Bewerbungsschreiben war von Erfolg gekrönt. Von nun an ist Gottfried Benn Mitarbeiter des »Merkur«. Die Anprobe des Büßergewands hatte er verweigert, die Kutte des beichtenden Sünders nicht übergestreift. Doch direkt neben der Pforte der Festung hängt der Briefkasten, die schimmernde Wehr des stolzeinsamen Recken – »ich bin für niemanden zu sprechen« – ist durchlässig für das Läuten des Telefons. Ein wenig wirken diese Zeugnisse der Nachkriegsjahre – »Päckchen mit Kerzen, Fett und Cacao« werden Oelze dankbar bestätigt – wie die Geschäftskorrespondenz eines Ein-Mann-Verlages, in dem höchst sorgsam die Belege des Ausschnittsdienstes abgeheftet werden: mal Ärger mit Schifferli, mal eine Namensnennung in der Damenzeitschrift »Sie«, mal ein Aufsatz im »Hamburger Echo« oder »eine Anpöbelei hier im ›Telegraf‹«, mal eine Rezension des Gedichtbands. Das sind die »Statischen Gedichte«, auf die – zusammen mit dem Buch fiktiver Gespräche »Drei alte Männer« und der Berliner Novelle »Der Ptolemäer« – die Vorbemerkung der »Merkur«-Redaktion hingewiesen hatte.

Benns Haltung kann man vergleichen mit der stolzen Schönen, die sich mit der zurückweisenden Bemerkung ›Ich trage nie Schmuck‹ ziert, das Cartier-Geschäft zu betreten, wo sie sich von ihrem Gentleman unter Seufzen – ›Wenn es denn unbedingt sein muß‹ – ein kostbares Collier schenken läßt. Benn lehnt alles Gesellschaftliche ab und applaudiert dem James Joyce zugeschriebenen Satz »Wir Juden sind wie die Olive, wir geben unser Bestes, wenn wir zermalmt werden«, mit dem Zusatz: »Er wird Recht haben; alles Sieghafte ist völlig unerträglich« – und erkundigt sich zugleich: »Was zieht ein feiner Mann an?« anläßlich der Einladung zu einem Bankett mit T. S.

Eliot; über den weiß er kurz darauf zu rapportieren, er habe zu einem blauen Anzug mit Silberschlips Lackschuhe getragen. Immer wieder insistiert er, niemand habe sein Schicksal in der Hand, um logisch anzuschließen, Summe in einem einzigen Brief: »Der Mai war literarisch recht bewegt. Eine ganze Menge Kritiken, Radiosendungen (2 an einem Abend: Stuttgart die bewussten, von mir hier bei Rias gesprochenen Gedichte, am gleichen Abend im N.W.D.R. sang Pamela Wedekind zur Laute Gedichte von Brecht und mir – ... In einer Mainzer Zeitung eine lange u. interessante Kritik über den ›Ptolemäer‹ ... – In einer Berliner Montagszeitung (von der F.D.P.) Bild u. kurze Studie, sehr annehmbar. In einer Ostzeitung von hier wurden die 3AM abgekanzelt von einer Schriftstellerin, Gänsegehirn, die mich früher sehr umwarb ... – Gestern soll in der U.S.A.-*Neuen Zeitung*, westdeutsche Ausgabe, eine lange u respectvolle Kritik gestanden haben ...«

Die Fäden der Adoration und Animosität sind nicht leicht zu entwirren. So wenig wie seine Physiognomie, die fast alle Besucher als ständig wechselnd im Gedächtnis haben; besonders pointiert das der junge Georg Hensel, der sich später als Theaterkritiker einen Namen machen sollte. Den frappierte der Wechsel von »vollkommen ausdruckslosem Blick ... leer und starr« zu »entspannt und gut gelaunt«. Hensel verdanken wir auch die frivole Anekdote: »Benn sagte: ›Hier stehen manchmal junge Patienten, und wenn ich sie bitte *Machen Sie sich mal frei*, dann greifen sie nicht zur Hose, sie ziehen aus der Brusttasche ihres Sakkos ein Bündel eigener Gedichte hervor.‹« Berichtet eben der genialischschizoide junge Lyriker Wolfgang Bächler von einem Besuch, »am Abend hatte mich der wirklich reizende, im Literaturgespräch allerdings sehr zurückhaltende Gottfried Benn und seine charmante, noch recht junge Gattin unter ungeheure Alkoholmengen gesetzt«, so schreibt der Adressat dieses Briefes, Peter Huchel, Chefredakteur der Ostberliner Zeitschrift »Sinn und Form«, an seinen Mitarbeiter Ernst Bloch: »Seit langem trage ich mich mit dem Gedanken – und Brecht stimmte meinem Vorschlag neulich in der Akademie-Sitzung freudig zu –, dich herzlich zu bitten, das Gewölle der kleinen abendländischen Eulen, die gegenwärtig einen so großen Einfluß auf die westdeutsche junge Generation ausüben, unter Deine scharfe Lupe zu nehmen. Es handelt sich da besonders um all den Wust, den in den letzten Jahren Gottfried Benn und Ernst Jünger fabriziert haben, einige sogenannte Essay-Bändchen, die sich philosophisch geben. Ich wüßte keinen Besseren als Dich, diese Existenzen in den Orkus zu schleudern.«

Bloch schleuderte nicht. Allein die Beziehung Gottfried Benn–Ernst Jünger ist gleichsam eine verbale Übersetzung des Paul Klee-Bildes »Zwei Herren, einander in höherer Stellung vermutend, grüßen sich«. Schickt Jünger ein Buch an Benn, dann heißt es: »Es ist gestelzt, frisiert, altmodisch-archaisch, aber eine gewisse Begabung zur Stilisierung ist ihm nicht abzusprechen.« Liest Jünger ein Buch von Benn, notiert sein Sekretär Armin Mohler: »Kurz vor der Abfahrt noch Gespräch mit EJ über Benn, in dessen ›Ptolemäer‹ er diese Nacht gelesen. Warum stets auf dem Saxophon spielen? meint EJ. Es sei ihm zu viel Ironie darin (was ich bezweifle). Ich sage: Form des

Interregnums ist mir lieber als Pseudoberuhigtheit vor Interregnum, wie etwa Carossa. EJ: Ja, natürlich. Er scheint doch einzelnes gefunden zu haben drin. Spricht von einzelnen Sätzen, die ihn berührt.« Und Mohler schreibt seinerseits an Benn, Herr Jünger sei düpiert, noch nie habe jemand – mit Ausnahme von Oswald Spengler – einen Brief seines Herrn nicht beantwortet, und der habe doch ihm, Benn, in den zwanziger Jahren einen Brief geschrieben, der nicht erwidert worden sei. Benn glossiert: »Ich kann mich nicht erinnern, aber möglich ist es schon«, und schreibt Jünger einen Vers, »den ich als ritterlich empfinde im Hinblick auf die Gesamtlage zwischen uns«:

> *wir sind von Aussen oft verbunden,*
> *wir sind von Innen meist getrennt,*
> *doch teilen wir den Strom, die Stunden,*
> *den Ecce-Zug, den Wahn, die Wunden*
> *dess', das sich das Jahrhundert nennt.*

Nach dem Krieg lebte Benn in einem Spiegelkabinett des Irrwitzes. In den USA war er bereits als Toter gemeldet, »Gottfried Benn, successor to the great Heinrich Mann as president of the Berlin *Dichterakademie*, broke down after publishing a shameful letter of abuse ›To the Emigrated German Writers‹ and was later killed as an army surgeon in Hitler's Russian war« – während die »Encyclopaedia Britannica« noch im Jahr 2000 den Eintrag bereithält: »Perhaps the most influential writer in post-Hitlerian Germany.« Zur selben Zeit amüsierte sich der Autor über Benn-Anekdoten: »Der Kunde zur Gemüsefrau: ›Was lesen Sie denn da, meine Liebe? Ein Buch von Ernst Jünger?‹ Die Gemüsefrau zum Kunden: ›Nein, ein Buch von Gottfried Benn. Jüngers kristalinische Luzidität ist mir etwas zu prätentiös. Benns zerebrale Magie gibt mir mehr.‹« Als gleich 1946 der alte Kumpan Frank Maraun sich meldete und von dem Plan eines Essays »Paul Valéry und Gottfried Benn« erzählte, winkte Benn ab; Maraun notierte in seinem Tagebuch: »Benn befürchtet jedoch, daß eine Diskussion über seine Person, einmal ins Rollen gekommen, dazu führen müßte, ihn wie Furtwängler vor die Denazifizierungskommission zu bringen. Er habe jedoch keine Lust, sich vor diesen Leuten zu rechtfertigen …« In ähnlichem Wortlaut schreibt Benn dem Verleger Eugen Claassen, daß einer Spruchkammer sich stellen ja hieße, sie als existent zu betrachten, daß er sich »von allem Zeitlichen« distanziere, daß er jedoch nicht die Absicht habe, »die Flöte auf den Tisch zu legen oder die Harfe in die Weide zu hängen«, während er wiederum einem anderen Briefpartner über eben diese Verhandlungen mit Claassen berichtet und seine Position angesichts der Kapitulation der Geistigen vor politischen Begriffen nur mit den eigenen Gedichtzeilen kennzeichnen kann: »Du stehst für Reiche, nicht zu deuten / und in denen es keine Siege gibt.«

Zeitgleich verachtet er die Verlegerbegehrlichkeit nach dem Ungefährlichen, Beruhigenden, Lethargischen; empfängt er Ernst Rowohlt – »seine laute Art sich in den Vordergrund zu drängen, missfiel mir sehr; ich war ja nie, auch früher nicht, sehr von ihm eingenommen. So ist es auch geblieben: er ist der reine Opportunist, der, wo er seinen Vorteil wittert, sich rücksichtslos heran schiebt« –; und gibt dem Arche-Verleger Peter Schifferli das entscheidende Signal: »Ich folge Ihrem Vorschlag, etwa 50 Gedichte auszusuchen, als Titel denke ich an: ›Statische Gedichte‹ –, statisch ist ein Begriff, der nicht nur meiner inneren ästhetischen und moralischen Lage, sondern auch der formalen Methode der Gedichte entspricht.«

Benn ist in zutiefst deprimierter Einsamkeit puppenmunter. Er, der niemanden sehen will, führt eine Art Salon – »einige junge Ausländer aus der amerik. u. französischen Literatur um mich, die mich wohl als gewissermassen internationale Klasse empfinden« –, in dem er seinen Adepten kleine Lektionen erteilt, sie mögen Farbbezeichnungen wie opalen oder purpur vermeiden oder das Wort apokalyptisch. Mallarmés Dienstag-Salon war von der »Rue de Rome« in die Bozener Straße umgezogen, wo der Dr. med. noch immer praktizierte, wo er begierig Nachrichten notierte, ob ein Essay über ihn in Italien oder Stockholm publiziert wurde und wo er vor allem und immer wieder donnergrollte: »Hier herrschen die Emigranten und die sind mir sehr feind«; »Die Emigranten, einschließlich Döblin, hassen mich sehr«; »sie verließen Deutschland, um ihr Leben zu retten und nun kehren sie zurück, um ihr Haus zu sichern.«

Es wird für immer ein Rätsel bleiben, wo Benn diese Emigranten erlebt haben will, wen er mit diesem Schreckensphänomen gemeint haben mag. Klaus Mann, in einem entgeisterten Aufsatz für die amerikanische Zeitschrift »Die literarische Szene in Deutschland«, sah die Situation sehr anders: »Beinahe zwei Jahre nach

Kriegsende ist in Deutschland kein einziges aktuelles Buch eines bekannten liberalen deutschen Schriftstellers zu bekommen … Im allgemeinen gibt es keinerlei Kontakt zwischen dem deutschen literarischen Milieu auf der einen Seite und den Intellektuellen im Exil auf der anderen. Deutsche Schriftsteller mögen ihre emigrierten Kollegen nicht – eine Feindseligkeit, die immer offener und aggressiver wird.« Seine Schwester Erika sagte mir noch Jahre später in einem Gespräch, wie gerne sie zurückgekehrt wäre, aber »man hat mich nicht gewollt«. Leo Löwenthal brach fast in Tränen aus, als ich ihn 1986 im Fernsehen fragte, warum er nach wie vor in Kalifornien lebe und arbeite: »Niemand hat mich je zurückgebeten.« Der nie zurückgekehrte Walter Mehring erkannte voller Klage 1948 in einem Brief an den nicht zurückgekehrten Hans Sahl: »Man wird uns nie verzeihen, daß wir uns nicht haben erschlagen oder ein bißchen vergasen lassen.« Alfred Döblin, der einzige berühmte Schriftsteller, der überhaupt nach Westdeutschland zurückgekehrt war, verließ die Bundesrepublik 1953 mit einem bitteren Abschiedsbrief an den Bundespräsidenten Heuss: »Ich bin in diesem Lande, in dem ich und meine Eltern geboren sind, überflüssig.« Doch Benn belferte: »Sie hatten vier Jahre lang Zeit; alles lag ihnen zu Füssen, die Verläge, die Theater, die Zeitungen hofierten sie, es brauchte nur jemand den Wilsonbahnhof in Prag oder den Popokatepetl in Mexico im Traum gestreift zu haben, so hatte er jede Chance, jetzt hier hochzukommen, aber per saldo ist doch effektiv garnichts dabei zu Tage gekommen, kein Vers, kein Stück, kein Bild, das wirklich von Rang wäre.«

Herta von Wedemeyer,
Benns zweite Ehefrau, Aufnahme
aus den dreißiger Jahren

Benn in Wehrmachtsuniform, 1936

Quartär.

Die Welten trinken und tränken
sich Rausch   zu neuem Raum
und die letzten Quartäre versenken
den ptolemäischen Traum.

Verfall, Verflammen, Verfehlen-
in toxischen Sphären, kalt,
noch einige stygische Seelen,
einsame, hoch und alt.

G. B.

12.46

[handschriftliche Widmung]

*Das Gedicht »Quartär«, datiert auf den 12. 10. 1946, mit handschriftlicher Widmung für Ilse Kaul: »Liebste, gestern Mittag bei mir sahst Du wunderschön aus: glatt, sanft, ruhig;
– bleibe immer so – unter meinen Küssen! Liebe ist:
Gutes und Böses, Leichtes und Schweres. Alles: Spiel und Trauer! Dein G.«*

Mit der dritten Ehefrau Ilse Benn, geb. Kaul, 1947

Mit Tochter Nele an seinem 65. Geburtstag, 2. Mai 1951

Feier des 65. Geburtstags am 2. Mai 1951 im Nassauischen Hof in Wiesbaden; v. l. n. r.: Friedrich Wilhelm Oelze, Benn, Ilse Benn, Charlotte Oelze; stehend: Karl Schwedhelm und Max Niedermayer

Dr. med. Gottfried Benn   Berlin-Schöneberg, 4.3.52
Oberstarzt a.D.   Bozenerstr. 20

        E i n s c h r e i b e n .

        An den
        Herrn Senator für Inneres
        Pensionsstelle

        Berlin - Wilmersdorf

        Fehrbelliner Platz 2

        Ich stelle hiermit den Antrag auf Gewährung von Pension
        gem. § 131 des Bundesgesetzes. Ich war aktiver Sanitäts-
        offizier in der alten Armee und über 10 Jahre in der
        Wehrmacht.

        Meine Dienstlaufbahn ersehen Sie aus den Anlagen. Da ich
        alle Originalpapiere beim Einmarsch der Russen in Berlin
        teils verloren teils vernichtet habe, lege ich bei eine
        Bescheinigung des Bayerischen Hauptstaatsarchivs, ferner
        eidesstattliche Erklärungen von früheren Kameraden.
        Ich füge ferner bei, den Vorschriften entsprechend,
        Geburtsurkunde, Heiratsurkunde und 2 wissenschaftliche
        Arbeiten (Anlage 8 und 9), aus denen hervorgeht
        1. mein Dienstrang als Oberstarzt, 2. meine Tätigkeit
        bei der Wehrmacht, nämlich meine Verwendung in der Wehr-
        machtsversorgung. Dazu liegt an der von Ihnen aufgestellte
        Fragebogen mit 2 Melde-und Personalbogen.

        Ich bitte um Gewährung einer Übergangshilfe, da ich über
        65 Jahre bin und aus Krankheitsgründen nur eine ganz
        geringe Praxis ausüben kann (vgl. Anlage 7). Aus meinem
        zweiten Beruf als Schriftsteller habe ich nur Einnahmen,
        die unregelmässig, wechselnd und durch Verträge nicht
        gesichert sind.

                        In vorzüglicher Hochachtung

                        P.S. Nach meiner Meinung sind pensions-
                        fähig 1.vier Jahre Ausbildung in der
                        Militärärztlichen Akademie, 2. die Zeit
        Anlagen: 12   als aktiver Assistenzarzt v.22.5.1912 bis
                        22.3.1913, 3. die Zeit bei der Wehrmacht
                        v.1.4.1935 bis 8.5.1945 .

Antrag auf Gewährung einer Offizierspension vom 4. März 1952

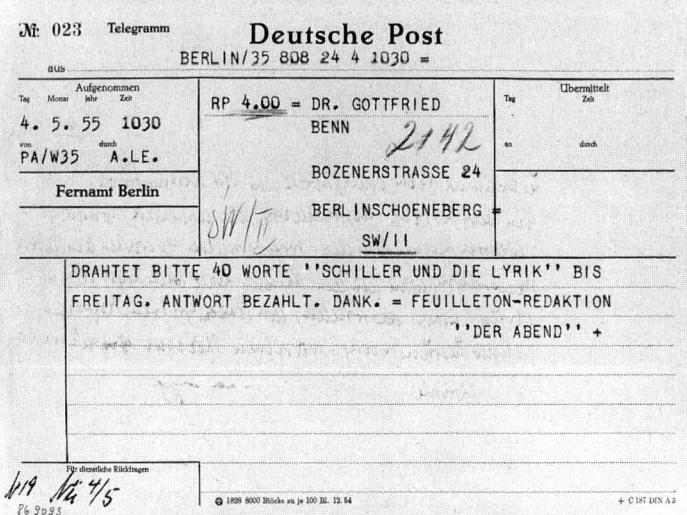

Telegramm der Feuilleton-Redaktion des Abend *vom 4. Mai 1955 mit der Bitte um*
»40 Worte ›Schiller und die Lyrik‹«

Grab auf dem Waldfriedhof in Berlin-Dahlem

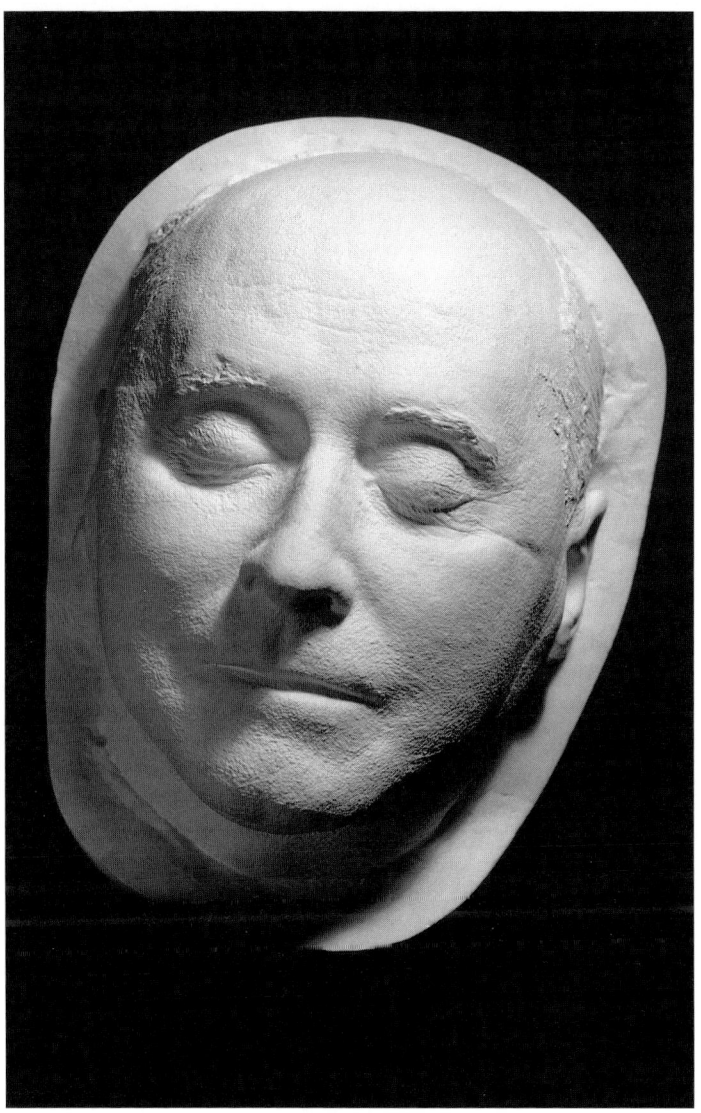

Die vom Bildhauer Harald Haacke gefertigte Totenmaske

*Ilse Benn, geb. Kaul, vor dem Haus Bozener Straße 20 in Berlin-Schöneberg,
in dem Benn von 1937 bis zu seinem Tod lebte; rechts die an dem Haus angebrachte
Erinnerungstafel; Aufnahme aus den sechziger Jahren*

Kein Vers von Paul Celan, kein Stück von Bertolt Brecht, kein Bild von Max Beckmann? Nicht Thomas Manns »Doktor Faustus«, noch Arnold Schönbergs »Überlebender von Warschau«? Benn hatte sich in reuiger Wut blind und taub gemacht. Stumm nicht. Zu unserem Glück, zum Glück für die Literatur, hatte er all die Jahre weiter gedichtet, hatte seine Manuskripte gehütet, sie zumeist dem sorgsamen Lordsiegelbewahrer Oelze anvertraut. Viel Zögern und Selbstmißtrauen gingen einer Veröffentlichung voraus, was sich in einem Brief an Egmont Seyerlen zeigt: »... erwarten Sie nicht zuviel davon. Ich persönlich bin z.Z. mehr auf Prosa gestellt u. gestimmt, meine neuen Prosasachen sind entschieden frappanter u. avantgardistischer als die Lyrik. Aber in der Schweiz muss ich mich zunächst etwas als *sanfter Heinrich* einführen lassen, um nicht sofort Anstoss zu erregen.«

Doch dem Brief lagen bereits Druckfahnen bei. Als im August 1948 der schöne Pappband »Statische Gedichte« im Zürcher Arche Verlag erschien, »war das ein Ereignis«, sagt Benns behutsamer Historiograph Paul Raabe, »das die Scene der deutschen Nachkriegsliteratur schlagartig ändern sollte«.

Eine frühere Publikation bei dem Berliner Verleger Karl Heinz Henssel war 1946 am Einspruch der Alliierten Kontrollbehörde gescheitert. Durch Vermittlung des damals siebenundzwanzigjährigen Schweizer Journalisten Heinz Hürsch kam es zum Kontakt mit dem Arche Verlag, der bereits die Bände »Dichtungen« von Georg Trakl und »Gesammelte Gedichte« von Georg Heym verlegt hatte, und von dem sich Benn Zahlung in Form von Lebensmittelpaketen erhoffte; der vermittelnde Bote wurde, Benn-üblich, mit ungnädigen Epitheta bedacht:

»Das Jüngelchen dichtet, hat Gedichtband ›Das Gestirn‹ kürzlich in schöner Aufmachung in einem Schweizer Verlag erscheinen lassen, halb Hölderlin, halb Mombert, halb Spitteler u sehr wenig oder garnichts Eigenes … Als Ganzes noch äusserst unreif, aber ganz gut erzogen.« Die Korrespondenz zwischen Autor und Verleger – Benns erster Brief datiert vom 23. November 1947 – ist so pikant wie amüsant und zeigt die vertraute Lustkurve von Werben, Entzücken, Enttäuschung, Wut und endlicher Erfüllung, die fast jeglichen Briefwechsel eines Schriftstellers mit seinem Verleger kennzeichnet. Es bleibt nicht bei Benns »Es ist mir eine ausserordentliche Freude und Ehre, dass Sie einen Gedichtband von mir verlegen wollen«, denn alsbald, eben hat er sich in Zürich noch für Satz und Schrift und Paket bedankt, dient die Klagemauer Oelze als Abladeplatz für Verdruß: »Auch mit Schifferli habe ich Ärger. Das Gedicht ›Gewisse Lebensabende‹ will er in den Band nicht bringen wegen ‹*technischer* Schwierigkeiten‹ (wie die Russen!) – ich kann von hier aus wenig dagegen machen. Wenn ich noch wäre wie früher, wenn es noch wäre wie früher, würde ich telegrafisch das ganze Buch stoppen, aber so werde ich es treiben lassen müssen, interessiere mich aber für die Sache nicht mehr u. werde den Band niemandem aushändigen.«

Doch schließlich ist der Band da. Gottfried Benn ist da. Seine Stimme, seine triumphierend melancholische Feier des Wortes, für ihn überlegen allen Mächten dieser Welt, läßt die literarische Welt aufhorchen:

die Macht vergeht im Abschaum ihrer Tücken,
indes ein Vers der Völker Träume baut,
die sie der Niedrigkeit entrücken,
Unsterblichkeit im Worte und im Laut.

Auf dem Briefbogen »Dr. Gottfried Benn, Facharzt für Hautkrankheiten«, geht ein Dankesschreiben, lobend den »äußerlich ganz prachtvollen Band«, nach Zürich. Auf dem Zeitungspapier der Zürcher »Die Tat«, 18. September 1948, signiert *m.r.*, stand die erste Kritik: »Ein schmaler Band fast durchweg neuer Gedichte Gottfried Benns liegt vor; er fügt sich zu einem vor über zwanzig Jahren erschienenen Bändchen. In diesen beiden für die Hand nicht schwerwiegenden Werken stehen von den schönsten Versen, die seit Jahrzehnten in unserer Sprache hervorgebracht wurden.«

Der prominente Schweizer Literaturhistoriker Max Rychner – bald folgten Aufsätze zu Benn von ihm in der »Neuen Schweizer Rundschau« und im »Merkur« – wußte, wovon er sprach. Schon 1914, als Schüler, hatte er Benn-Gedichte gelesen, 1916 bereits »Die Gehirne« in Kurt Wolffs Buchreihe »Der jüngste Tag« rezensiert, und noch 1957 schreibt er an den Verleger Max Niedermayer: »Mein Exemplar der ›Gesammelten Gedichte‹ 1927 ist voll von Strichen und Notizen, ich war gepackt bis zuinnerst.« Einer der sensibelsten Benn-Kenner hatte mit einem Paukenschlag die Symphonie sympathique eröffnet. Gottfried Benns Nachkriegskarriere hatte begonnen. Der da in mürrischem Vergnügen von sich sagt: »Auf welchen schwarzen Stühlen / woben die Parzen Dich«, und der da wahrlich für sein Berlin nur noch kümmerliche Ironie bereit hält – »ab 6 Uhr abends keine Bahn mehr, keine Strassenbeleuchtung, kein Café, kein Restaurant, nur Trümmer und Armut und Räuber« –: der kann nun doch das große, glanzvolle Rauschen vernehmen. Gleich nach Rychner vermeldete Alfred Andersch Gedichte, die »gleich Blitzstrahlen in das Gewölk europäischer Geistesgeschichte fahren«. Es folgten Ernst Kreuder und Wilhelm Lehmann und Friedrich Sieburg mit jener »erhabensten Kritik«, es folgte alsbald Ernst Robert Curtius mit geradezu einem Aufschrei: »Ich habe das Buch in einem Glücksrausch gelesen und wiedergelesen. Das sind Seiten und Sätze, die man an allen Litfasssäulen plakatieren möchte. Ein ungeheurer Reichtum auf engem Raum.«

Das galt bereits der mit »Berliner Novelle« überschriebenen Prosaarbeit »Der Ptolemäer«. Sie war nun – in kurzen Abständen mit »Ausdruckswelt« und dem Gedichtband »Trunkene Flut« – im Limes Verlag von Max Niedermayer erschienen, der von jetzt ab Benns Werk betreuen wird, und dem Paul Raabe respektvoll bescheinigt: »Mit ungewöhnlichem Elan hatte Max Niedermayer sich für das Werk Gottfried Benns eingesetzt … Peter Schifferli wäre dieser Rasanz sicherlich nicht gewachsen gewesen.« In seiner vertrackten Lexikon-Vernarrtheit und Zitatsucht hat Benn sich den Namen jenes mazedonischen Herrschaftsgeschlechts – die Könige hatten zwar individuelle Kultnamen, trugen aber alle den Namen Ptolemäus, vom Heerführer Alexander des Großen bis zur letzten Ptolemäerin namens Kleopatra – wie ein neues Herrschergewand umgeworfen. Herrscherlich, nein: herrisch die Geste seines Textes, von dem er bereits im Dezember 1945 erste Konturen gezeichnet hatte: »Ich werde sie um mich flirren lassen meine wüstenumdröhnte Stille, tibetanische Einöde, höchstens vielleicht gelegentlich unterbrochen von einem alten Kapitän aus meinem Haus, der seine Streichhölzer gegen mein Weissbrod tauscht.« »Der Ptolemäer« – Motiv wie Begriff klingen auch an im »Quartär«-Vers der »Statischen Gedichte« – ist recht eigentlich keine Prosa. Der Text ist alles in einem: Hymnus und Teufelsgebet, schwarze Messe und Danse macabre; ein Prosagedicht, in dem Benn noch einmal seine giftige Liebe und seinen ziselierten Haß zusammenfaßt, alles Schrille orchestrierend, das wir aus Ungedrucktem der finsteren Jahre kennen – Benn-Philologen haben Satz für Satz seine Anleihen und Variationen von Nietzsche bis Evola nachgewiesen.

Ein Kuß der Vipernzunge. Blitzend die tausend fein geschliffenen Wortbeilchen einer gigantischen Guillotine, so ätzend die Tinte wie kratzend die Feder. Der Text ist ein Stahlstich, Benns kalte Nadel hat so dünn-scharfe Linien gezogen, daß sie bei Berührung schmerzen. Er ist nicht ein Gesang des Pessimismus, das wäre »der Strandkorb des Unproduktiven«. Unter der Überschrift des von ihm geliebten und oft wiederholten Bilanzwortes »Erkenne die Lage«, also dem Verbot, sich etwas vorzumachen, sich Glück, eine Lösung, ein Happy-End etwa vorzugaukeln, fidelt er seine süße, lockende und verderbte Untergangsmelodie zum Tango der durch Schlammpfützen schleifenden Schleppen: »Auf den Boulevards Steppenleben, – lebhafte Bordelle und Uniformen. Das achte amurische Regiment, – Friedensgarnison Lo-scha-go –, macht Platzmusik, die langen Posaunen dröhnen. Die Bars füllen sich: Hawaiiabfall und sibirisches Fleckblut. Weißer Wodka, grauer Whisky, Ayala und Witwe Cliquot aus ungespülten Römern. Gentlemen und Gospodins steppen auf rotem Glasparkett, Lichteffekte vom Boden, im Arm Nasen-Helene, Räuber-Sonja, Augen-Alexandra (sie trägt ein Glasauge). Die Bevölkerung sieht durch die Fenster gierig zu: die Kultur ist wieder im Vormarsch, wenig Mord, mehr Song und Klänge. Auch innerlich wird den Geschlagenen viel geboten: ein transatlantischer Bischof kommt angereist und murmelt: meine Brüder; – ein Humanist zeigt sich und flötet: das Abendland; – ein Tenor knödelt: oh holde Kunst – –, der Wiederaufbau Europas ist im Gange.« Dieses Berlin-Bild ist aber Abbild der Welt im Bennschen Photomaton-Apparat, das Papier durch die Säure gezogen: »Das Leben als Mulattenstadt: Zuckerrohr kauen, Rumfässer wälzen, mit zehn Jahren defloriert werden und Cancan, bis die Hintern wackeln.«

Benns Haßgesang hat die schicke Traurigkeit verhallender Trompetensoli; und jene mondäne Tristesse eines Parzenlieds zwischen Philoktet und Caprifischer, die er selber in den Orkus weisen will. Es ist der Sound der Existentialistenkeller von St. Germain-des-Près; es gehörte wenig inszenatorische Fertigkeit dazu, die sinistren Satzgirlanden so aufzulösen, daß man Juliette Gréco sie rauchig singen hörte: »Das Leben, – dies Speibecken, in das alles spuckte, die Kühe und die Würmer und die Huren –, das Leben, das sie alle fraßen mit Haut und Haar, seine letzte Blödheit, seine niedrigste physiologische Fassung als Verdauung, als Sperma, als Reflexe – .« Diese Wortkaskade der diabolischen Verwerfung hat einen poetischen Defekt: nach Anhören bleibt ein Rauschen im Ohr. Was die unauslotbare Schönheit von Benns Gedichten ausmacht, ihr Innehalten, das Öffnen eines Raumes, verplätschert hier noch einmal und schon wieder zur antizivilisatorischen Litanei; »zu dem Badmintonspiel der Dinge. Flattern von zitronenfarbener Seide, von apfelfarbener Seide, von gurkenfarbener Seide.« Das ist Zeitgeist, schleckrig gemacht. Bekömmlich und applausverdächtig, weil über Ursachen nicht nachdenkend, vielmehr sie zudeckend. Die Geißel des Gottfried Benn hat einen koketten Schwung bekommen. Der Herausgeber der »fragmente«, ein junger Avantgardist, Rainer Maria Gerhardt – kurz zuvor noch hatte er Benn dringlich um Gedichte für seine Zeitschrift gebeten –, erkannte das früh, wenn er davon sprach, daß seine Sprache wie eine Kaskade von schönen Begriffen und Klängen vor uns abrollt: »Die sprache erhält nicht den raum, sie selbst zu sein, sie wird eingeengt und mit exotischen glanzlichtern versehen.«

Abgesang:
»Jene Stunde wird keine Schrecken haben …«

Der Wirbel um Gottfried Benn im Nachkriegsdeutsch-land – Nachkriegswestdeutschland korrekterweise – war in Beifall wie in Widerspruch typisch deutsch; auch wenn er selber diesen Gedanken gehaßt hätte. Er hatte ja keine allzu hohe Meinung von seinen Kopatrioten: »Was der Deutsche Persönlichkeit nennt, ist nicht weit ab von dem, was man in einer etwas vulgären Sprache als Dick-näsigkeit oder Pampigkeit bezeichnet: immer gleich dem andern die Faust unter die Nase halten, bedrohlich wer-den, knotig … Keine Idee davon, dass man sich innerlich erziehen, dass man überhaupt an sich Forderungen stel-len sollte, und dass Haltung und Höflichkeit keine Ent-artung ist. Es sind ja Formen, zu denen diese Selbster-ziehung führen würde, es ist Distanz, es ist etwas aristokratisch Bestimmtes – wie sollte der Deutsche das innerlich gestalten? Der Deutsche will sich ja garnicht in-nerlich gestalten, er will sich *entwickeln*, zum Schluss er-löst werden und bis dahin immer feste druff und über Gräber vorwärts – *fremde* Gräber und wohin das führt, das sehn wir ja.«

Dieses »immer feste druff« hieß nun »immer feste weg«, und wovon die Deutschen jetzt erlöst werden woll-ten, war genau das, was sie selber angerichtet hatten.

Schlußstrich und voran war die Devise, und wenn das Denk- wie Fühlsystem die jüngste Vergangenheit in Haftung zu nehmen suchte, dann in der verniedlichenden Form von »Goldfasan« oder im selbstbemitleidenden Irrealis von »Terrorbomben« oder »Zusammenbruch«. In der Kunst heißt die Verniedlichung Abstraktion. Nay und Schumacher und Mondrian statt Beckmann oder Dix oder George Grosz, von John Heartfield – *horribile dictu* – ganz zu schweigen; deren Arbeiten, auf dem Kunstmarkt der Zeit zu Spottpreisen verschleudert, wurden nicht ausgestellt noch angefordert. Gegenständliche Malerei hätte die Kalligraphie von Schuld bedeutet – also war sie verpönt. Karl Hofer, der prophetische Maler des Grauens, wurde geradezu verfolgt. Die feinsinnigen Konstruktionen von geometrischen Linien und kolorierten Kurven – durchaus auf Mokkatassen oder Gardinen wiederzufinden – hätten nicht einmal zu der berühmten »Guernica«-Anekdote führen können; als ein deutscher Besatzungsoffizier Picasso in dessen Pariser Atelier aufsuchte und das Bild sah, fragte er den Maler »Haben Sie das gemacht?«, und der soll geantwortet haben: »Nein: Sie!«

Der ästhetische Kodex des Nicht-Bedeutens entsprach dem moralischen Gebot des Nicht-Benennens. Und genau das ist ja Benns Literatur-Begriff, das ist seine literarische Grisaille: Geheimnis, nicht Gehalt: »... die innere Verzehrung, das ist ja kein Gehalt. Nie wird der Deutsche erfassen, niemand wird ihm gegenständlich machen können (und es ist ja auch gar nicht nötig, daß es geschieht), daß zum Beispiel die Verse Hölderlins substanzlos sind, nahezu ein Nichts, um ein Geheimnis geschmiedet, das nie ausgesprochen wird und das sich nie enthüllt.«

Dieses Versiegeltsein gegen Welt erlaubte Benn zugleich, sich auftrotzend dicht zu machen gegen jegliche Forderung dieser Welt – wenn er auch deren Gaben, seit 1954 eine Offizierspension, annahm. Mit derselben Haltung vornehmer Bedürfnislosigkeit, mit der er etwa über die »Feier« seines 60. Geburtstages berichtet – »Essen mit dem Dienstmädchen in der Küche, die mich ins Gespräch zog über ihr neues Kostüm, das am Rücken noch nicht sässe« –, zelebriert er auch ein aristokratisches Berührungsverbot gegen mögliche politische Anmutungen: »Eine Spruchkammer usw. käme ja natürlich an sich garnicht in Frage, mich ihr stellen, hiesse ja, sie als existent betrachten, sie u. das ganze Pack …«

Doch Benns Fugen-Charakter läßt immer das zugleich Kontradiktorische zu, nein: fordert es. Wie er am Tage des mürrischen »Ich halte garnichts von mir« davon schwärmen kann, es solle ein Buch über ihn geschrieben werden, so kann er sich bei eben diesem prospektiven Buchautor, Frank Maraun, im selben Jahr beschweren, »dass heute weder Verleger noch Redactöre noch Leser etwas tatsächlich Neues u gutes haben wollen, – alle wollen nur Ungefährliches, Beruhigendes – Lethargie. Nicht an den Schlaf der Welt rühren!«. Nun wollen wir aber keinen Irrtum obwalten lassen: »an den Schlaf der Welt rühren« ist im Bennschen Kosmos kein Topos für inhaltliche Diskurse; wenn *Benn* an den Schlaf der Welt rührt, so geschieht das mit dem Zauberstab – er will nicht wekken noch erwecken, er will dem Schlaf absinthene Träume entlocken. Es gilt, das Irdische zu überwölben.

Das ist sein artistischer Mehrwert des Kaputten. Ernst Kreuder hatte ihn richtig begriffen mit dem Satz: »Er deutet zwar seine Haltung als Resignation, doch wer resigniert, stellt nicht mehr schöpferische Fragen.«

Eine explizite Analyse, die sich auf den Widerspruch in Haltung und Werk einläßt, erschien im »Merkur« unter der etwas flotten Überschrift »Eisgekühlter Expressionismus«: »... diese Verzweiflung, die sich selbst bespiegelt auf mondän-moderner Staffage, technologisch *up-to-date*, im atlantischen Raum – Whisky, Hubschrauber und verchromter Sarg –, die spielt mit losgelöstem, angeschwemmtem Bildungsgut, sich schmückt mit abendländischem Dekor und mit biologischen Reminiszenzen bis zum Urschleim, diese Verzweiflung ist echt und wahr.« Die Aufmerksamkeit war groß. Der Beifall war geteilt. Selbst in jener »erhabensten Kritik« von Friedrich Sieburg fand sich das Bedenken, Benn sei es gelungen, »diesem letzten Rückzug des Menschen auf sich selbst eine süße, fast schluchzende Sangbarkeit zu geben«. Und in der von Hans-Werner Richter herausgegebenen Zeitschrift »Die Literatur« monierte Karl Krolow 1952 die »mondäne Gelassenheit einer make-up-Lyrik, die das Gedicht zu einer Art beauté de diable herabsinken läßt«: »Die Montage-Technik, die Benn in seiner Lyrik anwendet, ist keineswegs etwas aufregend Modernes. Jedermann weiß oder sollte wissen, daß sich ein Gedicht organisieren läßt. ... poetische Absonderungsgelüste mit einer Einsamkeitsdichtung drapiert, in der mit Augenzwinkern allenfalls noch Schiaparelli-Moden und Borgwards zugelassen sind, gegen die so wenig einzuwenden wäre wie gegen andere Erscheinungen,

Sinnbilder modernen Lebens, soweit sie zu echten Chiffren werden und nicht Guirlanden-Verbindlichkeit annehmen, d. h. rein dekorativ zu verstehen sind.«

Tatsächlich führt eine wesentlich spätere Schallplattenaufnahme, die Benn-Gedichte mit Jazz montiert, diesen gefährlichen Schmelz vor, den *radical chique* parfümiert-gepflegter Düsternis bei Cocktail und Saxophon: das Gegenteil etwa der hären-aufklärerischen Musikalität von Brecht-Eisler-Liedern.

Derlei könnte als eine mit fahrlässigem Rechen zusammengekehrte Animositäten-Eilfertigkeit gelesen werden, wenn nicht ...: ja, wenn nicht Gottfried Benn selber den Gottfried Benn aufs penibelste seziert hätte. Das gilt sozialen Kontakten, sich belustigend – etwa nach einer Party bei Margret Boveri – über seine Rolle ähnlich der des Tenors, der früher von reichen Leuten eingeladen wurde, um ihn nach dem Diner singen zu lassen; und doch wieder geschmeichelt: »Pfingstsonntag kam ein 29jähriger Amerikanischer Schriftsteller (wohl Franzose, namens Bosquet); gut deutsch sprechend (also wohl Emigrant), hüftwiegend u. dicklich (also wohl homoerotisch) u. besuchte mich. Er ist in zentraler literarischer Stellung hier bei der Mil. Reg. der U.S.A. Wir unterhielten uns, da ich guter Laune war, brillant, internationaler Stil.«

Von Benns Teilnahme an einem Literaturkongreß in Belgien weiß Karl Krolow sich vor allem an dessen preußische Korrektheit zu erinnern, daran, daß er sich von jedem Teilnehmer verabschiedete, indem er ihm eine Visitenkarte überreichte. Und an kleine Zynismen: »Aber ich hatte den Eindruck, daß man mit ihm besser über

Phanodorm als über die Literatur sich unterhalten konnte: ein alt gewordener Mann, dessen besonderes Vergnügen das abendliche Biertrinken in der Nachbarschaft seiner berliner Wohnung ist.«

Aber vor allem dem eigenen Werk gilt Benns gnadenlose Distanziertheit. Schärfer als jeder seiner Kritiker verachtet er den Pessimismus eines Gedichts als »zu trivial und leierkastenmäßig« oder den eigenen Gedanken, weil »kein Sinn mehr darin zu finden ist«. Über seinen Band »Ausdruckswelt« urteilt er jetzt – schon 1943 schrieb er von »Stumpfsinn und Mangel an Elan« –: »Zum Kotzen, das alles.« Benn schwankt stets zwischen Geringschätzung und Hochschätzung der eigenen Arbeit und Person. Dabei ist zu beobachten: Hochschätzung wird ausgeliehen; ausnehmend gern zitiert er Stimmen über sich – mal, daß jemand ihn Goethe und Hölderlin gleichstellt, die zweiundzwanzig Gedichte des Jahres 1943 seine »Duineser Elegien« nennt, und mal, wie bewundernd ihm Ernst Robert Curtius geschrieben habe: »Ich kenne Prof. C. nicht. Er behauptet, vor einer Seite von mir versinkt die ganze Literatur seit Hofmannsthal u. George, u er spricht von Bewegung und Bewunderung, die ihn erfüllt. Ein Ordinarius! Nun, das ist natürlich angenehm zu hören …«

In behaglichem Mißtrauen umstellt sich da jemand mit den Schautafeln des Lobes; ein Solist im Hallraum, der sich Applaus-Konserven hochdreht. Doch ist es ihm wohltuender Trug. Gottfried Benn mißtraut Gottfried Benn. Er sieht sich von sich selber entfernt, gar als sich selber untreu, wenn er zum Darsteller wird: »Der Umstand, dass nun einige neue Bücher von mir wieder in die deutsche Öffentlichkeit dringen werden, erfüllt mich mit dämonischer Abneigung und mit dem Gefühl eines Abfalls von meiner Natur und meinem Sein.« Der Prozeß des Arbeitens ist dem Dichter Benn fast heilig, man wird kein Verdammungsurteil von ihm und gegen sich finden; das Getane mikroskopiert er voller Befremden: »Ich, der ich mich doch schonungslos durchblicke und durchleuchte, komme zu keinem Ergebnis, warum mir eigentlich die Beziehung zu meinen früheren Arbeiten so weitgehend verloren gegangen ist.« Was wir dagegen hören, häufig, vielfach variiert und immer im Tone zufriedenen Selbstbewußtseins, sind die Atelierfreuden des Produzierenden. Die Stunden vor der Arbeit am Gedicht sind banaler Alltag, genossen oder erlitten; die Stunden danach sind Dégout. Es ist der Stolz des Handwerkers, der ihn sagen läßt: »Alles aus den letzten Jahren ist entstanden in meinem Sprechzimmer, in jenem Stuhl am Fenster, das auf die Strasse sieht. Im Hinterzimmer wird nur poliert u. korrigiert, die Eingebungen stammen alle aus diesem kleinen einfenstrigen Raum, vormittags. Wenn ich dort ein Stehpult hätte, oben grünbezogen, wie es mein Vater hatte, und von 9–12 ungestört gewesen wäre, wäre ich ein mittelgrosser Mann geworden, so ist Alles Fragment. – Allerdings liebe ich Fragmente.«

Bemerkenswert, daß eine der grausamsten Selbstbestimmungen, in denen Benn das Spannungsfeld zwischen Ich – Arbeit – Werk auslotet – »die ganze Nonchalance ... selbst dem eigenen Werk gegenüber, die Gleichgiltigkeit gegen das eigene Ich, die Vergesslichkeit selbst den produktiven Strömen gegenüber, die einen vielleicht einst erfüllten« – der Frau von F. W. Oelze gilt.

Diese Beziehung war eher distanziert – Grüße an »die Gattin«, ein Handkuß oder »Dank für gütige Anteilnahme« –, vermaßen die Entfernung. Am alleruntersten Rand der (Un-)Höflichkeit balancierend, adressierte er Briefe an sie gelegentlich »Frau Charlotte Oelze. geb. Michaelsen«. Mit hanseatischer Kühle hatte die Bremer Dame eine Widmung von Benn abgelehnt; man kann sich gut die düpierte Schockiertheit vorstellen, graues Jersey-Kostüm, Perlenkette und gut sitzende Frisur, mit der sie – wohl eher gelegentlich – die wüsten Finsternisse zur Kenntnis nahm, in die dieser Freund ihren Mann da hineinzog. Benns Deklaration hat die Schärfe des eifersüchtigen Liebhabers, er zwingt die Frau des Freundes, ihn nackt zu sehen. Er schickt ihr ein Selbstporträt der Entblößung, wollüstig sein Intimstes zeigend – seine diabolische Gegenwelt, seine hexischen Kräfte und Säfte, ihn, den Partner des Ehemannes:

»Leer! Zu Ende! Solipsistischer Nihilismus; letzte Objectivität, fast schon Beziehungslosigkeit in Bezug auf sich selbst, Herabsehn aus grosser Höhe auf sich selbst wie der Falke in einen Abgrund. Die Zeit nimmt einen bereits in ihrem Strom mit dahin, mit hinab u. man ist immer noch da u sieht zu: – was war man? Keine Ahnung! Was dachtest Du? Mir unbekannt! Wer dachte in Dir? Nicht zu ergründen! ›Ich glaube, das ist von mir‹ – aber vielleicht auch von einem andern, jenem fernen Collectiv, das überall am Werke ist, am unbekannten Werke ... Ein Poem ist ein schwieriges Werk, alles muss in einander verzahnt werden, eine furchtbare An- u Ausgleichsarbeit, bis alles zusammenpasst u stimmt, dazu können auch leere Stellen nötig sein, um eventuell gefülltere stärker hervortreten zu lassen. Man will ja mit einem Gedicht nicht ansprechend sein, gefallen, sondern es soll die Gehirne spannen u. reizen, aufbrechen, durchbluten, schöpferisch machen. Also, sehr verehrte gnädige Frau, seien Sie gütig u. gnädig mit den armen Herstellern so labiler Gebilde, die Zahl der Worte ist beschränkt, jeder Ausdruck sehr erkämpft, jeder Vers trägt Spuren dieser Fugenarbeit u. nicht in jedem kann die Totalität der Planung und Vision sein.«

›Brutalissimo‹ müßte am Rande dieser Partitur stehen, wollte ein Komponist Schärfe vorschreiben. Erbarmungslos wird eine Frau in ihre Grenzen verwiesen. Zugleich ist es aber auch Grenzziehung um das eigene Reich. Ortsangabe. Gottfried Benn liebt die Menschen nicht. Gottfried Benn liebt sich selber nicht. Gottfried Benn liebt das eigene Werk nicht. Er liebt die Liebe nicht – und haßt sich, da er sie nicht liebt: »Mir wird überhaupt alles immer schwieriger und dunkler, jeder Satz, den ich schreibe oder denke, trägt schon sein Gegenargument und seine Aufhebung in sich, kommt mir müssig vor, trostlos, unerheblich … – ach, man hasst den Intellekt, man hasst aber auch das Gefühl, man verdenkt sich das Menschliche und man verdenkt sich die Kälte, man verdenkt sich den Hass und kommt doch nicht mehr zur Liebe – eine üble Lage!«

»Wer allein ist, ist auch im Geheimnis«, hatte er einst ein Gedicht begonnen, 1936 an Oelze auf der Rückseite einer Ansichtspostkarte gesandt, und vier Jahre nach dem Selbstmord seiner Freundin Lili Breda im Jahr 1929 hatte er ein anderes beendet:

Alles des Grams, der Gaben
früh her in unser Blut –:
wenn wir gelitten haben,
ist es dann *gut?*

Benn faßte Existenz – auch die eigene – nur, wenn er sie
in Worte faßte. Sein Exorzismus von Sinn, Sinn der Geschichte, Sinn des Lebens, verschottete ihn jedoch nicht.
Dem Abschied von sich selber lauscht er im Gedicht
»Worte« nach, ein Jahr vor seinem Tode:

Du siehst ihnen in die Seele
nach Vor- und Urgesicht,
Jahre um Jahre – quäle
dich ab, du findest nicht.
…
Nur deine Jahre vergilben
in einem anderen Sinn,
bis in die Träume: Silben –
doch schweigend gehst du hin.

Die Jahre holen ihn ein. Schon im April 1951 schreibt er
an Gertrud Zenzes: »Ich bin klapprig geworden in letzter Zeit, hinke, gehe am Stock, re. Knie ist nicht in Ordnung, Gicht oder dergl. Nun, es ist Zeit, daß man einpackt.« Zwei Jahre später klagt er über Nasenbluten –
»Oberhemd, Schlips, Manschetten ganz voll davon« –
und allerlei Unwohlsein. Er ist ungeduldiger denn je;
hat Oelze ihm vier Tage nicht geschrieben, heißt es:
»Und schreiben Sie bitte mal dem alten ›grand old
man‹ – wer weiss, wie lange noch.« Am 7. Juni 1951 be-

stätigt er ihm einen Brief, am 16. Juni mahnt er: »Ich bin sehr lange ohne Nachricht von Ihnen.« Auch unwirscher noch; dem Bremer Freund, der nun seit Jahrzehnten sein Schaffen begleitet, bescheinigt er »in Bezug auf Lyrik eine klassizistische Einstellung« und einen »anti-Sinnlichkeits-Komplex (Anti-Prostata-Komplex)«. Der hat seinen heterodoxen Zeitgenossen und komplizierten Wortsteller in behutsam formulierten Erinnerungen gezeichnet: »In seinen letzten Lebensjahren trat eine merkwürdige Widersprüchlichkeit beherrschend hervor: einerseits ein an Überheblichkeit grenzendes Selbstbewußtsein, das sich jegliche Korrektur verbat, andererseits bescheidenste Zurückhaltung, betonte Höflichkeit, ja fast Ergebenheit gegenüber Besuchern und Fremden, auch solchen, die das mißverstanden und es ihm übel gelohnt haben. Eine Seite seiner Natur verlangte nach Bestätigung und Anerkennung, die andere, eine erbarmungslose Aufrichtigkeit, trieb ihn weiter auf dem Wege der Auflehnung gegen die communis opinio und das Laster der Heuchelei; um keinen Preis Akkomodation an die ›herrschende Clique‹, wie er sie nannte.«

Ein Beobachter will auch bemerkt haben, daß der Emigranten-Beschimpfer bei öffentlicher Gelegenheit mit ausgestreckter Hand auf Golo Mann zugegangen sei – der ihn jedoch demonstrativ übersehen habe. Viele Scherenschnitte der letzten Jahre verdanken wir dem Fernsehjournalisten Thilo Koch, der ihn mal zärtlich als »Stundengott« in straffer Haltung, wenn auch zunehmend korpulent darstellt, mal schattenhaft als einen alten kleinen Herrn skizziert, der bedächtigen Schritts unter großem Hut in Gamaschen über blankgeputzten Schuhen durch die Bozener Straße zum Zeitungskiosk spaziert, »pünktlich und fest und doch so verloren auch«, ein ironisch blinzelnder Buddha zwischen Mikroskop und Kofferradio am Schreibtisch hockend. Wie ein Fotograf hielt der Kritiker Günter Blöcker seine Begegnung mit Benn fest: »Physiognomie und Statur der Königin Viktoria, zeremoniöse Korrektheit des Auftretens, Gamaschen und Homburg, ein Denkerschädel, zu dem der wehe Mund in Kontrast steht, schwere, herabgelassene Augenlider, eine Ferne, die nicht feindselig wirkt, sondern als Schutzmaßnahme, dazwischen ein überraschend hervortretendes Verlangen nach Intimität –.«

Der so spöttisch abgewehrte wie begierig geschlürfte Ruhm ereilt ihn nun. 1951 erhält Gottfried Benn den Büchner-Preis. Dem »wohlgeborgenen, gehüteten, abgeschlossenen, vollendeten Mann«, dem er noch kurz zuvor Bescheid gegeben hatte: »Unsere Beziehung erscheint mir doppelt seltsam«, geht nun ein Triumph-Bericht zu: »L. H. Ö. Darmstadt: ein glorreicher Tag, der glänzendste meines Lebens völlig gelungen in Stimmung, Äusserem u. Gesellschaftlichem. Am 18 X las ich in Hannover die Marburger Rede vor, auf Einladung. Auch da wurde ich als grosser Mann gefeiert u aufgenommen, Minister zu Füssen u. ein Bilderbuch über Hannover mit eingesetztem Blatt: zum Dank u zur Erinnerung an seinen Besuch in der Hauptstadt Hannover wurde mir überreicht.

Rückflug von Frankfurt nach hier ging leidlich, war mein I. Flug.

Bitte grüssen Sie Vietta's, die mir beide gut gefielen, V.

viel besser, als ich erwartete, viel seriöser. – Auch Thiess war da u R A Schröder.«

Gottfried Benn ist ein verquer konstruierter Leuchtturm, dessen weißer Blinkstrahl mit bleichem Rachefinger vermeintliche Feinde straft – der »Kaftanjude Bab« – und der mit flinker Drehung seiner Spiegel rotes Schummerlicht der Milde über Lobsänger gießt: »schöner Aufsatz …, wo Reinhold Schneider … über mich schreibt mit der Schlußwendung ›Hier ist Vollendung, die nicht mehr angegriffen werden kann‹.« Unter der Überschrift *je m'en fiche* wird eifrig notiert: »Der Aufsatz über mich ist sehr interessant«; »Ich wurde persönlich sehr aufmerksam behandelt«, oder: »Lasen Sie von dem so erfolgreichen GB-Abend im Münchener Ateliertheater?«

Der Ton wird raunziger, die Frau wird »beauftragt«, Arbeiten auszuführen, und gleichzeitig getadelt – »sie liebt Gedichte nicht mehr« –, und Oelze bei Erhalt der Dissertation von Dieter Wellershoff gerügt: »… wenn Sie Zeit hätten, würde ich es Ihnen senden, aber Sie haben keine Zeit.« Am schärfsten geht er mit einem ins Gericht, der heißt Gottfried Benn: »Ich bin mir der fremdeste u. unbegreiflichste Mann, den ich kenne.« Das hindert ihn nicht, nach Nektar zu gieren; hindert nicht den Achtundsechzigjährigen am Schnappen nach amourösen Signalen: »… weil auf der Rückreise im Coupée II Klasse eine Bankiersgattin, völlig verzweifelt u. ausgehungert, mich bat, mit ihr in Bremen auszusteigen u. im Hotel Hillmann zu übernachten, bevor sie wieder zu ihrem unerträglich langweiligen Mann nach Weissenfels in Thüringen zurück musste, aber die Sache kam mir nicht ganz geheuer vor u ich tat es nicht …«; hindert nicht den Neunundsechzigjährigen, ein letztes Verhältnis anzubahnen: »... eine ungewöhnliche, vielseitig talentierte Frau ..., deren Leidenschaft für mich unbezweifelbar ist u. war u mir manche Anregung bot«; hindert ihn nicht, einen Kongreß in Belgien zu besuchen, einen Vortrag in Genf zu halten, Schallplatten in Berlin zu besprechen oder nach Köln zu fliegen, um mit Reinhold Schneider im Funkhaus zu diskutieren – huldvoll die Versammelten auflistend: »Alles versammelt, was gut u teuer ist. Ganz Westdeutschland, Basel, Baden-Baden, Herr u Frau Niedermeyer, Presse, Mönche, Jesuiten, Nonnen ... Sie wollten alle mitreden u. dabei sein, Herr Böll usw. Journalisten, Professoren, Damen u Herrn ... War im Dom Hotel untergebracht, Appartement mit Bad, Blick auf den Rhein u den Dom ... also: alles prima, wozu es die Laus aus Mansfeld (Westprignitz) alles bringen kann ...«

Nun war aber diese Rundfunkdiskussion – ganz ähnlich wie die so lange zurückliegende mit Johannes R. Becher – gar keine Diskussion. Vielmehr ergriff Benn die Gelegenheit zu einer Rede, die übrigens auf einer Schallplatte erhalten ist. Thilo Koch hat sie herausgegeben und erinnert sich im Begleittext der Zusammenarbeit: »Er las nicht gern, trat überhaupt nicht gern in Erscheinung: ›Ich bin kein Matador.‹ Im Rundfunkstudio bewegte er sich wie in einer fremden Arztpraxis, stets bürgerlich-korrekt gekleidet, straffe Weste über kleinem Embonpoint, höflich bis ironisch, etwas gestört von Mikrophon und Magnetophon hinter der Glasscheibe, aber niemals unsicher. Wir haben keine der vielen Lesungen jemals wiederholt. ›Nehmen Sie es, wie es ist, oder nehmen Sie es nicht‹, erklärte er kurz und bündig, wenn ihm jemand noch Nuancen abverlangen wollte oder gar die korrekte Aussprache eines Fremdwortes.«

Jenseits all der hübschen Sottisen seiner späten Jahre – »Er war wohl ein bißchen dumm, dieser Rilke« – und weit hinaus über die Weihrauchschwaden, er sei für den Nobelpreis vorgeschlagen, wurde diese Rede einer seiner profunden Texte; eine zwanzigminütige Variation seines Grundthemas »die Welt als aesthetisches Phänomen ist das Einzige was wir noch erleben können, alles Andere ist Schlummerpunsch«. Mit der erfahrenen Keckheit, die das Publikum durch gelegentliche Frivolitäten wachzuhalten weiß, verbündete sich Benn in seiner Absage auf die Frage des Titels »Soll die Dichtung das Leben bessern?« mit dem großen Uhrmacher: »… ich kann mir einen Schöpfer nicht vorstellen, der das, was im Sinne unseres Themas bessern heißen könnte, als Besserung betrachtete. Er würde doch sagen: Was denken sich diese Leute, ich erhalte sie durch Elend und Tod, damit sie menschenwürdig werden, und sie weichen schon wieder aus durch Pillen und Fencheltee und wollen vergnügt sein und auf Omnibusreisen gehen …«

Leben – niederer Wahn. Wir kennen die Melodie, wir kennen den Text. Wir fassen noch einmal die Confessio des Gottfried Benn in zehn Geboten zusammen:

   I. Niemand hat das Recht, Du sollst – oder Du sollst nicht – zu sagen.

  II. Das Leben ist der Güter höchstes nicht.

 III. Sozialer Fortschritt ist Irrglaube: Die Armen wollen rauf, und die Reichen wollen nicht herunter.

 IV. Kunst ist nicht Kultur.

V. Der Kulturträger glaubt an die Geschichte, er ist Positivist. Der Kunstträger ist statistisch asozial.

VI. Der Künstler ist uninteressiert an Verbreitung, Flächenwirkung, an Kultur. Er ist kalt, das Material muß kaltgehalten werden.

VII. Der Kunstschaffende hält sich in gar keiner Weise zuständig für »Bessern«.

VIII. »Unter Menschen war er als Mensch unmöglich«: Nietzsche über Heraklit; das gilt für alle Künstler.

IX. Wer dichtet, steht gegen die ganze Welt. Gegen heißt nicht feindlich.

X. Das Wesen der Dichtung ist unendliche Zurückhaltung, zertrümmernd ihr Kern, aber schmal ihre Peripherie, sie berührt nicht viel, das aber glühend.

Wie immer bei seinen publizistischen Äußerungen, hört sich auch diese Rundfunkrede etwas scheppernd an, rückwärts, rückwärts schmettern die hellen Fanfaren; die Argumente leicht wacklig, die beliebigen Beispiele – von der dorischen Welt bis zu Majakowski – unschwer zu widerlegen. Das Gebäude ist nicht bebensicher. Der Grund jedoch, auf dem es errichtet wurde, ist felsenhart. Dieser Grund ist bei Benn das Gedicht – zur selben Zeit dieses etwas schnippischen Schwadronierens entsteht sein Gedicht »Melancholie«:

Wenn man von Faltern liest, von Schilf und Immen,
daß sich darauf ein schöner Sommer wiegt,
dann fragt man sich, ob diese Glücke stimmen
und nicht dahinter eine Täuschung liegt,
und auch das Saitenspiel, von dem sie schreiben,

mit Schwirren, Dufthauch, flügelleichtem Kleid,
mit dem sie tun, als ob sie bleiben,
ist anderen Ohren eine Fraglichkeit:
ein künstliches, ein falsches Potpourri –
untäuschbar bleibt der Seele Agonie.

Als ich beim Schreiben dieser Studie, Winter des Jahres 2000, Günter Grass von so mancher Charakterverwinkelung, so mancher Mogelfertigkeit, so manchem Treubruch Benns erzählte, meinte er: »Das teilt er mit vielen. Aber nicht viele haben Gedichte geschrieben wie er.«

Gottfried Benn ist jetzt ein alter Mann. Er ist krank. Wehleidig ist er nicht. Mit leicht koketter Verblüffung, mit der er konstatiert: »Dieser Haß, den ich mein Leben lang erzeugte, ist mir ein Rätsel. Aber tut nichts«, meldet er Arzt-Besuche, Unwohlsein, Schwindelanfälle, unerträgliche Schmerzen in Rücken und Schulter, fast belustigt peinigende Behandlungen: »Man empfahl mir Masseur. Sowas Brutales war mir neu. Der zerreisst einem den Rücken, geht wie ein Trecker über den Rücken, stösst u hämmert auf Wirbel u Knochen, sogenannte ›Bindegewebsmassage‹ ...« Gewissermaßen verübelt er seinem Körper, daß er ihn, der bis auf Ekzeme stets gesund war, im Stich läßt, daß er auf die beiden süßen Sünden Kaffee und Zigaretten verzichten, Milch statt Bier trinken muß. Doch wenn er auch »Meine Schmerzen sind sehr groß« und von des ungeliebten Heine Matratzengruft seufzt, bleibt er doch seinem Stoizismus treu: »Dies sind wohl die *Prä*ludien für den, dem die Stunde schlägt. Nun einmal muß sie schlagen.«

Nicht treu bleibt er seiner Devise »Erkenne die Lage« –
er erkennt sie nicht. Die erstaunliche Unfähigkeit, sich
selber zu diagnostizieren, ist bei Medizinern weit verbrei-
tet. Alles mögliche wird versucht und angewandt: Rönt-
genaufnahmen, Blutsenkungen, Antiallergika, Hausmit-
tel wie Pellkartoffeln mit ungesalzener Butter und
dreimal täglich ein Glas Wasser mit Natron-Bicarboni-
cum – auch ein kurzer Aufenthalt im Sankt Gertrauden
Krankenhaus in Berlin-Wilmersdorf, in dem er das ihm
zugewiesene Fürstenzimmer mit Bad mehr genießt als
Untersuchungen und Befunde: 85,3 Kilo Körperge-
wicht, kleines Geschwür im Zwölffingerdarm, Senkung
15:34. Nach der Entlassung schreibt er vom nun verordneten Stehpult an Walter Höllerer:

Wir lagen vor Madagaskar
und hatten die Pest an Bord,
wir streuten giftigen Pökel,
aber die Ratten gingen nicht fort ...

Die Ratten: das sind die Schmerzen, die er als Rheuma-
tismus abtut, auch Arthritis läßt Dr. med. Benn als Befund noch zu. Klagen erlaubt er sich selten: »1) eine
schwere Depression, eine echte, endogene, 2) im An-
schluß an die völlige Ernährungs- u. Lebensänderung
wegen des Ulcus duodeni ein Ekzem, ein furchtbar juk-
kendes am Hals u beiden Unterarmen. Weißt Du, was
ein Ekzem ist, weißt Du, was Jucken ist? Eine demorali-
sierende Sache, das erniedrigendste Körpergefühl, das es
gibt. Und kaum zu beeinflussen trotz aller Antiallergica
u. Anti-Histamine. Und dann dieser 70. Geburtstag!

Auch eine fatale Sache. Keineswegs ein Glückstag. Und all der Rummel, den er mit sich bringt.«

Das ist das Stichwort. Gottfried Benn will sich nicht sterben lassen. Er will seinen 70. Geburtstag erleben. Es hat etwas geradezu pathetisch Groteskes, wenn man seinen Brief vom Januar 1956 an die Westberliner Akademie der Künste liest, mit dem er nicht nur seinen Austritt erklärt, sondern sich in sorgfältig ziselierten Formulierungen jegliche Feier seines Geburtstags verbittet – da er datengleich Briefe mit Geburtstagseinladungen verschickt. Eben glorifizierte er noch die Büchner-Preisverleihung als »glänzendsten Tag meines Lebens« – nun findet er derlei »eines schöpferischen Mannes unwürdig«; allzu lange ist es nicht her, daß er mit der Verleihung von »zwei Medaillen mit Dokument im Namen des Führers« sich brüstete – da liest sie sich possierlich, die energische Bitte, »ich nehme keine Feier an, keinen Preis, keinen Orden«: »Sie hatten, sehr verehrter Herr Senatsrat, weiter die Freundlichkeit, durch Herrn Hartung an meine Frau die Frage zu richten, wie ich über eine Feier der Akademie zu meinem 70. Geburtstag dächte. Diese Antwort muss ich meiner Frau abnehmen, indem ich Sie in der freundschaftlichsten Weise bitte, jede Art von Feier zu verhindern, ganz abgesehen davon, dass ich ja dann gar nicht mehr Mitglied der Akademie bin. Ich feiere nicht und ich lasse mich nicht feiern. Ich finde diese zur Gewohnheit gewordene Feierei aller Geburtstage vom 60. bis 90. Lebensjahr im Abstand der Lustren ganz absurd, ja obskur und eines noch schöpferischen Mannes unwürdig. Ich habe daher auch meinen Verlag gebeten, von jeder Festschrift abzusehen – diese Festschriften, die ja doch nur Familienherbarien und Poesiealben sind, vielfach persönlich = privat bis zur Peinlichkeit. Ich bin der Meinung, wenn jemand ein Talent hat, ich sage ausdrücklich: wenn, denn meistens stellt sich das doch erst nach dem Tode heraus, so ist der Betreffende daran völlig unschuldig, und wenn er alt wurde, daran noch viel mehr, nichts kann die Öffentlichkeit veranlassen, davon Notiz zu nehmen. Andererseits habe auch ich mich ein Leben lang durchgeschlagen, ohne mich um die Öffentlichkeit zu kümmern, warum soll ich mich jetzt an der Lüge beteiligen, als ob wir Florenz wären und die Mediceer wanderten durch die Strassen, oder Athen, und auf den Vorgebirgen wachsen die Tempel empor und in den Hainen die Hermen – die Deutschen sind sicher als Ganzes ein geniales Volk, aber zur Zeit etwas verdunkelt und verdummt, sie haben ihr ›wissenschaftliches Weltbild‹, und das überlasse ich ihnen gerne ganz alleine. Um auf den Ausgangspunkt zurückzukommen: Ich nehme keine Feier an, auch keinen Preis, keinen Orden, keinen Titel, keine Plakette, ganz abgesehen davon, dass ich auch keinen Frack hätte, um solche Insignien leuchten zu lassen. Man kann unmöglich sein Leben lang die Meinung vertreten, die Kunst sei eine monomane, lethargische, ja bionegative Welt, mit der derjenige, der sie nun einmal aufgeladen bekommen hat, alleine fertigwerden muss, und dann am Schluss seiner Tage zu Pressekonferenzen und Festivals gehen. Also bitte keine Blattpflanzen und keine Motetten!«

Der große, heroische, gar herostratische Abschiedsmonolog des Schauspielers Gottfried Benn, der sich anklagend von der Welt verabschiedet – doch während der

Vorhang sich senkt, weiß er in der Garderobe die Flaschen eisgekühlt und die Geladenen warten. Denn er will den Rummel, das Fatale, den Nicht-Glücks-Tag. Er will eine letzte Inszenierung. Denn die letzte wird es sein. Gottfried Benn hat Krebs. Rasch nach seinem Geburtstag wurde im Krankenhaus Oscar-Helene-Heim festgestellt: unheilbar, weil fortgeschrittener Knochenkrebs.

Vorerst schreibt er. Nicht nur Matrosensongs. Er schreibt Einladungen, plant generalstabsmäßig den 2. Mai – die Tochter soll kommen, das Ehepaar Oelze, ein Frühstück im Hotel am Steinplatz, »sehr renommiertes Haus«, Siesta, Cocktails in der Bozener Straße, spät abends ein Souper für zwölf Personen im Hotel; eine Orchidee am Gedeck jeder Dame. Die Einladung an Oelze ist – noch einmal Kumpanei – Bitte um Diskretion in einer amourösen Angelegenheit. Er schreibt auch Dankesbriefe, denn es war nicht bei der kleinen Feier geblieben; der Berliner Senat hatte im Amerika-Haus einen Empfang gegeben mit Streichquartett und Festreden. Teilnehmer berichten von einem langsam zum Podium gehenden, blassen, schmal gewordenen Kranken. Wenige Worte. Ausführlichere an den Festredner Holthusen, Dank auch an Friedrich Sieburg für die Mumm-Champagner-Sendung. Nicht alle achtzig Telegramme und zweihundert Briefe werden beantwortet. Ein letztes Gedicht hatte er, datiert und signiert, an den »Merkur« geschickt:

Kann keine Trauer sein

In jenem kleinen Bett, fast Kinderbett, starb die Droste
(zu sehn in ihrem Museum in Meersburg),
auf diesem Sofa Hölderlin im Turm bei einem Schreiner,
Rilke, George wohl in Schweizer Hospitalbetten,
in Weimar lagen die großen schwarzen Augen
Nietzsches auf einem weißen Kissen
bis zum letzten Blick –
alles Gerümpel jetzt oder garnicht mehr vorhanden,
unbestimmbar, wesenlos
im schmerzlos-ewigen Zerfall.

Wir tragen in uns Keime aller Götter,
das Gen des Todes und das Gen der Lust –
wer trennte sie: die Worte und die Dinge,
wer mischte sie: die Qualen und die Statt,
auf der sie enden, Holz mit Tränenbächen,
für kurze Stunden ein erbärmlich Heim.

Kann keine Trauer sein. Zu fern, zu weit,
zu unberührbar Bett und Tränen,
kein Nein, kein Ja,
Geburt und Körperschmerz und Glauben
ein Wallen, namenlos, ein Huschen,
ein Überirdisches, im Schlaf sich regend,
bewegte Bett und Tränen –
schlafe ein!

                                        6. 1. 1956

Mit letzter Kraft, letzter Herrschergebärde schlägt König Benn sich noch einmal den von keinem Schmutz geschändeten Hermelin um den Leib, setzt sich die Krone voll schwarzer Diamanten auf das Haupt, scheucht die heranschleichende Schattenarmee hinweg. Verjagt hat er sie nicht. Die Lemuren jagen vielmehr ihn. Ein kurzer Aufenthalt im Kurhotel Schlangenbad, der Patient ist kaum noch transportfähig, bringt nur Kosten und Mühsal, Injektionen, Cortison-Tabletten; nach unerträglicher Flugreise steigt ein Todkranker vor der Bozener Straße 20 aus dem Taxi, die Beine versagen den Dienst. Aus Schlangenbad hatte er noch an Oelze geschrieben: »Jene Stunde ... wird keine Schrecken haben, seien Sie beruhigt, wir werden nicht fallen wir werden steigen –« Und, kurz zuvor, im letzten Gespräch mit dem Freund – zitierend, wie so oft – sich mit Mallarmé seine Lebensüberschrift gegeben: »Le hasard vaincu mot par mot.«

Zufall Tod ist nicht besiegbar. Gottfried Benn stirbt. Der Puls rast, das Fieber steigt, der Unterkörper gelähmt. Er bittet seine Frau: »Du darfst mich heute nicht verlassen. Du mußt bei mir bleiben.« Am Sonnabend, 7. Juli 1956, unterbricht der Rundfunk in Berlin vormittags sein Programm: Um acht Uhr früh ist der Dichter Gottfried Benn gestorben.

Ein Geistlicher hat ihn begleitet. Uns hat sein Geist begleitet. Ein Mann, der war alles: Eiter-Geysir und Hohepriester, verfluchend Bittender, demütiger Denunziant, haßvoll in seiner Liebe, deren Feuer er in Eis einschmolz. Vollender der Poesie des 20. Jahrhunderts:

So sprach das Fleisch zu allen Zeiten:
nichts gibt es als das Satt- und Glücklichsein!
Uns aber soll ein andres Wort begleiten:
das Ringende geht in die Schöpfung ein.

Das Ringende, von dem die Glücke sinken,
das Schmerzliche, um das die Schatten wehn,
die Lechzenden, die aus zwei Bechern trinken,
und beide Becher sind voll Untergehn.

Des Menschen Gieriges, das Fraß und Paarung
als letzte Schreie durch die Welten ruft,
verwest an Fetten, Falten und Bejahrung,
und seine Fäulnis stößt es in die Gruft.

Das Leidende wird es erstreiten,
das Einsame, das Stille, das allein
die alten Mächte fühlt, die uns begleiten –:
und dieser Mensch wird unaufhörlich sein.

Anhang

Zitatnachweis

Zitate werden im allgemeinen nur ausgewiesen, wenn es sich um vollständige Sätze handelt; einzelne Wörter oder Begriffe werden nicht nachgewiesen. Die Nachweise sind nach Buchseiten und Zeilen mit den jeweils letzten Wörtern des Zitats geordnet.

Die Schreibweise der Zitate richtet sich nach der jeweiligen Quelle. Orthographische Besonderheiten in den Benn-Zitaten wurden nicht korrigiert (»ein bischen« oder »es giebt«). Korrigiert wurden indes falsch geschriebene Buchtitel, Namen oder Begriffe (Beispiel: das Parfum »Patou«). Die Verwendung von »ß« bzw. »ss« wird in den Benn-Editionen unterschiedlich gehandhabt. Benn selbst schrieb bis auf wenige Ausnahmen nie ein »ß«. Bei auszugsweise zitierten Gedichten wurden Auslassungspunkte nur zwischen den Versen eingefügt, nicht jedoch am Anfang oder Ende eines Teilzitats. Hervorhebungen des Autors sind durch › ‹ kenntlich gemacht.

Die im Zitatnachweis verwendeten Abkürzungen für die Benn-Werke und -Briefe sind unter Benutzte Literatur erklärt.

Blasphemie aus dem Pastorat

8,10   *Ruhe sanft, kleine Aster:* »Kleine Aster«, BSW I, S. 11

8,17   *zwischen Berlin und Hamburg:* »Epilog und lyrisches Ich«, BSW III, S. 127

8,27 *hervor aus dem großen Verfall:* »Lebensweg eines Intellektualisten. II. Ihre Erscheinungsformen: c) Das lyrische Ich«, BSW IV, S. 177 f.

9,27 *meine Mischlingsmelancholie:* GB an Johannes Weyl, 10. 6. 1946, zit. nach: Greve, Benn, Marbacher Kataloge 41, S. 10

10,3 *mit französischen Liedern ein:* »Die liebe Fremde«, GB im Berliner Lokal-Anzeiger vom 26. 2. 1933, zit. nach: ebd., S. 11

10,22 *Kriblifax und Dianora:* Ernst-Viktor Benn, zit. nach: Holthusen, Benn, S. 54

10,31 *das Laster, das bin ich:* zit. nach: Koch, Gottfried Benn, S. 11

11,16 *in vollstem Maß und bestem Lichte zeigen:* GB an Ruth Benn, 9. 2. 1900, zit. nach: ebd., S. 13 f.

11,24 *wohl auch den Mediziner abstoßen:* Speck, Medizinisches im Werk von Gottfried Benn, S. 34

12,14 *und einem nahen Untergang:* »Curettage«, BSW I, S. 18

12,29 *war fast unmöglich:* Eta Harich-Schneider, in: Charaktere und Katastrophen, zit. nach: Greve, Benn, Marbacher Kataloge 41, S. 19

13,14 *erinnere ich mich:* GB an Hans Egon Holthusen, 16. 5. 1954, BAB, S. 265

13,26 *das war alles:* »Teils-teils«, BSW I, S. 317

14,21 *Verminderung seiner Ausgaben:* Holthusen, Benn, S. 58 f.

15,8 *Blut im Munde:* »Mutter«, BSW I, S. 22

15,16 *Linderungsmittel bekam·* Koch, Benn, S. 18

16,21 *Gut Beil, die neunte Kaulquappe:* »Pastorensohn«, BSW II, S. 42 f.

17,25 *Ich Ich blühe –:* Arnolt Bronnen gibt zu Protokoll, S. 30 f.

18,16   *Edward Shorter es nannte:* Schmidt, Sexuelle Verhältnisse, S. 39

19,16   *heimlichen Einverständnis:* Koch, Benn, S. 13

20,11   *der Graf aus Trossin gekommen wäre:* Ernst-Viktor Benn, zit. nach: Holthusen, Benn, S. 66 f.

20,18   *Hat mich tief berührt:* GB an Oelze, 20. 6. 1937, BB I, S. 172 f.

21,10   *gänzlich unintellectuell:* GB an Oelze, 10. 10. 1939, BB I, S. 219 f.

21,16   *nicht einmal Tischler werden:* Gustav Benn, zit. nach: Holthusen, Benn, S. 71

21,22   *war genügend. Genügend:* Deutschnote im Zeugnis der Reife, Gottfried Benn, Frankfurt a.O., 11. 9. 1903, zit. nach: Greve, Benn, Marbacher Kataloge 41, S. 20

22,20   *zuweilen neben ihm:* Rübe, Provoziertes Leben, S. 88

23,13   *sie schmerzen nicht mehr:* Speck, Medizinisches im Werk von Gottfried Benn, S. 32

24,8   *selbständig entbunden hat:* Bescheinigung der Kaiser Wilhelm-Akademie für das militärärztliche Bildungswesen, 1. 7. 1910, zit. nach: Greve, Benn, Marbacher Kataloge 41, S. 27 f.

25,1   *was mir gefiel:* GB an Ernst Jünger, 27. 3. 1956, BAB, S. 309

25,19   *Schmerzen, Gewichtsabnahme:* Urology 54 (4), 1999, S. 590 ff.

26,3   *Neurasthenie bezeichnet werden:* Mering, Lehrbuch der Inneren Medizin, zit. nach: Rübe, Provoziertes Leben, S. 114

27,8   *Herde zum Speien:* »Ithaka«, BGW II, S. 296

27,18   *Arbeit über Epilepsie:* Gottfried Benn, Lebenslauf, dat. 19. 8. 1921, zit. nach: Greve, Benn, Marbacher Kataloge 41, S. 62 f.

28,2   *Gut Blut! Gut Hades!:* GB an A. R. Meyer, 27. 7.
        1914, zit. nach: ebd., S. 61

28,23   *alles andere war Bruch:* Gottfried Benn, Lebenslauf,
        dat. 19. 8. 1921, zit. nach: ebd., S. 62 f.

29,13   *tiefer, blutiger Abgrund:* Max Beckmann an Minna
        Beckmann-Tube, 4. 5. 1915, in: Beckmann, Briefe,
        Band I, S. 128

29,19   *Wandernieren heilt:* Sanders-Brahms, Benn und Las-
        ker-Schüler, S. 57

30,1   *bewußt kultiviert:* »Doppelleben. V. Literarisches: b)
        Doppelleben«, BSW V, S. 144

30,15   *heftig in sie:* Soerensen, Mein Vater Gottfried Benn,
        S. 15

31,15   *was dann auch geschah:* Adele Osterloh, zit. nach:
        Holthusen, Benn, S. 177

Rausch und Wahn, Verfallenheit und Bedrohung: Else Lasker-Schüler

33,20   *freimütiger Gast bezahlte:* Durieux, Meine ersten
        neunzig Jahre, S. 102

35,18   *Seele nicht rechnen:* Else Lasker-Schüler–Franz Marc,
        Privater Briefwechsel, S. 44

35,25   *unter uns Frauen:* Sanders-Brahms, Benn und Las-
        ker-Schüler, S. 62

35,28   *unter die Menschen:* Heinrich von Kleist an Ulrich
        von Kleist, Februar 1801, in [Kleist], Briefe von
        und an Heinrich von Kleist, S. 198

36,10   *Mitten in mein Herz:* Lasker-Schüler, Dichtungen
        und Dokumente, S. 109

37,2   *Ins Jenseits käme:* ebd., S. 111

37,23   *Du – Glück –:* »Drohungen«, BSW II, S. 24

38,8   *Warum reißt du mich von dir:* Lasker-Schüler, Dichtungen und Dokumente, S. 112

38,17   *von dir. O Glück:* »Madonna«, BSW II, S. 28

38,27   *ziellose Hand aus Spiel und Blut:* Widmung von GB für Else Lasker-Schüler, zit. nach: Holthusen, Benn, S. 162

39,21   *was man hat:* Lasker-Schüler, Dichtungen und Dokumente, S. 522f.

39,27   *das liegt viel tiefer:* Else Lasker-Schüler–Franz Marc, Privater Briefwechsel, S. 82

40,15   *Wie ferner Saum:* Lasker-Schüler, Dichtungen und Dokumente, S. 115

40,23   *Mein Weg flutet und geht allein:* »Hier ist kein Trost«, BSW II, S. 32

41,2   *wird Welt sein, als innen:* Rainer Maria Rilke, »Duineser Elegien«, in: Rilke, Sämtliche Werke, Band 2, S. 711

41,13   *Man muß sterben, weil man sie kennt:* Sinnspruch des Pta-hotep, übersetzt von Hugo Gressmann, in: Rilke, Reise nach Ägypten, S. 101

41,26   *der ihn trug, entgegen:* zit. nach: Rilke und Zwetajewa, Ein Gespräch in Briefen, S. 21

42,2   *hingerissenen Einsamkeit:* Rainer Maria Rilke an Marina Zwetajewa, 17. 5. 1926, ebd., S. 63

42,7   *noch für die nächste:* »D-Zug«, BSW I, S. 24

42,9   *Gehirn bedrohend: / Feindin:* »Englisches Café«, BSW I, S. 25

43,4   *Statuen bergen die Saat:* »Leben – niederer Wahn«, BSW I, S. 129

43,7   *Mann – du Alles auf Erden:* »Mann –«, BSW I, S. 172

43,20   *Es ist anders:* »Mann« (Strand am Meer), BSW II, S. 14

43,29   *Wo es stille war und man schlief und war da:* Bertolt

Brecht, »Ballade von den Abenteurern«, in: Brecht, Gedichte, Band I, S. 79

43,31   *in einem warmen Moor:* »Gesänge«, BSW I, S. 23

44,2   *unerfahrbar für die Menge:* »Ach, das Erhabene«, BSW I, S. 173

44,8   *das gezeichnete Ich:* »Nur zwei Dinge«, BSW I, S. 320

44,11   *tödliches Fanal:* »Selbsterreger«, BSW I, S. 114

44,12   *gib dir das letzte Glück:* »Du mußt dir alles geben«, BSW I, S. 128

44,28   *mich, Ich-Begriff, zur Welt zurück:* »Synthese«, BSW I, S. 50

45,19   *und beide Becher sind voll Untergehn:* »Das Unaufhörliche«, BSW I, S. 136 ff.

45,26   *deutschen dichtung. gottfried benn:* zit. nach: Sanders-Brahms, Benn und Lasker-Schüler, S. 149

46,7   *telefonisch von mir:* GB an Ina Seidel, 18. 4. 1933, zit. nach: Greve, Benn, Marbacher Kataloge 41, S. 48

46,16   *weil ich Jüdin bin:* Sanders-Brahms, Benn und Lasker-Schüler, S. 156

46,22   *so hysterischen Menschen:* GB an Tilly Wedekind, 27. 1. 1934, BB IV, S. 34

47,14   *Jahre nach ihrem Tod:* »Rede auf Else Lasker-Schüler«, BGW I, S. 537 ff.

»Gute Regie ist besser als Treue«

48,0   *Gute Regie ist besser als Treue:* GB an Oelze, 20. 8. 1935, BB I, S. 60

48,10   *das Schwein, der Mensch:* »Der Arzt«, BSW I, S. 14

48,12   *zwischen ich und du:* »Der Sänger«, BSW I, S. 55

48,18   *Zeugt in euch selbst:* »Fleisch«, BSW I, S. 29

49,2   *sondern ganz woanders:* GB an Nele Poul Soerensen,

2. 10. 1951, zit. nach: Soerensen, Mein Vater Gottfried Benn, S. 98

49,13   *Gallensteinoperation, in Jena, 1922:* GB an Oelze,
29. 6. 1938, BB I, S. 194

49,19   *Empfindungen zu bringen:* GB an Oelze, 26. 6. 1938,
BB I, S. 193

49,25   *ist ungebildet:* GB an Oelze, 29. 6. 1938, BB I, S. 194

50,11   *Sie heißt* nicht *Christiane:* GB an Elinor Büller, 10. 1.
1937, BB V, S. 154 ff.

50,28   *Bozenerstr. 20:* GB an Oelze, 31. 12. 1937, BB I,
S. 178

51,2   *erotische Aura: faszinierend:* Rübe, Provoziertes Leben, S. 130 f.

51,11   *Reichtum u. Erfolg so sehr:* GB an Oelze, 2. 3. 1955,
BB II/2, S. 240

51,26   *Fettwerden, Ranzigwerden:* GB an Oelze, 22. 8. 1954,
BB II/2, S. 217

52,1   *schön u. beim Berühren:* GB an Astrid Klaes, 30. 7.
1954, BAB, S. 272 f.

52,8   *immer einen Gonorrhöeverdacht:* »Prosaische Fragmente 1946«, BSW V, S. 230

52,16   *Kinder, Kinder:* GB an Elinor Büller, 28. 4. 1935,
BB V, S. 45

52,25   *alleine will:* GB an Oelze, 1. 10. 1935, BB I, S. 74

53,1   *gute Regie ist besser als Treue:* GB an Oelze, 20. 8.
1935, BB I, S. 60

53,24   *wenn sie einen verlassen:* GB an Oelze, 20. 8. 1935,
BB I, S. 60 f.

54,1   *sehe und sehr liebe:* GB an Elinor Büller, 20. 12. 1935,
BB V, S. 129

54,8   *lieber alleine:* GB an Tilly Wedekind, 26. 12. 1935,
BB IV, S. 146

55,4   *weiter nicht:* GB an Gertrud Zenzes, 31.12. [1922], BAB, S. 20

55,22   *Natur der Frau:* GB an Tilly Wedekind, 26. 12. 1935, BB IV, S. 147

56,6   *Lähmung oder Hochtrieb:* »Teils-teils«, BSW I, S. 317 f.

56,15   *alles sehr angenehm:* GB an Egmont Seyerlen, 28. 1. 1938, Benn–Seyerlen, Briefwechsel, S. 24

57,11   *ganz im Ernst:* GB an Erich Reiss, 5. 3. 1949, BAB, S. 138

57,28   *nichts als Sexualität ist:* Weininger, Geschlecht und Charakter, S. 112 ff.

58,19   *entfernteste Verwandtschaft:* ebd., S. 132

58,31   *die Idee des Menschen:* ebd., S. 213 und 235

59,5   *allen Eigenwertes entbehrt:* ebd., S. 289

59,10   *nur Prostituierte geliebt:* ebd., S. 297

59,16   *etwas für Lakaien ist:* zit. nach: Die Welt, 16. 11. 2000

59,31   *homosexuell zu sein:* Henning Bech, »Gendertopia«, in: Zeitschrift für Sexualforschung, Heft 3, 13. Jg., September 2000, S. 215 f.

60,26   *nicht zu sein brauchte:* GB an Gertrud Zenzes, 24. 2. 1929, BAB, S. 31 ff.

61,4   *ist es zu Ende:* GB, Briefe an Oelze, 7. 11. 1945, BB II/1, S. 6 f.

61,12   *Ich liebte sie sehr:* GB an Else C. Kraus und Alice Schuster, 18. 11. 1945, BAB, S. 96

61,19   *das Selbstgespräch des Leides und der Nacht:* »Gedichte«, BSW I, S. 186

61,25   *und dann weiter:* GB an Oelze, 17. 2. 1949, BB II/1, S. 179

62,9   *ja Liebe:* »Immer Dein Bellealliancestraßengefährte. Der Briefwechsel Erna Pinners mit Gottfried Benn 1946–1956«, in: Weidle, Ich reise durch die Welt, S. 147

62,25   *unschuldig aus:* GB an Oelze, 8. 11. 1936, BB I, S. 156

62,31   *über Ströme, die vergehn:* »Epilog«, BSW I, S. 321

63,9   *Kokain im I. Weltkrieg:* GB an Ernst Jünger, 19. 11. 1951, BAB, S. 220

63,13   *in Mengen:* GB an Frank Maraun, 30. 7. 1946, BAB, S. 102

64,21   *eigentlich sonst:* GB an Oelze, 26. 1. 1952, BB II/2, S. 127

65,11   *fern vom Leben:* GB an Oelze, 27. 2. 1948, BB II/1, S. 120

65,22   *Beweisung bedürfte:* GB an Oelze, 9. 8. 1936, BB I, S. 138, siehe auch: BB V, S. 343 (Nachwort)

65,31   *und wenn sie ging, weiß keiner, ob sie war:* »Blaue Stunde«, BSW I, S. 246

66,16   *in Strömen und Vergehn:* GB zu Dieter Wellershoff, 22. 11. 1950, zit. nach: Anmerkungen zu »Der Geburtstag«, BSW III, S. 433 (Anhang)

67,17   *die nicht klar sieht:* »Statische Gedichte«, BSW I, S. 224

67,24   *das ist das Glück:* »Eure Etüden«, BSW I, S. 292

67,28   *das sich umgrenzende Ich:* »Reisen«, BSW I, S. 307

68,3   *darin spazierengehn:* GB an Max Rychner, 30. 7. 1955, BAB, S. 291

68,7   *Amoretten geblieben sind:* GB an Erna Pinner, 25. 8. 1955, zit. nach: Weidle, Ich reise durch die Welt, S. 151

68,23   *geradezu sehr lieb:* GB an Oelze, 29. 9. 1936, BB I, S. 149

69,13   *vor die Stunde der Welt:* »Dennoch die Schwerter halten«, BSW I, S. 174

70,26   *für Salat und Mayonnaisen:* »Paris«, BSW III, S. 140

71,2   *trage den Dolch:* GB an Oelze, 9. 3. 1941, BB I,
S. 263

71,16   *Balcon sitzen:* GB an Oelze, 2.6. [1941], BB I, S. 273

72,6   *von hinten sieht‹ ertönt:* Rübe, Provoziertes Leben,
S. 242 f.

72,13   *Dienstmädchen in der Küche:* GB an Oelze, 27. 2. 1946,
BB II/1, S. 21

72,16   *Herzlichen Gruss:* GB an Oelze, 7. 10. 1935, BB I, S. 78

72,18   *alles ist irrelevant:* Gottfried Benn, »Erwiderung an
Alexander Lernet-Holenia«, in: Die Neue Zeitung,
18./19. 10. 1952, zit. nach: Greve, Benn, Marbacher Kataloge 41, S. 354

72,24   *man da passend an:* GB an Oelze, 26. 10. 1949, BB
II/1, S. 258

73,11   *dir: thalassale Regression:* »Selbsterreger«; »Betäubung«;
»Regressiv«; BSW I, S. 114, 115 und 126

73,24   *Intelligenz an die Gewalt:* Hans Magnus Enzensberger,
»Enzensbergers Juni-Lektüre: Gottfried Benn«, in:
Der Spiegel, Nr. 23, 6. 6. 1962

73,29   *ist nicht vonnöten:* »Wirklichkeit«, BSW I, S. 267

74,1   *giebt es keine Neurosen:* GB an Oelze, 10. 2. 1936,
BB I, S. 107

74,11   *für sich selbst:* GB an Edgar Lohner, 19. 2. 1952, zit.
nach: Holthusen, Benn, S. 207

75,2   *Suggestion der Kunst:* »Das Genieproblem«, BSW III,
S. 289 f.

75,16 *intellektuellen Züchtung:* »Das deutsche Pfarrhaus«, BSW IV, S. 115

76,17 *Handschuhe, Schlips:* Benns Notizkalender, Deutsches Literaturarchiv im Schiller-Nationalmuseum Marbach: im folgenden DLA

76,19 *wissen wir nicht:* ebd., DLA

77,7 *leicht in meinem Raum:* »Urgesicht«, BSW III, S. 203

77,30 *aktiver Assistenzarzt:* Benns Antrag auf Offizierspension vom 4. 3. 1952, DLA (siehe auch Bildteil)

78,11 *zum Deibel jagen, wenngleich:* GB an Gertrud Zenzes, o.D., zit. nach: Rübe, Provoziertes Leben, S. 237

78,30 *nicht gesehen werden und schaffen:* zit. nach: Holthusen, Benn, S. 241

79,28 *dir ein Märchen erzählt:* Rübe, Provoziertes Leben, S. 288, 302

80,2 *und wird es bleiben:* GB an Oelze, 14. 10. 1942, BB I, S. 323

80,6 *Wunden u. der Liebe:* GB an Tilly Wedekind, 8. 10. 1936, BB IV, S. 229

80,12 *meiner schönsten Jahre:* GB an Oelze, 16. 9. 1935, BB I, S. 73

80,17 *es macht fit u. sec:* GB an Oelze, 25. 9. 1947, BB II/1, S. 91

80,19 *bin ja kein Städter:* GB an Oelze, 18. 12. 1947, BB II/1, S. 105

81,10 *geschmeckt, gefühlt:* GB an Oelze, 17. 7. 1950, BB II/2, S. 50

81,15 *sensationiert eben das Wort:* »Schöpferische Konfession«, BSW III, S. 109

82,13 *Es gibt Gottfried Benn:* Max Herrmann-Neiße, »Gottfried Benns Prosa«, in: Die neue Bücherschau

Heft 7, 1929, zit. nach: Greve, Benn, Marbacher Kataloge 41, S. 122

82,18 *Benns und Stefan Georges:* Egon Erwin Kisch, in: Die neue Bücherschau, Heft 9, 1929, zit. nach: ebd., S. 122

82,29 *ich sehe keine Figur:* GB an Gerhart Pohl zur Auseinandersetzung »Über die Rolle des Schriftstellers in dieser Zeit«, in: Die neue Bücherschau, Heft 10, 1929, zit. nach: ebd., S. 123

83,4 *wenn ich spreche:* André Müller, »Dichter müssen dumm sein. Ein Gespräch mit dem Dichter Heiner Müller«, in: Die Zeit, 14. 8. 1987

83,16 *lyrischer Grösse:* GB an Oelze, 16. 10. 1936, BB I, S. 153

83,17 *armseliger Bursche:* GB an Tilly Wedekind, 27. 10. 1936, BB IV, S. 237

83,18 *u. mit Weibern:* GB an Tilly Wedekind, 5. 9. 1936, BB IV, S. 216

83,20 *Lessingtheater hervorkarnickelt:* GB an Gertrud Zenzes, 4.9. [1926], BAB, S. 23

83,21 *ist nur bildend:* GB an Oelze, 4. 6. 1935, BB I, S. 54

83,22 *altmodisch-archaisch:* GB an Oelze, 11. 12. 1949, BB II/1, S. 273

83,23 *contra Portofino:* GB an Oelze, 7. 1. 1948, BB II/1, S. 108

83,24 *Wurm- u. Infusoriendreck:* GB an Elinor Büller, 2. 4. 1937, BB V, S. 199

83,27 *als der vermögendste Stilist:* »Querschnitt«, BSW III, S. 88

84,7 *der Gobicrack, der Saul:* »Das letzte Ich«, BSW III, S. 125

84,25 *die lösche Weite:* ebd., BSW III, S. 124

85,10 *für die Kunst getan:* »Kunst und Staat«, BSW III, S. 173

85,31 *und treiben ab:* »›Dein Körper gehört Dir‹«, BSW III, S. 188 f.

86,20 *nicht beschreiblich sind:* »Epilog und lyrisches Ich«, BSW III, S. 129

87,9 *klebt wie ein Spatzennest:* Hartmut Zelinsky, »Das Reich, der Posterioritätsblick und die Erzwingung des Feindes«, in: Rudolf Borchardt und seine Zeitgenossen, S. 290 f.

87,17 *Thyrsos und Walpurgen:* »Der Geburtstag«, BSW III, S. 56 f.

87,20 *in ein warmes Wehn:* ebd., BSW III, S. 60

88,23 *ist nicht meine Stärke:* GB an Elinor Büller, 10. 1. 1950, BB V, S. 246 (Editorischer Bericht)

89,3 *späte Stimmung der Natur:* »Zur Problematik des Dichterischen«, BSW III, S. 243

89,14 *tadellosen Nebenniere:* »Der Aufbau der Persönlichkeit«, BSW III, S. 268

89,28 *Tränen der Liebenden:* »Heinrich Mann«, BSW III, S. 305

90,4 *Bennschen Lyrismus:* GB an Paul Hindemith, 14. 3. 1931, BB III, S. 25

90,8 *die sich heute findet:* Heinrich Mann an GB, 15. 6. 1931, zit. nach: Greve, Benn, Marbacher Kataloge 41, S. 133

90,28 *gegen seinen Fascismus nichts:* Heinrich Mann an GB, 25. 4. 1931, zit. nach: ebd., S. 135

91,30 *Die Propaganda beginnt:* GB an Paul und Gertrud Hindemith, 25. 8. 1931, BB III, S. 46 f., siehe auch: Anmerkungen zu »Die neue literarische Saison«, BSW III, S. 547 (Anhang)

92,6   *der letzten fünfzig Jahre:* »Die neue literarische Saison«, BSW III, S. 335

92,11   *aus Büchner und Kleist:* ebd., BSW III, S. 329

93,13   *Schöpfung hervorbringen dürfen:* Goetz, Abfall für alle, S. 706

94,9   *Wort und schwieg:* Nico Rost über GB, zit. nach: Anmerkungen zu »Die neue literarische Saison«, BSW III, S. 549 (Anhang)

94,20   *Wollwesten auffüllen lassen:* »Die neue literarische Saison«, BSW III, S. 333

94,29   *um es zu stilisieren:* »Die neue literarische Saison«, BSW III, S. 333 f.

Das einzig Krönende eines Menschenlebens: ein Kunstwerk

97,19   *unmotiviert und sinnlos:* »Zur Problematik des Dichterischen«, BSW III, S. 238 f.

97,31   *das Dasein der Welt gerechtfertigt ist:* Friedrich Nietzsche, »Die Geburt der Tragödie«, in: Nietzsche, Sämtliche Werke, Band I, S. 17

98,14   *Ein furchtbares Phänomen:* GB an Oelze, 8. 7. 1948, BB II/1, S. 143

98,25   *der Dinge hindurchsieht:* Friedrich Nietzsche, »Die Geburt der Tragödie«, in: Nietzsche, Sämtliche Werke, Band I, S. 45

99,12   *oder Absurde des Seins:* ebd., S. 57

99,19   *weiß ich nicht:* Thilo Koch im Gespräch mit GB, »Gottfried Benn zum 70. Geburtstag«, Sender Freies Berlin, 3. 5. 1956

99,28   *Leistung gezeichnet:* Fritz Martini, Das Wagnis der Sprache, S. 469

101,2   *und aller Kultur sei:* Ernst Tugendhat, »Der Wille zur Macht«, in: Die Zeit, 14. 9. 2000

101,31   *nichts zu sein:* Friedrich Nietzsche, »Die Geburt der Tragödie«, in: Nietzsche, Sämtliche Werke, Band I, S. 35

102,28   *Und allen Christenseelen! Darum bet' ich. Gott sei mit euch:* William Shakespeare, »Hamlet«, IV, 5, in: Shakespeare's dramatische Werke, Band 6, S. 127

103,28   *Dann ward sie Aas in Flüssen mit vielem Aas:* Bertolt Brecht, »Vom ertrunkenen Mädchen«, in: Brecht, Hundert Gedichte, S. 67

104,21   *Auf ihrer großen Stirne Traum das Schilfblatt liegt:* Arthur Rimbaud, »Ophelia«, in: Rimbaud, Sämtliche Dichtungen, S. 25 ff.

105,10   *Das Laub auf sie und ihre stumme Qual:* Georg Heym, »Ophelia«, in: Heym, Dichtungen und Schriften, Band 1, S. 160 ff.

105,31   *– Des Alls Entsetzen hat dein blaues Aug' verstört:* Arthur Rimbaud, »Ophelia«, in: Rimbaud, Sämtliche Dichtungen, S. 27

106,26   *Der schattet über beide Ufer breit:* Georg Heym, »Ophelia«, in: Heym, Dichtungen und Schriften, Band 1, S. 160 ff.

107,19   *Ach, wie die kleinen Schnauzen quietschten:* »Schöne Jugend«, BSW I, S. 11

107,22   *Im Haar ein Nest von jungen Wasserratten:* Georg Heym, »Ophelia«, in: Heym, Dichtungen und Schriften, Band 1, S. 160 ff.

108,1   *Kinderherz, zu menschlich und zu weich:* Arthur Rimbaud, »Ophelia«, in: Rimbaud, Sämtliche Dichtungen, S. 27

108,20   *des Frevels geboten:* Friedrich Nietzsche, »Die Geburt der Tragödie«, in: Nietzsche, Sämtliche Werke, Band I, S. 70

109,1   *Ist nur ein Gleichnis:* Johann Wolfgang von Goethe, »Faust II, Bergschluchten«, in: Goethe, Werke, Band 3, S. 364

109,30   *aus den abwegigsten Notizen:* GB an Erna Pinner, 26. 10. 1949, BAB, S. 179

110,14   *schönste, vollkommenste Welt:* Heraklit, Fragmente, S. 39, 19, 7 und 37

111,9   *den letztesmal Gekränzten unterfängt:* »V. Jahrhundert«, BSW I, S. 191

111,26   *abgeschrieben und zusammengesucht:* GB an Oelze, o.D., zit. nach: Rübe, Provoziertes Leben, S. 177

112,6   *Reich mit eigenem Gesetz:* Meyer, Probleme der Entwicklung des Geistes, S. 28

112,12   *von Anfang an da:* ebd., S. 32

112,19   *das eine Schöpfung erklärt:* ebd., S. 9

113,5   *Bestechung, alles Zufall:* GB an Oelze, 24. 4. 1938, BB I, S. 188 ff.

Der Haß auf die Vernunft
gebiert Ungeheuer

114,13   *seelisch nicht herangereift:* GB an Oelze, 27. 10. 1940, BB I, S. 245

115,1   *Menschen noch die Bühne:* Ludwig Strecker an Paul Hindemith, 23. 1. 1933, BB III, S. 127

115,10   *Rätselhaftigkeit des Seins:* GB an Paul Hindemith, 20. 9. 1931, BB III, S. 51

115,24   *108 000 Reichsmark verkauft:* GB an Paul Hindemith, 28. 5. 1931, BB III, S. 33 f.

116,8   *Gewalttat von Ihnen:* GB an Thea Sternheim, 28. 8. 1931, BAB, S. 49

116,11   *Rotspon hinter den Ofen:* Koch, Benn, S. 48

116,30   *bleiben Sie nicht zu lange:* ebd., S. 40

117,3   *kennen nur die See:* »Melancholie«, BSW I, S. 286

117,13   *nicht als Puderquaste:* GB an Paul Hindemith, 6. 6. 1930, BB III, S. 15

118,7   *Und Fluch vor allen der Geduld:* Johann Wolfgang von Goethe, »Faust I, Studierzimmer«, in: Goethe, Werke, Band 3, S. 54

119,12   *wie möglich wünscht:* Hiller, Logokratie oder Ein Weltbund des Geistes, S. 26

119,29   *wird ihn führen:* ebd., S. 22

120,18   *den Krieg verloren hatte:* ebd., S. 16 ff.

120,30   *die Befreiervorhut:* ebd., S. 31

121,9   *Von Einem:* ebd.

121,13   *Voltaire und die Guillotine:* Heinrich Heine, »Romanzero. Historien«, in: Heine, Historisch-kritische Gesamtausgabe der Werke, Band 3/I, S. 28

121,27   *erwürgt zu werden:* Jean-Jacques Rousseau, »Die Bekenntnisse«, zit. nach: Henning Ritter, Vorwort zu: Rousseau, Schriften, Band 1, S. 23

122,26   *an ihrer Stelle eingeführt:* Jean-Jacques Rousseau, »Abhandlung über den Ursprung und die Grundlagen der Ungleichheit«, in: ebd., S. 230, 237 und 239

123,8   *eigene Natur erlaubte:* ebd., S. 238 und 239

124,28   *Künste euch verderben:* Jean-Jacques Rousseau, »Abhandlung über die Wissenschaften und Künste«, in: ebd., S. 43

125,19   *Wahrheit loszugehen vermag:* Platon, »Politeia«, in: Platon, Sämtliche Werke, Band 3, S. 242 f.

126,15   *für die schönste erklären:* ebd., S. 257

Gottfried Benn war Faschist.
Nazi war er nicht.

127,28   *Schriftsteller berufen hat:* »Rede auf Marinetti«, BSW
         IV, S. 117

129,5   *Entwicklung umzustilisieren:* Georg Lukács, »›Grösse
         und Verfall‹ des Expressionismus«, in: Lukács,
         Schicksalswende, S. 189 f.

130,11   *Kultur zu begegnen suchte:* Otto Karl Werckmeister,
         »Ein Demokrat war er nie«, in: Frankfurter Allge-
         meine Zeitung, 17. 8. 2000

131,9   *Die Eisenbahnen fallen von den Brücken:* Jakob van
         Hoddis, »Weltende«, zit. nach: Hornbogen, Jakob
         van Hoddis, S. 69 f.

133,27   *ungesetzliche Abirrung, pervers:* »Sein und Werden«,
         BSW IV, S. 209 f.

134,11   *das Schlachtenlied, die Giovinezza:* »Rede auf Mari-
         netti«, BSW IV, S. 118 f.

135,4   *kein Tee zum Trinken da:* »Wirklichkeit«, BSW I, S. 267

135,25   *von hinten wie von vorn / A-n-n-a:* Kurt Schwitters,
         zit. nach: Greve, Benn, Marbacher Kataloge 41,
         S. 226

136,8   *von dem wir sprechen:* Erich Unger, »Das Wunder
         und die Konstanz der Wirklichkeit (betrachtet
         nach Goldberg)«, in: Unger, Wirklichkeit, My-
         thos, Erkenntnis, S. 60

137,3   *man kann Tee daraus kochen:* »Weinhaus Wolf«, BSW
         IV, S. 232

137,11   *des Inhaltlichen zum Sinnlosen:* Martini, Das Wagnis
         der Sprache, S. 479 und 473

137,31   *Nivellierung aller Werte:* »Nach dem Nihilismus«,
         BSW III, S. 398

138,21 *anlagemäßiges Müssen nie:* »Weinhaus Wolf«, BSW IV, S. 222f.

139,31 *und seiner Partei aufrufe:* Protokoll der Sitzung der Preußischen Akademie der Künste, 20. 2. 1933, DLA

140,29 *unser drittes Reich:* »Erklärung der Preussischen Akademie der Künste, Sektion für Dichtkunst, gegen die ›Kulturreaktion‹«, BSW IV, S. 8

141,4 *gegen die Regierung:* Loyalitätserklärung der Preußischen Akademie der Künste für den neuen Staat, zit. nach: Greve, Benn, Marbacher Kataloge 41, S. 178f.

141,13 *gedanklichen Entwicklung:* GB im Vorwort zu »Der neue Staat und die Intellektuellen«, BSW IV, S. 41, siehe auch: Anmerkungen zu »Der neue Staat und die Intellektuellen«, BSW IV, S. 505 (Anhang)

142,1 *baue den Staat:* »Der neue Staat und die Intellektuellen«, BSW IV, S. 20

142,28 *Liebenswürdigkeiten:* Klaus Mann, »Gottfried Benns Prosa«, in: Die Literatur. Monatsschrift für Literaturfreunde (Das Literarische Echo, 32. Jg.), Heft 4, Januar 1930, S. 196

144,16 *Undank und Hohn sein:* Klaus Mann an GB, 9. 5. 1933, in: »Doppelleben. I. Schatten der Vergangenheit«, BSW V, S. 88ff.

144,28 *er war klarerdenkend als ich:* GB über Klaus Mann, in: ebd., BSW V, S. 87, siehe auch: Anmerkungen zu »Antwort an die literarischen Emigranten«, BSW IV, S. 507ff. (Anhang)

145,6 *dankenswerte Begebenheit:* Erika Mann an GB, 28. 6. 1950, DLA

145,22 *im wesentlichen aufrecht erhalte:* GB an Oelze, 19. 3. 1945, BB I, S. 388

146,3   *moralischen Einwände gegen sie:* GB über seine Antwort an Klaus Mann, in: »Doppelleben. I. Schatten der Vergangenheit«, BSW V, S. 93, siehe auch: Anmerkungen zu »Antwort an die literarischen Emigranten«, BSW IV, S. 508f.

146,16   *Badeorten besonders tätig:* »Antwort an die literarischen Emigranten«, BSW IV, S. 25

146,23   *Phänomen zu sehen:* ebd., BSW IV, S. 26

146,26   *wir wollen den Rausch:* »Ithaka«, BGW II, S. 302f.

147,11   *wir es selbst wollen:* Barbara Lehmann, »Feinde im eigenen Staat«, in: Die Zeit, 27. 7. 2000

148,27   *schöpfungsnah und schöpfungsfähig:* »Antwort an die literarischen Emigranten«, BSW IV, S. 26f.

149,2   *verwandlungsloser Tiefe:* »Züchtung«, BSW IV, S. 39

149,4   *Heimatgefühl haben:* »Der deutsche Mensch«, BSW IV, S. 58

Eintritt in die Armee –
»die aristokratische Form der Emigrierung«

150,2   *die aristokratische Form der Emigrierung:* GB an Oelze, 18. 11. 1934, BB I, S. 39

150,21   *um die Feuer stehen:* »Expressionismus«, BSW IV, S. 89f.

151,10   *bequem für Weiberschritte:* »Dorische Welt. I. Eine Welt in einem Licht, das oft beschrieben ist«, BSW IV, S. 124

151,19   *wie ein Wall und fielen:* »Dorische Welt. III. Die graue Säule ohne Fuss«, BSW IV, S. 137

153,15   *zu den Schachtelhalmen:* Rudolf Arnheim, in: Die Weltbühne, Jg. 29, 1933, zit. nach: Greve, Benn, Marbacher Kataloge 41, S. 159

153,19   *Folterkabinett geschritten ist:* Otto Bruder, in: Eckart. Blätter für evangelische Geisteskultur, Jg. 7, 1931, zit. nach: ebd., S. 107

153,20   *Fackel der Gestaltung:* Carl Einstein, in: Neue Rundschau, Jg. 38, II, 1927, zit. nach: ebd., S. 106

153,21   *und einmal skeptisch:* Oskar Loerke, in: Berliner Börsen-Courier, 21. 2. 1926, zit. nach: ebd., S. 99 f.

154,17   *Heinrich Manns ein Dorn im Auge:* Werner Hegemann, »Heinrich Mann? Hitler? Gottfried Benn? Oder Goethe?«, in: Das Tagebuch, 11. 4. 1931

154,21   *nicht sieht, ist schwachsinnig:* GB an Egmont Seyerlen, 27. 2. 1933, Benn–Seyerlen, Briefwechsel, S. 14

155,3   *friß Vogel oder stirb:* GB an Gertrud Hindemith, 21. 10. 1933, BB III, S. 67 f.

155,23   *Konzentration und Durchleuchtung:* GB an Oelze, 11. 12. 1938, BB I, S. 207

156,15   *Erbarmungslos:* GB an Käthe von Porada, 15. 8. 1933, zit. nach: Greve, Benn, Marbacher Kataloge 41, S. 207

156,19   *Kacken u. Koitieren. Sela:* GB an Elinor Büller, 14. 1. 1936, BB V, S. 140

156,22   *war gefährdet, ernstlich:* Rübe, Provoziertes Leben, S. 286

157,6   *im weißen Kreis zu sehen:* ebd., S. 285

157,20   *trotz Schienenzepp u. Hakenkreuz:* GB an Elinor Büller, 17. 9. 1935, BB V, S. 100

158,6   *Rückzugsgefechte führte:* Karl Pagel, »Gottfried Benn: Briefe an den Halb-Chef«, in: Neue Deutsche Hefte, Jg. 19, Heft 1, 1972, zit. nach: Anmerkungen zu »Der neue Staat und die Intellektuellen«, BSW IV, S. 519 (Anhang)

158,14 *aristokratische Form der Emigrierung:* GB an Oelze,
18. 11. 1934, BB I, S. 39

159,28 *im Namen des Führers:* GB an Tilly Wedekind, 2.10.
[1936], BB IV, S. 226

160,2 *eben: Verfeinerung:* GB an Elinor Büller, 4. 12. 1935,
BB V, S. 118 ff.

160,10 *Rotwein beim Major v. Bismarck:* GB an Elinor Büller,
31. 8. 1935, BB V, S. 91

160,27 *bunte Nelken an Fr. v.Z gesandt:* GB an Elinor Büller,
4. 12. 1935, BB V, S. 118 ff.

161,13 *geistig natürlich ganz doof:* GB an Tilly Wedekind,
10. 5. 1935, BB IV, S. 62

161,28 *lausen und wichsen:* GB an Elinor Büller, 7. 4. 1935,
BB V, S. 31 f.

162,13 *Vorhänge, düstere Lampen:* GB an Tilly Wedekind,
1. 4. 1935, BB IV, S. 45

162,22 *Der Lyriker im Eigenheim:* GB an Elinor Büller, 11. 1.
1936, BB V, S. 139

163,1 *Müde, müde. Seit Wochen:* GB an Tilly Wedekind,
27. 11. 1935, BB IV, S. 132

163,7 *Dein Dich liebender G.:* GB an Elinor Büller, 27. 11.
1935, BB V, S. 117

164,10 *ich bin es nicht:* GB an Elinor Büller, 10. 1. 1937,
BB V, S. 155 f.

164,25 *führt, ist albern:* GB an Elinor Büller, 4. 4. 1937,
BB V, S. 202

165,4 *einige Typhusfälle:* GB an Oelze, 29. 11. 1936, BB I,
S. 158 f.

165,21 *nützen, der Gott verneint:* »Dann gliederten sich die
Laute«, BSW II, S. 119

Ausgeschaltet:
»Ich bin in einer scheußlichen Lage«

166,2   *Ich bin in einer scheußlichen Lage:* GB an Tilly Wedekind, 9. 5. 1936, BB IV, S. 183

166,22   *internationalen Front:* Hanns Johst an GB, 4. 12.
1934, zit. nach: Greve, Benn, Marbacher Kataloge
41, S. 236

167,10   *es muß abschrecken:* Herr Franke in der NSZ-Rhein-
front über GB, 23. 5. 1936, zit. nach: Greve, Benn,
Marbacher Kataloge 41, S. 255

167,17   *gründlich zu säubern:* Anmerkungen zu: GB Briefe an
Tilly Wedekind, 6. 9. [1936], BB IV, S. 371 (Anhang)

168,2   *Heil Hitler!:* zit. nach: Greve, Benn, Marbacher Ka-
taloge 41, S. 190 f., siehe auch: Anmerkungen zu:
GB an Tilly Wedekind, 13. 8. 1936, BB IV, S. 368 f.
(Anhang)

168,26   *gehörender Dichter:* GB an Hanns Johst, 30. 3. 1938,
DLA

169,1   *in einer scheußlichen Lage:* GB an Tilly Wedekind,
9. 5. 1936, BB IV, S. 183

169,14   *den deutschen Dreck:* GB an Oelze, 12. 5. 1936, BB I,
S. 115 f.

170,21   *und trinken Fahrt und Nacht:* »Astern«, BSW I, S. 166

170,30   *die letzte lötet:* »Pessimismus«, BSW IV, S. 331

171,19   *wo ist deiner Gärten Lust:* »Einsamer nie«, BSW I, S. 135

172,2   *Fackeldunst zelebrierte:* »Doppelleben. IV. Block II,
Zimmer 66«, BSW V, S. 126 f.

172,27   *Anwendung gebracht werden:* Der Präsident der Reichsschrifttumskammer an GB, 18. 3. 1938, zit. nach:
Greve, Benn, Marbacher Kataloge 41, S. 242 ff.

173,5   *mehr Kenntnis nehmen:* Anweisung des Reichspropagandaamts Hessen-Nassau an die Presse, 25. 9. 1940, zit. nach: ebd., S. 267

173,29   *alles ist* goy*ig:* GB an Tilly Wedekind, 4. 9. 1931, BB IV, S. 19

174,11   *uns zu überheben:* Erich Reiss an Erna Pinner, zit. nach: Weidle, Ich reise durch die Welt, S. 157

174,26   *ganz frei davon:* Gertrud Hindemith an Nele Poul Soerensen, 3.4. [1946], BB III, S. 140

175,31   *lächerlich und unerträglich:* GB an Thea Sternheim, 12. 8. 1949, BAB, S. 171 f.

176,25   *ist in Deutschland schon Kultur-verrat:* »Expressionist!«, BSW II, S. 72

177,5   *Blähung als Front:* GB an Oelze, 20. 5. 1935, BB I, S. 52

177,9   *voll Banalitäten:* GB an Oelze, 14. 9. 1949, BB II/2, S. 340

177,23   *Kurische Nehrung:* GB an Oelze, 19. 10. 1938, BB I, S. 203

178,15   *aber keine Bastarde:* »Lebensweg eines Intellektualisten«, BSW IV, S. 159

178,22   *jewish blood whatever:* DLA

179,22   *verantwortungsbewußt und patriotisch:* GB an Frank Maraun, 11. 5. 1936, BAB, S. 71

180,14   *Ihrer Greuelvorstellungen:* Wolfgang Willrich an GB, 27. 8. 1937, zit. nach: Greve, Benn, Marbacher Kataloge 41, S. 241

180,30   *Existenz zu verfolgen:* Heinrich Himmler an Wolfgang Willrich, 22. 9. 1937, zit. nach: ebd., S. 242

182,6   *sehr ähnlich ist:* Peter Rühmkorf an GB, 13. 1. 1953, zit. nach: ebd., S. 358

182,16   *ins süße Benn-Engramm:* Peter Rühmkorf, »Lied der Benn-Epigonen«, in: Rühmkorf, Irdisches Vergnügen in g, S. 60, S. 358

182,22   *der Mann wird Prosa schreiben:* Günter Grass mündlich zu Fritz J. Raddatz, 7. 1. 2000

182,27   *nur kurz aufs Korn:* Grass, Mein Jahrhundert, S. 228

182,30   *Ich danke Ihnen. Immer!:* Rolf-Dieter Brinkmann an GB, DLA

183,3   *Laßt mir Herrn Dr. Benn in Ruhe!:* Hans Magnus Enzensberger, »Die Frösche von Bikini«, in: Enzensberger, Die Furie des Verschwindens, S. 46

183,10   *zum Menschenfeind ist vollzogen:* Karl Mickel, »Dr. Gottfried Benn oder: Der verlaufene Christ«, in: neue deutsche literatur, Heft 2, 1998, S. 92 f.

183,21   *Sterblichkeit und Umsonst:* Celan, Der Meridian, S. 11

183,26   *irgendeinen Sinn hat:* »Es beunruhigt mich nicht, ins Nichts überzugehen«. Claude Lévi-Strauss im Gespräch mit Constantin von Barloewen, in: Frankfurter Rundschau, 13. 1. 2000

183,30   *Grunzen der Pampasherden:* GB an Oelze, 9. 3. 1935, BB I, S. 45

184,2   *einen Gruss bestellen:* Helene Weigel, DLA

184,5   *lebenden Dichter bist:* George Grosz an GB, 17. 11. 1949, DLA

184,19   *Abschied von uns: Gottfried Benn:* Johannes R. Becher »Er ist geschieden, wie er lebte: streng«, in: Becher, Gesammelte Werke, Band 6, S. 495

185,12   *auf dem Boden stehn:* GB an Oelze, 31. 8. 1946, BB II/1, S. 45 ff.

185,23   *Lobeserhebungen kritiklos hinzunehmen:* Amy, »›... wie nicht mehr seit Homer!‹ Bombastisches für einen Bombastischen«, in: Der Angriff, 30. 3. 1931

185,26   *damit zu entzücken:* GB an Oelze, 31. 8. 1946, BB II/1, S. 45 ff.

186,3   *deutschen Wortschatz beherrsche:* L. L. Matthias, »Erinnerungen an Gottfried Benn«, in: Merkur, Heft 171, Jg. 16, 1962, S. 438

186,11   *Militarist u dergl.:* GB an Oelze, 12. 3. 1952, BB II/2, S. 132

186,28   *Treuekundgebung umschminkte:* Mendelssohn, »Das Verharren vor dem Unvereinbaren«, in: Der Geist in der Despotie, S. 255 und 258

187,17   *zum Schnappen vorwarfen:* »Expressionismus«, BSW IV, S. 80 und 82

188,2   *als Beseeler der Welt:* »Expressionismus«, BSW IV, S. 80 ff.

188,31   *es auch glauben:* »Doppelleben. VII. Zukunft und Gegenwart«, BSW V, S. 170 f.

190,22   *Verbundenheit aussprachen:* GB an Ina Seidel (Briefentwurf vom 21. 5. 1936), DLA (Erstveröffentlichung)

»Herr Oelze« – eine Ehe auf dem Papier

191,5   *in dessen Haus ich nie war:* »Doppelleben. VIII. Noch einiges Private«, BSW V, S. 174

191,29   *die Astern ordnet:* ebd., BSW V, S. 175

192,19   *auch vor Ihnen:* GB an Oelze, 21. 4. 1936, BB I, S. 114

192,23   *mich zu langweilen:* GB an Elinor Büller, 17. 12. [1935], BB I, S. 127

192,26   *auch schon jemand:* GB an Elinor Büller, 27. 1. 1937, BB I, S. 166

193,2   *Dinge immer sehr:* GB an Oelze, 16. 6. 1936, BB I, S. 128

193,7   *paßte nicht ins Milieu:* GB an Oelze, 9. 12. 1953, BB II/2, S. 192

193,15   *Niedersächsische sei verbannt:* GB an Oelze, 2. 7. 1936, BB I, S. 130

193,23   *wie aus einer Revue:* GB an Tilly Wedekind, 11. 6. 1939, BB I, S. 197

193,29   *reinsetzt und zusieht:* GB an Oelze, 19. 6. 1955, BB II/2, S. 248

194,12   *eigentlich unerklärlich:* GB an Tilly Wedekind, 11. 6. 1936, BB I, S. 197

194,15   *Neigungen sprechen können:* GB an Oelze, 23. 3. 1950, BB II/2, S. 23

194,22   *gar keinen Anspruch:* GB an Oelze, 26. 7. 1955, BB II/2, S. 250

195,1   *Eine ziemliche Procentzahl:* GB an Oelze, 20.2./22. 2. 1942, BB I, S. 309

195,21   *mir davon ab:* GB an Oelze, 6. 5. und 13. 5. 1951, BB II/2, S. 98f.

195,31   *mir doppelt seltsam:* GB an Oelze, 29. 8. 1951, BB II/2, S. 119

196,13   *wurde mir vollends greulich:* GB an Oelze, 26. 12. 1935, BB I, S. 92

196,28   *einen größeren Kreis:* F. W. Oelze, »Erinnerung an Gottfried Benn«, BB I, S. 9 (Vorwort)

196,31   *wie auf dem Exerzierplatz:* Gert Westphal, »Ich lese die Bilder ...«. Hörkassette. Südwestfunk 1985–1990, Hamburg 1990

197,25   *strebenden Herz dagegen:* GB an Oelze, 4. 8. 1950, BB II/2, S. 54

198,11   *Excellenz im Claridge:* BB I, S. 462 (Erläuterungen)

198,16   *die Kalkulationen:* GB an Oelze, 18. 9. 1949, BB II/1, S. 248

198,19   *völlig vertraut sind:* GB an Oelze, 24. 10. 1944, BB I, S. 373

198,26   *zur Genüge bekannt:* GB an Oelze, 2. 9. 1953, BB
II/2, S. 180 f.

199,7   *Larve umher:* GB an Oelze, 2. 1. 1943, BB I, S. 327

199,20   *Papier zum Mitnehmen:* GB an Oelze, 30. 8. 1943,
BB I, S. 343

200,1   *ließ mich stehen:* Herta Benn, 11. und 13. 5. 1944, zit.
nach: Rübe, Provoziertes Leben, S. 368 (Abbil-
dung)

200,6   *für mich gebracht:* Herta Benn, zit. nach: ebd., S. 368

200,11   *blonde Baronesse:* GB in: »Der Arzt in der Wehr-
machtsversorgung«, zit. nach: ebd., S. 361

200,20   *von 200 Seiten geben:* zit. nach: ebd., S. 364

201,14   *abgeschlossene Welt, Kulissenwelt:* »Doppelleben. IV.
Block II, Zimmer 66«, BSW V, S. 123

201,25   *rücksichtsvoll eine Pause vor:* Herta Benn, zit. nach:
Rübe, Provoziertes Leben, S. 368

202,6   *Titan gefunden wird:* GB an Oelze, 4. 5. 1943, BB I,
S. 333

202,21   *schlummert der Kiesel, Titan:* »Mittelmeerisch«, BSW I,
S. 212

203,7   *was in der Welt vorgeht:* Kafka, Tagebücher, S. 228
und 204

203,11   *gesprengten Atoms (Uran) wirksam:* Thomas Mann,
Tagebucheintrag, 6. 8. 1945, in: Mann, Tagebücher, S. 237

203,14   *»Ja«:* Fritz J. Raddatz, ZEIT-Dialoge, Reinbek bei
Hamburg 1996, S. 50 und 56

204,5   *nahen Kommen zu rechnen:* GB an Oelze, 18. 1. 1945,
BB I, S. 379

204,25   *heroischen Eroberung:* GB an Oelze, 9. 2. 1945, BB I,
S. 383 und 23. 2. 1945, BB I, S. 384 f.

204,30   *wie sie urteilen:* GB an Oelze, 4. 4. 1945, BB I, S. 389

205,25 *das Leben nahm:* GB an Nele Poul Soerensen, 27. 7. 1946, zit. nach: Soerensen, Mein Vater Gottfried Benn, S. 60

205,30 *auf für Sie:* zit. nach: Koch, Benn, S. 52

206,2 *und nicht hinaus:* GB an Oelze, 2. 7. 1950, BB II/2, S. 45

206,6 *wie dieser Tod:* GB an Oelze, 7. 11. 1945, BB II/1, S. 6

206,29 *u des Gefühls:* GB an Oelze, 2. 12. 1945, BB II/1, S. 9

207,5 *träumt sich das Ich:* GB an Oelze, 19. 2. 1946, BB II/1, S. 19

207,21 *Traum für Knaben und Knechte:* »Leben – niederer Wahn«, BSW I, S. 129

207,31 *schweigend an:* »Du mußt dir alles geben«, BSW I, S. 127

208,8 *die Kragen plättet:* GB an Oelze, 19. 7. 1946, BB II/1, S. 39

208,16 *kann und mag:* GB an Oelze, 13. 12. 1946, BB II/1, S. 61 f.

Blühende Wüste Berlin:
»mein großer Aufstieg«

209,2 *mein großer Aufstieg:* GB an Oelze, 1. 1. 1947, BB II/1, S. 64

209,14 *unmittelbarer Nähe:* GB an Oelze, 27. 12. 1947, BB II/1 S. 105

211,9 *Pampelmusen u. Stepp:* GB an Oelze, 3. 7. 1948, BB II/1, S. 141

211,14 *absolut* jeden, *umweht:* GB an Oelze, 8. 7. 1948, BB II/1, S. 142

211,22 *um den Haushalt kümmert:* GB an Erich Reiss, 23. 4. 1947, BAB, S. 112 f.

212,8   *mußte Schluß sein:* Ilse Benn, »Mein Mann Gottfried Benn«, in: die waage, Bd. 15, 1976, S. 209f., zit. nach: Greve, Benn, Marbacher Kataloge 41, S. 309

212,15   *fremde Welten sind:* GB an Else C. Kraus und Alice Schuster, 16. 7. 1953, BAB, S. 252

212,21   *Spulwurm des Geistes:* GB an Oelze, 25. 11. 1947, BB II/1, S. 101

212,25   *gekachelte Molkereien abliefert:* GB an Oelze, 30. 7. 1946, BB II/1, S. 40 und 43

212,30   *über mich schreiben wollte:* GB an Oelze, 30. 7. 1946, BB II/1, S. 41

213,10   *umfallen und sterben:* GB an Oelze, 28.2. [1949], BB II/1, S. 184

213,29   *seine ganze Ernte zugesteht:* GB an Friedrich Sieburg, o.D. (um 1949), DLA (Erstveröffentlichung)

214,11   *Lobgesang auf Ihre Bücher:* Max Niedermayer an GB, 27. 12. 1949, zit. nach: Greve, Benn, Marbacher Kataloge 41, S. 163

214,21   *verbringen müssen:* Alfred Döblin an Ludwig Marcuse, 22. 12. 1949, zit. nach: ebd., S. 163

215,4   *sehn u. darstellen:* GB an Elinor Büller, 22. 2. 1937, BB V, S. 180

215,11   *Herrn Kl. M. anempfehlen könne:* GB an Oelze, 4. 12. 1947, BB II/1, S. 102

215,18   *Wagen bereits wieder:* GB an Oelze, 19. 7. 1946, BB II/1, S. 38

216,7   *gesagt werden kann:* Hans Paeschke an GB, 1. 7. 1948, zit. nach: Anmerkungen zu »Berliner Brief, Juli 1948«, BSW V, S. 379f. (Anhang)

216,25   *Ihr sehr ergebener:* Hans Paeschke an GB, 6. 8. 1948, zit. nach: ebd., S. 381f. (Anhang)

216,28   *besser nicht gedruckt:* GB an Oelze, 8. 8. 1948,

BB II/1, S. 150f., siehe auch: Anmerkungen zu »Berliner Brief, Juli 1948«, BSW V, S. 382 (Anhang)

216,29 *steht Ihnen zur Verfügung:* GB an Hans Paeschke, 18. 8. 1948, zit. nach: Anmerkungen zu »Berliner Brief, Juli 1948«, BSW V, S. 382 (Anhang)

217,29 *haltungsbestimmende Resignation:* »Berliner Brief, Juli 1948«, BSW V, S. 56ff.

218,6 *für niemanden zu sprechen:* GB an Nele Poul Soerensen, 27. 4. 1949, zit. nach: Soerensen, Mein Vater Gottfried Benn, S. 84

218,29 *ist völlig unerträglich:* GB an Oelze, 28. 8. 1949, BB II/1, S. 237

218,31 *ein feiner Mann an:* GB an Oelze, 26. 10. 1949, BB II/1, S. 258

219,18 *Kritik gestanden haben:* GB an Oelze, 22. 5. 1949, BB II/1, S. 209f.

219,31 *eigener Gedichte hervor:* Hensel, Glück gehabt, S. 189

220,5 *Alkoholmengen gesetzt:* Huchel, Wie soll man da Gedichte schreiben, S. 104

220,19 *in den Orkus zu schleudern:* ebd., S. 147f.

220,26 *ihm nicht abzusprechen:* GB an Oelze, 11. 12. 1949, BB II/1, S. 272ff.

221,4 *Sätzen, die ihn berührt:* Armin Mohler, »Letzte Nacht tolle Träume gehabt. Ernst Jüngers Sekrektär: Tagebuchaufzeichnungen aus der Frühzeit der Bundesrepublik«, in: Frankfurter Allgemeine Zeitung, 2. 10. 1998 (Literaturbeilage)

221,19 *dess', das sich das Jahrhundert nennt:* GB an Oelze, 11. 12. 1949, BB II/1, S. 272ff.

221,27 *Hitler's Russian war:* Eva Lips, »The Death of Literature in Germany and its Human Consequences«, in: Author's League Bulletin, Vol. 31, 1944, zit. nach: Greve, Benn, Marbacher Kataloge 41, S. 284

222,13   *zu rechtfertigen:* Frank Maraun, 18. 3. 1947, zit. nach: Greve, Benn, Marbacher Kataloge 41, S. 296

222,18   *Weide zu hängen:* GB an Oelze, 13. 7. 1947, BB II/1, S. 83

222,24   *keine Siege gibt:* GB an Carl Werckshagen, 28. 7. 1946, zit. nach: Anmerkungen zu »Berliner Brief, Juli 1948«, BSW V, S. 378 (Anhang)

223,1   *rücksichtslos heran schiebt:* GB an Egmont Seyerlen, 21. 9. 1947, Benn–Seyerlen, Briefwechsel, S. 47

223,7   *der Gedichte entspricht:* GB an Peter Schifferli, 23. 11. 1947, zit. nach: Greve, Benn, Marbacher Kataloge 41, S. 298

223,12   *Klasse empfinden:* GB an Egmont Seyerlen, 18. 5. 1948, Benn–Seyerlen, Briefwechsel, S. 54

223,22   *sind mir sehr feind:* GB an Erna Pinner, 9. 11. 1947, BAB, S. 120

223,23   *hassen mich sehr:* GB an Egmont Seyerlen, 7. 1. 1947, Benn–Seyerlen, Briefwechsel, S. 47

223,25   *um ihr Haus zu sichern:* »Prosaische Fragmente 1946«, BSW V, S. 236

224,8   *offener und aggressiver wird:* Klaus Mann, Auf verlorenem Posten, S. 392 und 394

224,10   *mich nicht gewollt:* »Selbstanzeige«, Fritz J. Raddatz im Gespräch mit Erika Mann, Westdeutscher Rundfunk, Herbst 1968

224,13   *mich je zurückgebeten:* »Dialog«, Fritz J. Raddatz im Gespräch mit Leo Löwenthal, Sender Freies Berlin, 15. 8. 1986

224,17   *oder ein bißchen vergasen lassen:* zit. nach: Christoph Buchwald, »Odysseus hat entweder heimzukommen oder umzukommen. Notizen zur Rezeption Walter Mehrings nach 1950«, in: Text und Kritik, Heft 78, April 1983, S. 51

224,23 *geboren sind, überflüssig:* Meyer, Döblin, Marbacher Kataloge 30, S. 497

224,31 *von Rang wäre:* GB an Oelze, 3. 2. 1949, BB II/1, S. 175

225,17 *Anstoss zu erregen:* GB an Egmont Seyerlen, 18. 5. 1948, in: Benn–Seyerlen, Briefwechsel, S. 54

225,21 *schlagartig ändern sollte:* Paul Raabe, »Gottfried Benn und der Arche Verlag. Zur Druckgeschichte der ›Statischen Gedichte‹«, in: Benn, Statische Gedichte, S. 83

226,8 *ganz gut erzogen:* GB an Oelze, 27. 2. 1948, BB II/1, S. 120

226,16 *verlegen wollen:* GB an Peter Schifferli, 23. 11. 1947, zit. nach: Raabe »Gottfried Benn …«, in: Benn, Statische Gedichte, S. 86

226,27 *niemandem aushändigen:* GB an Oelze, 22. 7. 1948, BB II/1, S. 145

227,4 *Unsterblichkeit im Worte und im Laut:* »Verse«, BSW I, S. 185

227,16 *Sprache hervorgebracht wurden:* Max Rychner in: Die Tat, Nr. 258, 18. 9. 1948, zit. nach: Benn–Rychner, Briefwechsel, S. 70

227,26 *gepackt bis zuinnerst:* Max Rychner an Max Niedermayer, 23. 8. 1957, zit. nach: ebd., S. 114 (Nachwort)

227,31 *woben die Parzen Dich:* GB an Oelze, 25. 9. 1948, BB II/1, S. 166

228,3 *Armut und Räuber:* GB an Oelze, 3. 2. 1949, BB II/1, S. 177

228,7   *Geistesgeschichte fahren:* Alfred Andersch, in: Die Neue Woche, 20. 11. 1948, zit. nach: Greve, Benn, Marbacher Kataloge 41, S. 301

228,14   *auf engem Raum:* Ernst Robert Curtius an GB, 24. 6. 1949, zit. nach: ebd., S. 321

228,24   *nicht gewachsen gewesen:* Raabe, »Gottfried Benn ...«, in: Benn, Statische Gedichte, S. 117

229,6   *gegen mein Weissbrod tauscht:* GB an Oelze, 16. 12. 1945, BB II/1, S. 10

229,22   *Strandkorb des Unproduktiven:* »Der Ptolemäer. Der Ptolemäer«, BSW V, S. 53

230,14   *ist im Gange:* »Der Ptolemäer. Der Glasbläser«, BSW V, S. 25

230,18   *die Hintern wackeln:* »Der Ptolemäer. Lotosland«, BSW V, S. 18

230,30   *als Sperma, als Reflexe:* ebd., BSW V, S. 16 f.

231,7   *von gurkenfarbener Seide:* »Der Ptolemäer. Der Ptolemäer«, BSW V, S. 50

231,19   *exotischen glanzlichtern versehen:* Rainer Maria Gerhardt, zit. nach: Greve, Benn, Marbacher Kataloge 41, S. 306

Abgesang:
»Jene Stunde wird keine Schrecken haben ...«

232,2   *Jene Stunde wird keine Schrecken haben:* GB an Oelze, 16. 6. 1956, BB II/2, S. 267

232,28   *das sehn wir ja:* »Persönlichkeit«, BSW IV, S. 365

234,2   *sich nie enthüllt:* »Die neue literarische Saison«, BSW III, S. 328 f.

234,11   *noch nicht sässe:* GB an Oelze, 2. 5. 1946, BB II/1, S. 28

234,15 *das ganze Pack:* GB an Oelze, 13. 7. 1947, BB II/1, S. 83

234,18 *garnichts von mir:* GB an Oelze, 30. 7. 1946, BB II/1, S. 40

234,25 *der Welt rühren:* GB an Frank Maraun, 10. 9. 1946, zit. nach: Greve, Benn, Marbacher Kataloge 41, S. 294

235,4 *schöpferische Fragen:* Ernst Kreuder an Max Niedermayer, 26. 12. 1948, ebd., S. 316

235,15 *ist echt und wahr:* Peter Heller, »Eisgekühlter Expressionismus«, in: Merkur, Jg. 9, Dezember 1955

235,20 *Sangbarkeit zu geben:* Friedrich Sieburg, in: Frankfurter Zeitung, Nr. 4, 1949, zit. nach: Greve, Benn, Marbacher Kataloge 41, S. 303

236,3 *zu verstehen sind:* Karl Krolow, »Jugendstil und Gottfried Benn«, in: Die Literatur, Nr. 12, 1952, zit. nach: ebd., S. 334

236,25 *internationaler Stil:* GB an Oelze, 19. 5. 1948, BB II/1, S. 134

237,4 *berliner Wohnung ist:* Karl Krolow an Ernst Kreuder, 18. 9. 1952, zit. nach: Greve, Benn, Marbacher Kataloge 41, S. 353

237,9 *darin zu finden ist:* GB an Oelze, 14. 4. 1948, BB II/1, S. 127

237,11 *Mangel an Elan:* GB an Oelze, 22. 12. 1943, BB I, S. 350

237,12 *zum Kotzen, das alles:* GB an Oelze, 29. 2. 1948, BB II/1, S. 121

237,24 *angenehm zu hören:* GB an Oelze, 14. 9. 1948, BB II/1, S. 157

238,3 *und meinem Sein:* GB an Oelze, 22. 11. 1948, BB II/1, S. 164

238,10   *verloren gegangen ist:* GB an Oelze, 15. 10. 1949, BB II/1, S. 254

238,24   *liebe ich Fragmente:* GB an Oelze, 21. 9. 1949, BB II/1, S. 242

238,31   *vielleicht einst erfüllten:* GB an Oelze, 15. 10. 1946, BB II/1, S. 54

240,9   *und Vision sein:* GB an Oelze, 12. 10. 1946, BB II/1, S. 55

240,26   *eine üble Lage:* GB an Oelze, 28. 11. 1949, BB II/1, S. 269

240,27   *Wer allein ist, ist auch im Geheimnis:* »Wer allein ist –«, BSW I, S. 130

241,4   *ist es* dann *gut?:* »Einst«, BSW I, S. 170

241,20   *doch schweigend gehst du hin:* »Worte«, BSW I, S. 282

241,26   *daß man einpackt:* GB an Gertrud Zenzes, 23. 4. 1951, BAB, S. 214

241,27   *ganz voll davon:* GB an Oelze, 14. 7. 1953, BB II/2, S. 176

241,31   *wie lange noch:* GB an Oelze, 9. 7. 1951, BB II/2, S. 109

242,2   *Nachricht von Ihnen:* GB an Oelze, 16. 6. 1951, BB II/2, S. 106

242,6   *Anti-Prostata-Komplex:* GB an Oelze, 12. 3. 1951, BB II/2, S. 132

242,22   *wie er sie nannte:* F. W. Oelze, »Erinnerung an Gottfried Benn«, BB I, S. 16 (Vorwort)

243,3   *so verloren auch:* Koch, Benn, S. 36 und S. 8

243,13   *Verlangen nach Intimität:* Günter Blöcker, »Das Ja über den Abgründen«, in: Süddeutsche Zeitung, 28./29. 4. 1956, zit. nach: Greve, Benn, Marbacher Kataloge 41, S. 359

243,17   *vollendeten Mann:* GB an Oelze, 7. 11. 1951, BB II/2, S. 121

243,19   *doppelt seltsam:* GB an Oelze, 12. 9. 1951, BB II/2, S. 119

244,2   *u R A Schröder:* GB an Oelze, 25. 10. 1951, BB II/2, S. 120

244,10   *angegriffen werden kann:* GB an Oelze, 14. 12. 1950, BB II/2, S. 80 f.

244,12   *ist sehr interessant:* GB an Oelze, 16. 3. 1955, BB II/2, S. 244

244,14   *Münchener Ateliertheater:* GB an Oelze, 5. 7. 1951, BB II/2, S. 108

244,17   *Gedichte nicht mehr:* GB an Oelze, 25. 2. 1951, BB II/2, S. 90

244,20   *Sie haben keine Zeit:* GB an Oelze, 2. 9. 1953, BB II/2, S. 182

244,22   *unbegreiflichste Mann, den ich kenne:* GB an Oelze, 7. 2. 1955, BB II/2, S. 238

244,31   *ich tat es nicht:* GB an Oelze, 23. 5. 1954, BB II/2, S. 205

245,4   *manche Anregung bot:* GB an Oelze, 16. 3. 1955, BB II/2, S. 243

245,17   *alles bringen kann:* GB an Oelze, 21. 11. 1955, BB II/2, S. 256 f.

246,3   *Aussprache eines Fremdwortes:* »Gottfried Benn liest«, Schallplatte, hrsg. von Thilo Koch (Begleittext), Deutsche Grammophon Paperback (27 57 001)

246,5   *ein bißchen dumm, dieser Rilke:* GB an Oelze, 14. 7. 1953, BB II/2, S. 174

246,11   *alles Andere ist Schlummerpunsch:* »Prosaische Fragmente 1946–1950«, BSW V, S. 225

246,22   *auf Omnibusreisen gehen:* »Soll die Dichtung das Leben bessern?«, BGW I, S. 588

248,5   *untäuschbar bleibt der Seele Agonie:* »Melancholie«, BSW I, S. 285

248,16   *aber tut nichts:* GB an Oelze, 5. 5. 1953, BB II/2, S. 170

248,23   *sogenannte »Bindegewebsmassage«:* GB an Oelze, 23. 5. 1956, BB II/2, S. 265

248,28   *Schmerzen sind sehr groß:* GB an Oelze, 15. 6. 1956, BB II/2, S. 266

248,31   *einmal muß sie schlagen:* GB an Oelze, 19. 6. 1955, BB II/2, S. 248

249,19   *die Ratten gingen nicht fort:* GB an Walter Höllerer, 23. 1. 1956, BAB, S. 305

250,2   *den er mit sich bringt:* GB an Erna Pinner, 25. 4. 1956, in: Weidle, Ich reise durch die Welt, S. 155

251,28   *und keine Motetten:* GB an die Akademie der Künste Berlin, 31. 1. 1956, DLA (Erstveröffentlichung)

253,30   *schlafe ein:* »Kann keine Trauer sein«, BSW I, Eröffnungsgedicht

254,14   *wir werden steigen:* GB an Oelze, 16. 6. 1956, BB II/2, S. 267

254,17   *vaincu mot par mot:* F. W. Oelze, »Erinnerung an Gottfried Benn«, BB I, S. 23 (Vorwort)

254,21   *Du mußt bei mir bleiben:* zit. nach: Soerensen, Mein Vater Gottfried Benn, S. 129

255,20   *und dieser Mensch wird unaufhörlich sein:* »Knabenchor«, BSW I, S. 139 f.

Anmerkung zu S. 9: Die Bemerkung über das Fehlen einer Gedenktafel am Pfarrhaus in Mansfeld ist mittlerweile überholt. Ein *Gottfried Benn Förderkreis Mansfeld* hat sich die Pflege des Andenkens von Gottfried Benn zur Aufgabe gemacht und im Mai 2003 an seinem Geburtshaus eine entsprechende Plakette anbringen lassen.

Benutzte Literatur

Die hier vorgestellte Liste erhebt keinen Anspruch auf Vollständigkeit, sondern erfaßt nur Titel, die zum Erarbeiten dieser Biographie tatsächlich benutzt wurden. Der Abschnitt B. Sekundär führt nicht ausschließlich Literatur über Gottfried Benn auf, sondern generell benutzte Literatur. Band VI (Prosa 4) der auf sieben Bände ausgelegten Stuttgarter Ausgabe »Sämtliche Werke« von Gottfried Benn wird zwar in der Bibliographie erwähnt, ist aber erst nach Drucklegung dieses Buches erschienen und konnte für die vorgelegte Arbeit nicht mehr herangezogen werden.

A. Primär

BSW   Gottfried Benn, Sämtliche Werke in sieben Bänden. Stuttgarter Ausgabe. In Verbindung mit Ilse Benn hrsg. von Gerhard Schuster.

BSW I   Band I: Gedichte 1, Stuttgart 1986

BSW II   Band II: Gedichte 2, Stuttgart 1986

BSW III Band III: Prosa 1, Stuttgart 1987

BSW IV Band IV: Prosa 2, Stuttgart 1989

BSW V   Band V: Prosa 3, Stuttgart 1991

BSW VI Band VI: Prosa 4, Stuttgart 2001

BGW   Gottfried Benn, Gesammelte Werke in vier Bänden. Hrsg. von Dieter Wellershoff.

BGW I   Band I: Essays, Reden, Vorträge, Wiesbaden 1959, 1962, 1965

BGW II Band II: Prosa und Szenen, Wiesbaden 1959, 1962, 1965

BB I   Gottfried Benn, Briefe. Erster Band: Briefe an F. W. Oelze 1932–1945. Hrsg. von Harald Steinhagen und Jürgen Schröder, Wiesbaden und München 1977

BB II/1 Gottfried Benn, Briefe. Zweiter Band/Erster Teil: Briefe an F. W. Oelze 1945–1949. Hrsg. von Harald Steinhagen und Jürgen Schröder, Wiesbaden und München 1979

BB II/2 Gottfried Benn, Briefe. Zweiter Band/Zweiter Teil: Briefe an F. W. Oelze 1950–1956. Hrsg. von Harald Steinhagen und Jürgen Schröder, Wiesbaden und München 1980

BB III Gottfried Benn, Briefe. Dritter Band: Briefwechsel mit Paul Hindemith. Hrsg. von Ann Clark Fehn, Wiesbaden und München 1978

BB IV Gottfried Benn, Briefe. Vierter Band: Briefe an Tilly Wedekind 1930–1935. Hrsg. von Marguerite Valerie Schlüter, Stuttgart 1986

BB V   Gottfried Benn, Briefe. Fünfter Band: Briefe an Elinor Büller 1930–1937. Hrsg. von Marguerite Valerie Schlüter, Stuttgart 1992

BAB   Gottfried Benn, Ausgewählte Briefe. Mit einem Nachwort von Max Rychner, Wiesbaden 1957

Gottfried Benn–Max Rychner. Briefwechsel: 1930–1956. Hrsg. von Gerhard Schuster, Stuttgart 1986

Gottfried Benn–Egmont Seyerlen. Briefwechsel: 1914–1956. Hrsg. von Gerhard Schuster, Stuttgart 1993

Gottfried Benn, Berliner Brief. In: Merkur, Februar 1949 (Jg. 3, S. 203–206)

Gottfried Benn, Statische Gedichte. Hrsg. von Paul Raabe, Zürich 1983

Dichter über ihre Dichtungen: Gottfried Benn. Hrsg. von Edgar Lohner, München 1969

B. Sekundär

Beda Allemann, Gottfried Benn. Das Problem der Geschichte, Pfullingen 1963

Rudolf Arnheim, Die Flucht zu den Schachtelhalmen. In: Die Weltbühne, Jg. 29, Nr. 2, 10. Januar 1933

Roland Barthes, Fragmente einer Sprache der Liebe, Frankfurt am Main 1984

Henning Bech, Gendertopia. Briefe von *h*. In: Zeitschrift für Sexualforschung, Jg. 13, Heft 3, September 2000

Johannes R. Becher, Gesammelte Werke. Band 6: Gedichte 1949–1958. Hrsg. vom Johannes-R.-Becher-Archiv der Akademie der Künste der DDR, Berlin/Weimar 1973

Max Beckmann, Briefe. Hrsg. von Klaus Gallwitz, Uwe M. Schneede und Stephan von Wiese unter Mitarbeit von Barbara Golz. Band I: 1899–1925. Bearbeitet von Uwe M. Schneede, München 1993

Gottfried Benn in Selbstzeugnissen und Bilddokumenten. Dargestellt von Walter Lennig, Reinbek bei Hamburg 1962

Ilse Benn, Mein Mann Gottfried Benn. In: Die Waage, Heft 5, Jg. 15, 1976

Max Bense, Ptolemäer und Mauretanier oder die theologische Emigration der deutschen Literatur, Köln/Berlin 1950

E. Bluhm/U. Wolff, Gottfried Benn. Eine Bilddokumentation, München 1981

Bertolt Brecht, Gedichte. Band I: 1918–1929, Berlin 1961

Bertolt Brecht, Hundert Gedichte 1918–1950, Berlin 1951

Rudolf Borchardt und seine Zeitgenossen. Hrsg. von Ernst Osterkamp und Walter de Gruyter, Berlin/New York 1997

Arnolt Bronnen gibt zu Protokoll. Beiträge zur Geschichte des modernen Schriftstellers. Mit einem Nachwort von Hans Mayer, Kronberg/Ts. 1978

Jacob Burckhardt, Gesammelte Werke. Band 5–8: Griechische Kulturgeschichte, Stuttgart 1956–57

Paul Celan, Der Meridian. Endfassung, Entwürfe, Materialien. Hrsg. von B. Böschenstein und Heino Schmull, Frankfurt am Main 1999

Heinrich Detering, »Wahnsinn und Methode. Poe, Benn und die Dialektik der aufgeklärten Poetik«, in: Merkur, Jg. 54, April 2000

Tilla Durieux, Meine ersten neunzig Jahre. Erinnerungen. Die Jahre 1952–1971, nacherzählt von Joachim Werner Preuß, Reinbek bei Hamburg 1976

Hans Magnus Enzensberger, Die Furie des Verschwindens, Frankfurt 1980

François Furet, Das Ende der Illusion. Der Kommunismus im 20. Jahrhundert, München 1996

Johann Wolfgang von Goethe, Werke. Hamburger Ausgabe in 14 Bänden. Band 3: Dramatische Dichtungen I. Textkritisch durchgesehen und kommentiert von Erich Trunz, München 1998

Rainald Goetz, Abfall für alle. Roman eines Jahres, Frankfurt am Main 1999

Günter Grass, Mein Jahrhundert, Göttingen 1999

Ludwig Greve/Ute Doster/Jutta Salchow (Hrsg.), Gottfried Benn 1886–1956. Eine Ausstellung des Deutschen Literaturarchivs Marbach am Neckar. Marbacher Kataloge 41, Marbach 1986

Sebastian Haffner, Geschichte eines Deutschen, Die Erinnerungen 1914–1933, Stuttgart/München 2000

Martin Heidegger/Eugen Fink, Heraklit. Seminar Wintersemester 1966/1967. Universität Freiburg i.B., Frankfurt am Main 1996

Heinrich Heine, Historisch-kritische Gesamtausgabe der Werke. Hrsg. von Manfred Windfuhr u. a., Band 3/1: Romanzero, Gedichte, Hamburg 1992

Helmut Heintel, Block II, Zimmer 66. Gottfried Benn in Landsberg 1943–1945. Eine bildliche Dokumentation, Stuttgart 1988

Helmut Heintel, Gottfried Benn, Bildnisse, Stuttgart 1990

Helmut Heintel, Der Dichter und die Schauspielerin. Eine biographische Annäherung an Gottfried Benn und Lili Breda, Warmbronn 1997

Helmut Heintel, Gottfried Benn und Gerhard Wilcke. Begegnungen um den Bayerischen Platz herum, Warmbronn 1998

Helmut Heintel, Bozener Straße 20, pt.; Gottfried Benns Welt im kleinen, Warmbronn 1999

Erich Heller, Gottfried Benns Hordenzauber. In: Die neue Weltbühne, Nr. 22, 1. Juni 1933

Georg Hensel, Glück gehabt. Szenen aus einem Leben, Frankfurt am Main, Leipzig 1994

Heraklit, Fragmente. Griechisch und Deutsch. Hrsg. von Bruno Snell. Sammlung Tusculum, München/Zürich 1995

Georg Heym, Dichtungen und Schriften, Gesamtausgabe. Hrsg. von Karl Ludwig Schneider. Band 1: Lyrik, Hamburg/München 1964

Kurt Hiller, Logokratie oder Ein Weltbund des Geistes, Leipzig 1921

Rolf Hochhuth, Auferstehung? Hommage à Gottfried Benn anläßlich seines 40. Todestages am 7. Juli 1996. In: Akademie der Künste, Berichte für eine Akademie, Anmerkungen zur Zeit 31, Berlin 1996

Hans Egon Holthusen, Gottfried Benn. Leben, Werk, Widerspruch 1886–1922, Stuttgart 1986

Helene Homeyer, Gottfried Benn und die Antike. In: Zeitschrift für Deutsche Philologie, 79. Band, 1960, Zweites Heft

Helmut Hornbogen, Jakob van Hoddis, Die Odyssee eines Verschollenen. Literatur als Kunst. Hrsg. von Walter Höllerer, München/Wien 1986

Peter Huchel, Wie soll man da Gedichte schreiben. Briefe 1925–1977. Hrsg. von Hub Nijssen, Frankfurt am Main 2000

Ernst Jünger, Sämtliche Werke. 18 Bände. Zweite Abteilung, Band 11: Essays 5, Stuttgart 1978

Franz Kafka, Tagebücher 1919–1923. Hrsg. von Max Brod, Frankfurt am Main 1976

[Heinrich von Kleist], Briefe von und an Heinrich von Kleist 1793–1811. Hrsg. von Klaus Müller-Salget und Stefan Ormanns, Frankfurt am Main 1997

Guenter Klingmann, Gottfried Benn oder Der aristokratische Nihilismus. In: Neue deutsche Literatur, Jg. 2 (1954), Heft 10

Thilo Koch, Gottfried Benn. Ein biographischer Essay, München 1957

Alfred Kurella, Symptome. In: Die Linkskurve, 3. Jg., Nr. 2, Februar 1931. Unveränderter Neudruck, Glashütten im Taunus 1970

Else Lasker-Schüler, Dichtungen und Dokumente. Gedichte, Prosa, Schauspiele, Briefe, Zeugnis und Erinnerung. Hrsg. von Ernst Ginsberg, München 1951

Else Lasker-Schüler–Franz Marc, Mein lieber, wundervoller blauer Reiter. Privater Briefwechsel. Hrsg. von Ulrike Marquardt und Heinz Rölleke, Düsseldorf/Zürich 1998

Theodor Lessing, Geschichte als Sinngebung des Sinnlosen. München 1921

Georg Lukács, »Größe und Verfall« des Expressionismus. In: Schicksalswende, Beiträge zu einer neuen deutschen Ideologie, Berlin 1948

Klaus Mann, Auf verlorenem Posten. Aufsätze, Reden, Kritiken 1942–1949, Reinbek bei Hamburg 1994

Thomas Mann, Tagebücher 1944–1946. Hrsg. von Inge Jens, Frankfurt am Main 1986

Ludwig Marcuse, Der Reaktionär in Anführungsstrichen. In: Das Tagebuch, 7. 3. 1931

Fritz Martini, Das Wagnis der Sprache. Interpretationen deutscher Prosa von Nietzsche bis Benn, Stuttgart 1954

Peter de Mendelssohn, Der Geist in der Despotie. Versuche über die moralischen Möglichkeiten der Intellektuellen in der totalitären Gesellschaft, Berlin 1953

Pierre Mertens, Der Geblendete, Berlin 1987 (Roman über Gottfried Benn)

Jochen Meyer/Ute Doster (Hrsg.), Alfred Döblin. 1878/1978. Eine Ausstellung des Deutschen Literaturarchivs im Schiller-Nationalmuseum, Marbach am Neckar 1978

Semi Meyer, Probleme der Entwicklung des Geistes – Die Geistesformen, Leipzig 1913

Friedrich Nietzsche, Sämtliche Werke. Kritische Studienausgabe in 15 Bänden. Hrsg. von Giorgio Colli und Mazzino Montinari. Band I, München 1980

Platon, Sämtliche Werke Band 3: Phaidon, Politeia, Hrsg. von Walter F. Otto, Ernesto Grassi, Gert Plamböck, Reinbek bei Hamburg 1960

Paul Raabe, Gottfried Benn in Hannover 1935–1937, Seelze-Velber 1986

Walther Rehm, Orpheus. Der Richter und die Toten. Selbstdeutung und Totenkult bei Novalis, Hölderlin, Rilke, Düsseldorf 1950

Rainer Maria Rilke, Sämtliche Werke. Werkausgabe in zwölf

Bänden. Hrsg. vom Rilke-Archiv. In Verbindung mit Ruth Sieber-Rilke besorgt durch Ernst Zinn. Band 2: Gedichte, Erster Teil, Zweite Hälfte, Frankfurt am Main 1975

Rainer Maria Rilke, Reise nach Ägypten. Briefe, Gedichte, Notizen. Hrsg. von Horst Nalewski, Frankfurt am Main/Leipzig 2000

Rainer Maria Rilke und Marina Zwetajewa. Ein Gespräch in Briefen. Hrsg. von Konstatin M. Asadowski, Frankfurt am Main/Leipzig 1992

Arthur Rimbaud, Sämtliche Dichtungen, Französisch und Deutsch. Hrsg. und übertragen von Walther Küchler, Gerlingen 1955

Jean-Jacques Rousseau, Schriften. Hrsg. von Henning Ritter. Band I, Frankfurt am Main/Berlin/Wien 1981

Werner Rübe, Provoziertes Leben: Gottfried Benn, Stuttgart 1993

Jürgen Rühle, Literatur und Revolution. Der Schriftsteller und der Kommunismus, Köln/Berlin 1960

Peter Rühmkorf, Irdisches Vergnügen in g, Hamburg 1959

Helma Sanders-Brahms, Gottfried Benn und Else Lasker-Schüler. Giselheer und Prinz Jussuf, Berlin 1997

Gunter Schmidt, Sexuelle Verhältnisse. Über das Verschwinden der Sexualmoral, Reinbek bei Hamburg 1998

Kai-Uwe Scholz, Gottfried Benn (1886–1956) Kindheitsorte. Frankfurter Buntbücher 23. Hrsg. von Wolfgang Barthel, Frankfurt an der Oder 1998

Shakespeare's dramatische Werke, übersetzt von August Wilhelm v. Schlegel und Ludwig Tieck. Band 6, Berlin 1897

Nele Poul Soerensen, Mein Vater Gottfried Benn, Wiesbaden/München 1986

Reiner Speck, Medizinisches im Werk von Gottfried Benn, In-augural-Dissertation zur Erlangung der Doktorwürde der

Hohen Medizinischen Fakultät der Universität zu Köln, Köln 1968

Klaus Theweleit, Artographie. Einen Körper fangen, und sein Double, das Werk. Benn 1915–1927. In: Buch der Könige. Band 2x: Orpheus am Machtpol, Frankfurt am Main 1994

Kurt Tucholsky, Gesammelte Werke. Hrsg. von Mary Gerold-Tucholsky und Fritz J. Raddatz. Band 6: 1928, Reinbek bei Hamburg 1975

Erich Unger, Wirklichkeit, Mythos, Erkenntnis, München/ Berlin 1930

Barbara Weidle, Ich reise durch die Welt. Die Zeichnerin und Publizistin Erna Pinner. Hrsg. vom Verein August Macke Haus e.V., Bonn 1997

Otto Weininger, Geschlecht und Charakter. Eine prinzipielle Untersuchung, München 1997

Dieter Wellershoff, Gottfried Benn. Phänotyp dieser Stunde. Eine Studie über den Problemgehalt seines Werkes, Köln/ Berlin 1958

Friedrich Wilhelm Wodtke, Die Antike im Werk Gottfried Benns, Wiesbaden 1963

Zeittafel

1886	2. Mai: Gottfried Benn in Mansfeld (Westprignitz) als Sohn des Pastors Gustav Benn (1857–1939) und seiner Frau Caroline, geb. Jequier (1858–1912), geboren. Kindheitsjahre in Sellin/Neumark. Erster Unterricht im Pfarrhaus.
1896–1903	Besuch des Friedrichs-Gymnasiums in Frankfurt a.d. Oder (Internat). Abitur am 28. Februar 1903.
1903–1904	Studium der Theologie und Philologie in Marburg.
1904	Sommersemester: Fortsetzung des Philologie-Studiums in Berlin.
1905–1910	Oktober 1905: Beginn des Medizinstudiums in der Kaiser-Wilhelm-Akademie für das militärärztliche Bildungswesen in Berlin (Pépinière). Dienstzeit beim 2. Garderegiment. Ostern 1908: Physikum.
1910–1911	Benn erhält den 1. Preis der medizinischen Fakultät der Universität Berlin für seine Schrift *Ätiologie der Pubertätsepilepsie*. Ab Oktober 1910: Aktiver Militärarzt und Unterarzt in Prenzlau und Berlin-Spandau, gleichzeitig Hospitanz in der psychiatrischen Abteilung der Berliner Charité. Erste Veröffentlichungen in Zeitschriften.
1912	Medizinisches Staatsexamen und Promotion (*Über die Häufigkeit des Diabetes mellitus im Heer*). 14. März: Approbation als Arzt in Berlin.

Abschied vom Militär aus gesundheitlichen Gründen. Arbeitet als Pathologe und Serologe im Krankenhaus Charlottenburg-Westend.

März: Veröffentlichung des ersten Gedichtbandes als Lyrisches Flugblatt bei A. R. Meyer Berlin-Wilmersdorf: *Morgue und andere Gedichte.*

Tod der Mutter. Liebesbeziehung zu Else Lasker-Schüler. Umgang mit expressionistischen Dichtern im Romanischen Café.

1913   Erscheinen des zweiten, Else Lasker-Schüler gewidmeten Gedichtbandes *Söhne. Neue Gedichte.*

Lernt, vermutlich auf Hiddensee, die in Dresden geborene Schauspielerin Eva Brandt (Edith Brosin geb. Osterloh) kennen.

Übernahme der Leitung des Pathologischen Instituts am Städtischen Krankenhaus in der Sophie-Charlottenstraße.

1914   März bis Juni: als Schiffsarzt für Hapag-Lloyd nach Amerika, Aufenthalt in New York. Danach Chefarztvertretung in der Lungenheilstätte Bischofsgrün (Fichtelgebirge).

30. Juli: Benn heiratet Edith Osterloh-Brosin bei Ausbruch des Krieges. Seine Frau bringt ihren Sohn Andreas (geb. 1912) mit in die Ehe, den Benn später adoptiert.

Geht als Militärarzt nach Belgien, Teilnahme an der Eroberung der Festung Antwerpen.

1915–1917   Oberarzt im Militärgouvernement in Brüssel an einem Prostituiertenkrankenhaus.

8. September 1915: Geburt der Tochter Nele in Dresden-Hellerau.

1916: Die *Rönne*-Prosa *Gehirne* wird bei Kurt Wolff in »Der jüngste Tag« veröffentlicht. Die einzelnen

Teile waren zuvor in den »Weißen Blättern« erschienen.

1917	*Fleisch. Gesammelte Lyrik* erscheint im Verlag Die Aktion.

10. November: Benn läßt sich als Facharzt für
Haut- und Geschlechtskrankheiten in Berlin, Bel-
le-Alliance-Straße 12, nieder. Hier führt er seine
Praxis bis 1935.

1918–1920	Veröffentlichung von: *Diesterweg. Eine Novelle; Der Vermessungsdirigent. Erkenntnistheoretisches Drama; Etappe; Karandasch; Das moderne Ich*.

1922	Die *Gesammelten Schriften* erscheinen im Erich Reiss Verlag in Berlin, *Phimose* (später *Querschnitt*) in den »Weißen Blättern« in Zürich.

19. November: Tod von Edith Benn an den Folgen einer Gallenoperation in Jena. Bekanntschaft
mit der Dänin Ellen Overgaard, in deren Haus in
Kopenhagen Tochter Nele ab Frühjahr 1923 auf-
wächst. Andreas kehrt zurück in sein Schulinter-
nat in Niesky bei Dresden.

1924–1925	*Schutt*; *Betäubung*; *Spaltung* bei A. R. Meyer.
1927–1928	Mitglied des PEN-Clubs. *Gesammelte Gedichte* (Die Schmiede Berlin) und *Gesammelte Prosa* (G. Kiepenheuer Potsdam) erscheinen.
1929	Benns Freundin Lili Breda begeht Selbstmord.
1930	Benns Adoptivsohn Andreas stirbt an Tuberku-lose. *Fazit der Perspektiven* (G. Kiepenheuer)
1931	21. November: Uraufführung des Oratoriums »Das Unaufhörliche« (Musik: Paul Hindemith, Text: Gottfried Benn).
1932	29. Januar: Benn wird Mitglied der Preußischen Akademie der Künste, Sektion für Dichtkunst. Beginn des Briefwechsels mit F. W. Oelze. Kie-

penheuer Berlin veröffentlicht *Nach dem Nihilismus*, »Die Neue Rundschau« druckt *Goethe und die Naturwissenschaften* ab.

1933   Verhängnisvolles Engagement in der NS-Kulturpolitik. 15. Februar: Nach dem Rücktritt von Heinrich Mann und Käthe Kollwitz Berufung zum kommissarischen Vorsitzenden der Sektion für Dichtung der Akademie der Künste. Benn formuliert eine Proklamation und eine Loyalitätserklärung an die Mitglieder der Akademie im Sinne der neuen NS-Regierung. Daraufhin treten Alfons Paquet, Alfred Döblin, Thomas Mann und Ricarda Huch aus der Akademie aus.

9. Mai: Klaus Mann schreibt aus dem südfranzösischen Exil im Namen der Emigranten einen Offenen Brief an Benn. Dessen *Antwort an die literarischen Emigranten* wird am 24. Mai im Rundfunk ausgestrahlt.

Der neue Staat und die Intellektuellen erscheint bei Deutsche Verlags-Anstalt Stuttgart.

Der NS-Ärztebund streicht Benn von der Liste attestberechtigter Ärzte.

1934   8. Januar: Vizepräsident der Union nationaler Schriftsteller. *Kunst und Macht* erscheint ebenfalls bei DVA. 30. März: *Gruß an Marinetti* wird im »Berliner Lokalanzeiger« und in der »Deutschen Allgemeinen Zeitung« veröffentlicht.

1935   1. April: Benn gibt seine Praxis und die Mitgliedschaft in der Preußischen Akademie der Künste auf und läßt sich reaktivieren. Er geht als Oberstabsarzt in der Wehrersatz-Inspektion nach Hannover.

1936   März/April: *Ausgewählte Gedichte*, Benns letzte Publikation in der NS-Zeit, erscheinen bei Deutsche Verlags Anstalt.

7./8. Mai: schwere Angriffe gegen Benn im »Schwarzen Korps« und im »Völkischen Beobachter«, weitere NS-Blätter folgen.

1937   Sommer: Versetzung Benns als Versorgungsarzt nach Berlin. Wohnung und Praxis in der Bozener Straße 20 in Berlin-Schöneberg, wo er bis an sein Lebensende wohnen wird.

1938   22. Januar: Benn heiratet Herta von Wedemeyer.
18. März: Förmlicher Ausschluß aus der Reichsschrifttumskammer und Schreibverbot.

1939   Tod des Vaters.

1940   Versetzung in das Oberkommando der Wehrmacht in der Bendlerstraße als ärztlicher Gutachter für Dienst- und Einsatzbeschädigung; führt Akten über Selbstmorde in der Wehrmacht.

1943–1945   September 1943: Verlegung der Dienststelle nach Landsberg an der Warthe, dort zuletzt als Oberstabsarzt tätig.

1945   28. Januar: Flucht nach Berlin in die zerbombte Wohnung. Nimmt seine Tätigkeit als Arzt für Haut- und Geschlechtskrankheiten wieder auf.
2. Juli: Herta Benn, von Benn zu ihrem Schutz nach Neuhaus an der Elbe geschickt, begeht aus Angst vor den anrückenden Russen Selbstmord.

1946   18. Dezember: Benn heiratet die Zahnärztin Dr. Ilse Kaul.

1948   Mit der Veröffentlichung der *Statischen Gedichte* im Arche Verlag Zürich beginnt das umfangreiche Spätwerk zu erscheinen, u.a. *Drei alte Männer* (1949), *Ausdruckswelt* (1949), *Der Ptolemäer* (1949), *Trunkene Flut* (1949), *Roman des Phänotyp* (1949)

und *Doppelleben* (1950), darin Benns Auseinandersetzung mit dem Nationalsozialismus.

1951	21. Oktober: Verleihung des Georg-Büchner-Preises durch die Deutsche Akademie für Dichtung und Sprache in Darmstadt.
1953	Der Bundespräsident Theodor Heuss verleiht Benn das Bundesverdienstkreuz des Verdienstordens der Bundesrepublik Deutschland.
	1. Juni: Aufgabe der Arztpraxis.
1956	Benn erkrankt an Knochenkrebs.
	Schallplatte zu einer 1955 gehaltenen Rede Benns *Soll die Dichtung das Leben bessern.*
	2. Mai: Feier des 70. Geburtstages.
	7. Juli: Tod Gottfried Benns in Berlin. Beisetzung auf dem Waldfriedhof in Berlin-Dahlem.

Personenregister

Bildnachweis

Vorsatz: Aus dem Gedicht »Einsamer nie«, 1936
Hinteres Vorsatz: Gedicht »Ein Wort«.
Beide: Deutsches Literaturarchiv, Marbach

Akademie der Künste 18; Aus: Bluhm, Gottfried Benn. Eine
Bilddokumentation, München 1981 2, 13, 21; Deutsches Lite-
raturarchiv, Marbach, 3, 4, 5, 7, 10, 11, 14, 15, 17, 22, 23, 24
(Erhard Hürsch), 25 (Frank Maraun), 26, 27, 28, 31; Privat
sammlung 8; Sächsische Landesbibliothek, Deutsche Fotothek,
Dresden 30; Susanne Schapowalow, Hamburg 1; Nele Poul
Soerensen, Charlottenlind, Dänemark 9; Harald Steinhagen,
Bad Honnef 20; Ullstein Bild, Berlin 6, 16, 19, 29 (Enrico
Straub); Carl Werckshagen, Bad Pyrmont 12